▶ YouTube

박교수의 7분법(seven-law)

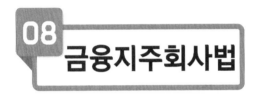

08 금융지주회사법

박 승 두

신세림출판사

머 리 말

지난 해 3월, 우리은행의 사외이사로 선임된 후 '금융지주회사법'에 관심을 가지게 되었다.

역사적으로 보면, 우리나라는 1997년 국제통화기금(IMF)으로부터 긴급구제금융을 받은 후 금융산업의 선진화를 위하여 1999년 공정거래법을 개정하여 지주회사의 설립을 허용하였다.

그리고 2000년에는 금융지주회사법을 제정하여 금융지주회사의 설립을 장려하였고, 2015년에는 금융지배법을 제정하여 금융회사의 책임성을 강화하였고, 금년 1월 2일 대폭 개정하여 7월 3일 시행예정이다.

세계는 현재 총성없는 금융전쟁이 치열하게 전개되고 있음에도 불구하고, 금융지주회사법에 관한 연구는 2000년 전후 반짝 있은 후 현재까지 미흡한 실정이다.

따라서 필자는 2000년 한국산업은행 근무시 금융지주회사 설립 태스크포스에서 일한 경험을 바탕으로 이 법을 정리해 보았다. 아무쪼록 이 책이 우리나라 금융산업과 국가경제의 발전에 조금이라도 기여할 수 있기를 바란다.

2024년 3월 1일

박 승 두 씀

목 차

표 목 차

제1장 금융지주회사법의 기본이해

제1절 금융지주회사법의 제정과 개정

1. 금융지주회사의 개념

가. 지주회사의 개념

(1) 지주회사의 정의

지주회사(持株會社, holding company, Holdinggesellschaft)는 **"다른 회사의 주식이나 지분을 보유함으로써 그 회사(사업회사: operating company)를 지배·관리하는 것을 주된 사업으로 하는 회사"** 이다.

공정거래법은 **"주식(지분을 포함한다. 이하 같다)의 소유를 통하여 국내 회사의 사업내용을 지배하는 것을 주된 사업으로 하는 회사로서 자산총액이 대통령령으로 정하는 금액1) 이상인 회사"**

---

1) ① 해당 사업연도에 설립되었거나 합병 또는 분할·분할합병·물적분할(이하 "분할"이라 한다)을 한 경우: 설립등기일·합병등기일 또는 분할등기일 현재의 대차대조표상 자산총액이 **5천억원**(법 제18조 제1항 제2호에 따른 벤처지주회사의 경우에는 **300억원**) 이상

로 규정하고 있다. 즉, 지주회사는 수직적 출자를 통하여 나머지 계열회사 전반을 자회사, 손자회사, 증손회사 등으로 지배하는 소유·지배구조이다.[2]

상법은 다른 회사 발행주식총수의 50%를 초과하여 보유하는 회사를 모회사(母會社), 상대방 회사를 자회사(子會社)라 하는데,[3] 지주회사도 상법상 **모회사의 한 유형**이라 할 수 있다.[4] 일본에서도 지주회사가 기업집단을 형성하는 가장 전형적인 형태가 지주회사이며, 이 경우 지주회사와 사업회사의 관계는 친회사(親會社)·자회사(子會社)의 관계에 있으며 회사법상 친자회사에 관한 규정이 적용된다.[5]

인 회사 ② 위 ① 외의 경우: 직전 사업연도 종료일(사업연도 종료일 전의 자산총액을 기준으로 지주회사 전환신고를 하는 경우에는 해당 전환신고 사유의 발생일) 현재의 대차대조표상 자산총액이 **5천억원**(법 제18조 제1항 제2호에 따른 벤처지주회사의 경우에는 **300억원**) 이상인 회사(영 제3조 제1항).

2) 권오승·서 정, 『독점규제법 이론과 실무』(2023), 577면.

3) 제342조의2(자회사에 의한 모회사주식의 취득) ① 다른 회사의 발행주식의 총수의 100분의 50을 초과하는 주식을 가진 회사(이하 "母會社"라 한다)의 주식은 다음의 경우를 제외하고는 그 다른 회사 (이하 "子會社"라 한다)가 이를 취득할 수 없다. 1. 주식의 포괄적 교환, 주식의 포괄적 이전, 회사의 합병 또는 다른 회사의 영업전부의 양수로 인한 때 2. 회사의 권리를 실행함에 있어 그 목적을 달성하기 위하여 필요한 때 ② 제1항 각호의 경우 자회사는 그 주식을 취득한 날로부터 6월 이내에 모회사의 주식을 처분하여야 한다. ③ 다른 회사의 발행주식의 총수의 100분의 50을 초과하는 주식을 모회사 및 자회사 또는 자회사가 가지고 있는 경우 그 다른 회사는 이 법의 적용에 있어 그 모회사의 자회사로 본다.

4) 지주회사는 모회사 중에서 자회사 관리를 주된 사업으로 하는 회사이다.

(2) 지주회사의 분류

일반적으로 지주회사는 자회사의 관리·지배외에 다른 사업 활동도 영위하지 아니하는 **순수지주회사**와 스스로 고유의 사업을 영위하면서 다른 사업회사의 주식을 소유하여 그 회사를 관리·지배하는 **사업지주회사**로 분류할 수 있다. 양자의 차이점은 다음과 같다.

① 사업지주회사 형태하에서는 업무조직이라는 점에서 대규모인 회사가 비교적 소규모인 회사를 지배하는데 반하여, 순수지주회사에서는 소규모인 회사가 대규모인 회사를 지배할 수 있다.

② 사업지주회사 형태하에서는 출자회사와 자회사 모두가 사업을 영위하여야 하므로 기업그룹에 포함되는 회사의 수는 제한이 있다고 할 수 있음에 반해, 순수지주회사는 이러한 제약을 받지 않는다. 그리고 순수지주회사의 경우에는 하나의 지주회사와 지배하에 복수의 사업회사가 있는 형태가 다수이겠지만, 하나의 사업회사에 복수의 지주회사형태도 가능할 것이다.

③ 사업지주회사 형태는 출자회사가 사업을 영위하면서 주변업무를 자회사를 통하여 행하기 때문에 출자회사는 일정 규모이상인 것이 통례이지만, 순수지주회사는 소규모인 사업에서도 사용될 가능성이 있다.[6]

---

5) 岡 伸浩, 『會社法』(2023), 996면.

나. 금융지주회사의 개념

(1) 금융회사를 지배하는 지주회사

금융지주회사(金融持株會社, holding company)는 앞(5면)에서 설명한 지주회사 중에서 **금융회사를 지배·관리**의 대상(자회사)으로 하는 회사이다. 따라서 지주회사는 금융지주회사와 일반지주회사(비금융지주회사)로 구분할 수 있다. 금융지주회사의 구체적인 요건은 다음과 같다.

(2) 금융지주회사의 요건

금융지주회사는 **사업목적, 자산규모, 절차요건**을 갖추어야 한다(제2조 제1항 제1호).

(가) 사업목적

① 주식(지분을 포함한다. 이하 같다)의 소유를 통하여 ② 1 이상의 **금융업을 영위하는 회사**(금융기관, 필수)와 **금융업의 영위와 밀접한 관련이 있는 회사**(선택)를 ③ 대통령령이 정하는 기준[7])에 의하여

---

6) 윤현석, 『지주회사제도의 법적 문제』(1998), 3면.

7) 회사가 단독으로 또는 특수관계자와 합하여 공정거래법 제2조 제12호에 따른 계열회사의 최다출자자(계열회사가 기관전용 사모집합투자기구인 경우에는 그 기관전용 사모집합투자기구의 업무집행사원)가 되는 것을 말한다(영 제2조 제3항). 다만, 회사가 소유하는

지배하는 것을 주된 사업으로 하여야 한다. 여기서 "금융업의 영위와 밀접한 관련이 있는 회사"는 다음 중 어느 하나에 해당하는 사업을 하는 것을 목적으로 하는 회사이다(영 제2조 제2항).

주식이 각각의 특수관계자가 소유하는 주식보다 적은 경우는 제외되며, 다음의 어느 하나에 해당하는 회사는 계열회사에서 제외된다. ① 벤처투자회사(「벤처투자 촉진에 관한 법률」제2조 제10호)가 창업자에게 투자하기 위한 목적으로 다른 국내회사의 주식을 취득한 경우 그 다른 국내회사 ② 여신전문금융업법에 따라 설립된 신기술사업금융업자가 신기술사업자를 지원하기 위한 목적으로 다른 국내회사의 주식을 취득한 경우 그 다른 국내회사 ③ 기관전용 사모집합투자기구가 투자한 기업의 가치를 높여 그 수익을 사원에게 배분하기 위한 목적으로 다른 회사의 주식을 취득한 경우 그 다른 회사 ④ 금융지주회사의 자회사, 손자회사 및 증손회사(법 제19조의2 및 제32조에 따라 금융지주회사에 편입된 다른 회사를 포함한다. 이하 "자회사등"이라 한다)가 「사회기반시설에 대한 민간투자법」제8조의2의 규정에 따라 주무관청에 의하여 지정을 받은 민간투자대상사업을 영위하기 위한 회사(조세특례제한법 제104조의31 제1항에 해당하는 회사에 한한다)의 주식을 취득한 경우 그 민간투자대상사업을 영위하기 위한 회사 ⑤ 자본시장법에 따른 투자매매업자가 같은 법에 따라 다른 회사의 주식을 인수·취득하여 취득하는 날부터 3개월 이내의 기간 동안 보유하는 경우 그 다른 회사 ⑥ 금융지주회사의 자회사등인 금융기관이 기촉법 또는 기업구조조정을 추진하기 위한 채권자 간의 자율적인 협약에 따른 공동관리절차, 채무자회생법에 따른 회생절차가 진행 중인 다른 회사의 주식을 구조조정의 목적으로 출자전환 등을 통하여 취득하는 경우 그 다른 회사. 다만, 공동관리절차 또는 회생절차가 중단되거나 종료된 날부터 2년(기촉법 제33조 제3항에 따라 금융위원회의 승인을 받아 연장된 경우에는 그 기한을 말한다)이 경과한 회사는 제외한다. ⑦ 투자회사(자본시장법 제9조 제18항 제2호, 외국 법령에 따라 설립된 투자회사를 포함한다)로서 다음의 어느 하나에 해당하지 아니하는 투자회사 ⓐ 사모집합투자기구(자본시장법 제9조 제19항, 외국 법령에 따라 설립된 사모집합투자기구를 포함한다)인 투자회사 ⓑ 다른 회사를 지배하는 투자회사.

① 금융업을 영위하는 회사(이하 "금융기관"이라 한다)에 대한 전산·정보처리 등의 용역의 제공
② 금융기관이 보유한 부동산 기타 자산의 관리
③ 금융업과 관련된 조사·연구
④ 자본시장법에 따라 설립된 기관전용 사모집합투자기구(이하 "기관전용 사모집합투자기구"라 한다)의 재산 운용 등 그 업무집행사원이 행하는 업무
⑤ 그 밖에 금융기관의 고유업무와 직접적인 관련이 있거나 금융기관의 효율적인 업무수행을 위하여 필요한 사업으로서 금융위원회가 정하여 고시하는 사업.

여기서 **금융업**의 범위가 문제되는데, 일반적으로 은행업, 금융투자업, 보험업, 여신전문업 등으로 구분한다.[8]

(나) 자산요건

자산총액이 기준일 현재의 재무상태표[9]에 표시된 자산총액이 **5천억원 이상**이어야 한다(영 제2조 제5항).

(다) 절차요건

금융지주회사의 설립시에는 **금융위원회의 인가**를 받아야 하는데, 이에 관하여는 뒤(69~72면)에서 상세히 설명한다.

---

8) 박 준·한 민·안종만·안상준, 『금융거래와 법』(2022), 20면.

9) 2011년 국제회계기준 도입으로 기업회계기준에서 대차대조표를 재무상태표(statement of financial position)로 변경하였는데, 아직 일제시대부터 사용하던 대차대조표 용어가 법률에 남아있어 2021년 4월 20일 금융지주회사법을 개정하여 재무상태표로 변경하였다.

다. 금융지주회사의 종류

(1) 은행지주회사

다음의 어느 하나에 해당하는 회사를 포함하여 1 이상의 금융기관을 지배하는 금융지주회사를 말한다(제2조 제1항 제5호).

① 은행법에 따른 인가를 받아 설립된 **은행**
② 은행업을 영위하는 금융기관으로서 대통령령이 정하는 **금융기관**[10]
③ 위 ①과 ②를 지배하는 **금융지주회사.**

(2) 지방은행지주회사

다음의 ① 전국을 영업구역으로 하는 은행 또는 ② 이를 을 지배하는 은행지주회사를 지배하지 아니하는 은행지주회사를 말한다(제2조 제1항 제6호).

(3) 비은행지주회사

다음의 어느 하나에 해당하는 금융기관을 지배하지 아니하는 금융지주회사이다(제2조 제1항 제6의2호).

① 은행법에 따른 인가를 받아 설립된 **은행**
② 은행업을 영위하는 금융기관으로서 대통령령이 정하는 **금융기관**
③ 위 ①과 ②를 지배하는 **금융지주회사.**

---

10) 이에 관하여 시행령에서 규정한 사항은 없다.

(4) 보험지주회사

보험회사를 포함하여 1 이상의 금융기관을 지배하는 비은행지주회사를 말한다(제2조 제1항 제6의3호).

2. 지주회사 설립의 허용

가. 지주회사의 설립 금지 입법

1980년 12월 31일 제정된 「독점규제 및 공정거래에 관한 법률」(이하 "공정거래법"이라 한다)은 지주회사에 관한 아무런 규정도 두지 아니하였다.

그러나 1986년 12월 31일 개정시 지주회사의 설립을 금지하였다. 개정법은 지주회사가 경제력 집중수단으로 악용될 수 있다는 점을 이유로 지주회사의 설립 및 전환을 전면 금지하였는데, 이는 일본법의 영향을 받은 것이다.[11] 당시 지주회사를 원칙적으로 금지한 나라는 우리나라와 일본뿐이었는데, 그 이유는 양국이 동일하게 그룹 및 재벌로 대표되는 폐쇄적인 경제구조를 가지고 있었기 때문이다. 지주회사 설립을 금지한 공정거래법의 구체적인 내용은 아래 〈표 1〉과 같다.

---

11) 권오승·서 정, 『독점규제법 이론과 실무』(2023), 581면.

〈표 1〉 지주회사 설립 금지 법률

구분	공정거래법 (1986.12.31.)	공정거래법 (1997.12.13.)	공정거래법 (1998.9.16)
원칙	제7조의2(지주회사의 설립금지 등) ① 누구든지 주식의 소유를 통하여 국내회사의 사업내용을 지배하는 것을 주된 사업으로 하는 회사(이하 "持株會社"라 한다)를 설립할 수 없으며 이미 설립된 회사는 국내에서 지주회사로 전환하여서는 아니된다.	제8조(지주회사의 설립금지등) ① (좌동)	제8조(지주회사의 설립금지등) ① (좌동)
예외	② 제1항의 규정은 다음 각호의 1에 해당하는 경우에는 이를 적용하지 아니한다. 1. 법률에 의하여 설립하는 경우 2. 외자도입법에 의한 외국인투자사업을 영위하기 위하여 설립하는 경우로서 대통령령이 정하는 바에 의하여 경제기획원장관의 승인을 얻은 경우	② (좌동) 1. (좌동) 2. 외국인투자및외자도입에관한법률에 의한 외국인투자사업을 영위하기 위하여 설립하는 경우로서 대통령령이 정하는 바에 의하여 공정거래위원회의 승인을 얻은 경우	② (좌동) 1. (좌동) 2. 외국인투자촉진법에 의한 외국인투자사업을 영위하기 위하여 설립하는 경우로서 대통령령이 정하는 바에 의하여 공정거래위원회의 승인을 얻은 경우

나. 지주회사 설립의 허용

　1997년 한보사태 이후 기업의 부도가 계속되어 **국제통화기금(IMF)**으로부터 주변국 협조융자를 포함하여 550억 달러 이상의 긴급자금을 지원받았다. 이후 기업경영의 비효율성을 제거하고 구조조정을 원활히 추진하기 위하여 **기업지배구조를 개선**하였다.12)

먼저, 1998년 **상법**을 개정하여 기업의 구조조정을 효율적으로 진행하기 위하여 간이합병과 회사분할제도를 도입하였고, 1999년 **공정거래법**을 개정하여 지주회사의 설립을 허용하였다.[13] 공정거래법에 의하여 허용되는 지주회사는 ① 사업 가능 여부에 따라 **사업지주회사**와 **순수지주회사**로 ② 자회사가 금융회사이냐 여부에 따라 **일반지주회사**(비금융지주회사)와 **금융지주회사**로 구분하여 자유롭게 설립할 수 있도록 하였다.

그러나 **금산분리정책**(financial wall)[14]에 의하여 일반지주회사와 금융지주회사는 상호 그 영역을 침범하지 못한다.[15]

---

12) 당시 우리나라 기업은 창업주와 그의 일족에 의한 선단식경영과 회장비서실 혹은 그룹기획조정실을 통한 경영, 인사, 자금 등을 통괄하는 것이 관행적이었다; 나승성, 『금융지주회사법』(2007), 10면.

13) 제8조 (지주회사 설립·전환의 신고) 지주회사를 설립하고자 하거나 지주회사로 전환하고자 하는 자는 대통령령이 정하는 바에 의하여 공정거래위원회에 신고하여야 한다.

14) 이에 대하여는 찬반의 의견이 대립하고 있다; 홍명수, "독점규제법상 재벌 규제의 문제점과 개선방안"(2017), 16면; 서 정, "공정거래법상 지주회사 규제체제와 현황"(2023), 48~49면; 송옥렬, "지주회사와 금산분리"(2023), 89~93면.

15) 제18조(지주회사 등의 행위제한 등) ① (생략) ② 지주회사는 다음 각 호의 어느 하나에 해당하는 행위를 하여서는 아니 된다. 1~3. (생략) 4. 금융업 또는 보험업을 영위하는 자회사의 주식을 소유하는 지주회사(이하 **"금융지주회사"**라 한다)인 경우 금융업 또는 보험업을 영위하는 회사(금융업 또는 보험업과 밀접한 관련이 있는 등 대통령령으로 정하는 기준에 해당하는 회사를 포함한다) 외의 국내 회사의 주식을 소유하는 행위. 다만, 금융지주회사로 전환하거나 설립될 당시에 금융업 또는 보험업을 영위하는 회사 외의 국내 회사 주식을 소유하고 있을 때에는 금융지주회사로 전환하거나 설립된 날부터 2년간은 그 국내 회사의 주식을 소유할 수 있다. 5. 금융지

이처럼 지주회사의 설립은 **기업지배구조 개선**을 위한 목적으로 이루어졌으며, 경제침체가 장기화되고 대외경쟁이 심화됨에 따라 이를 타개하기 위한 **기업구조조정의 수단**으로 지주회사 설립을 허용하였다.16)

다. 지주회사 설립의 지원

공정거래법에서 지주회사의 설립을 허용한 후, **상법**은 지주회사의 설립과 운영을 지원하기 위한 제도를 적극 도입하였다.

주회사 외의 지주회사(이하 **"일반지주회사"**라 한다)인 경우 금융업 또는 보험업을 영위하는 국내 회사의 주식을 소유하는 행위. 다만, 일반지주회사로 전환하거나 설립될 당시에 금융업 또는 보험업을 영위하는 국내 회사의 주식을 소유하고 있을 때에는 일반지주회사로 전환하거나 설립된 날부터 2년간은 그 국내 회사의 주식을 소유할 수 있다. ③ **일반지주회사의 자회사**는 다음 각 호의 어느 하나에 해당하는 행위를 하여서는 아니 된다. 1~2. (생략) 3. 금융업이나 보험업을 영위하는 회사를 손자회사로 지배하는 행위. 다만, 일반지주회사의 자회사가 될 당시에 금융업이나 보험업을 영위하는 회사를 손자회사로 지배하고 있는 경우에는 자회사에 해당하게 된 날부터 2년간 그 손자회사를 지배할 수 있다. ④ **일반지주회사의 손자회사**는 국내 계열회사의 주식을 소유해서는 아니 된다. 다만, 다음 각 호의 어느 하나에 해당하는 경우에는 그러하지 아니하다. 1~3. (생략) 4. 손자회사가 국내 계열회사(금융업 또는 보험업을 영위하는 회사는 제외한다) 발행주식총수를 소유하고 있는 경우 5. 손자회사가 벤처지주회사인 경우 그 손자회사가 국내 계열회사(금융업 또는 보험업을 영위하는 회사는 제외한다) 발행주식총수의 100분의 50 이상을 소유하는 경우 ⑤ (생략).

16) 정부의 그룹회장실 또는 기조실의 해체방침에 대한 대안으로 마련됨과 동시에 일본에서 지주회사 설립이 허용됨에 영향을 받았다; 나승성, 『금융지주회사법』(2007), 12면.

먼저, 1998년 12월 28일 개정시 경제위기에 대응함과 아울러 원활하고 합리적인 경제구조개편의 필요성이 제기됨에 따라, ① **회사합병절차**의 간소화와 **회사의 분할제도**의 도입 등을 통하여 기업의 구조조정을 제도적으로 지원하고, ② 주식최저액면액의 인하·주식분할제도 및 중간배당제도의 도입 등을 통하여 자본조달의 편의를 제공하며, ③ **소수주주권**의 강화17) 및 집중투표제도의 도입 등을 통하여 기업경영에 대한 감시제도를 강화하고, ④ **이사의 충실의무** 신설18)과 **업무집행지시자** 등(사실상의 이사)의 책임 강화와 기업경영자의 책임을 강화하고19) ⑤ 이사수의 자율화20) 등 기업경영의 투명성을 보장함으로써 건전한 기업발전을 도모하고 궁극적으로 우리 기업의 국제경쟁력을 제고하고자 하였다.

---

17) 소수주주권의 강화를 통하여 주주들의 효율적 경영감시를 유도하고 기업경영의 투명성을 보장하기 위하여 **대표소송의 당사자요건**을 발행주식 총수의 100분의 5이상의 주식을 가진 주주에서 100분의 1이상의 주식을 가진 주주로 하는 등 소수주주권의 행사요건을 완화하였다(제403조 등).

18) 이사의 책임강화를 통한 건전한 기업운영을 촉진하기 위하여 이사에게 법령과 정관의 규정에 따라 회사를 위하여 충실히 그 직무를 수행할 의무를 명시적으로 부과하였다(제382조의3).

19) 회사에 대한 영향력을 이용하여 이사의 업무집행을 지시하거나 경영권을 사실상 행사하는 지배주주 등을 이사로 보아 회사 및 제3자에 대하여 이사와 연대배상책임을 부담하도록 함으로써 주식회사의 건전한 경영을 도모하였다(제401조의2).

20) 소규모 중소기업체에까지 3인이상의 이사를 두도록 의무화한 제도의 비현실성을 개선하여, 자본의 총액이 5억원미만인 회사에 대하여는 1인 또는 2인의 이사를 둘 수 있도록 하였다(제383조).

그리고 1999년 12월 31일 개정시 국제경쟁시대에 기업의 국제화 필요성이 제기됨에 따라, ① **이사회**의 기능과 역할을 강화하여 기업경영의 효율성을 제고하고, ② **감사위원회제도**의 도입을 통하여 기업경영의 투명성을 보장하며, ③ **주주총회 및 이사회**의 운영방법을 정비하는 등 기업지배구조를 개선함으로써 건전한 기업발전을 도모하고 궁극적으로 우리 기업의 국제경쟁력을 강화하고자 하였다.[21]

그리고 2001년 7월 24일 개정시 기업경영의 투명성을 제고하고 국제경쟁령을 강화하기 위하여 ① **주주총회**의 결의사항을 확대하고, ② **이사회제도**를 개선하며[22] ③ 주주의 신주인수권을 강화하는 등 기업지배구조를 개선하고, ④ 지주회사 설립을 위한 **주식의 포괄적 교환·이전제도**[23]를 도입하

---

21) 1999년 12월 31일 개정의 핵심은, ① **이사회**의 기능과 역할을 강화하여 기업경영의 효율성을 제고하였는데, 이사회내에 2인이상의 이사로 구성되는 각종 위원회를 설치하여 이사회로부터 위임받은 권한을 행사할 수 있으며(제393조의2), ② **감사위원회**제도의 도입을 통하여 기업경영의 투명성을 보장하였는데, 회사가 감사 또는 감사위원회를 선택하여 운영할 수 있도록 하고, 감사에 갈음하여 감사위원회를 설치하는 경우에는 3인이상의 이사로 구성되되, 위원 3분의 2이상의 사외이사가 참여하도록 하며, 감사위원회는 감사의 권한을 행사할 수 있도록 하였다(제415조의2). ③ **주주총회 및 이사회**의 운영방법을 정비하는 등 기업지배구조를 개선함으로써 건전한 기업발전을 도모하고 궁극적으로 우리 기업의 국제경쟁력을 강화하였다.

22) 이사회의 활성화를 위하여 이사회 결의사항의 범위를 구체화하고, 이사의 회사업무에 관한 정보접근권을 강화하며, 이사로 하여금 업무집행상황을 3월에 1회 이상 이사회에 보고하도록 하였다(제393조).

23) ① 주식교환은 기존 주식회사(지주회사)가 상대방 회사(완전자회사)의 주식을 가진 주주로부터 해당 주식을 취득하고 그 댓가로 기존

여(제360조의2 내지 제360조의23 신설) 기업의 구조조정을 지원하고자 하였다. 주식의 포괄적 교환·이전제도는 지주회사의 설립을 용이하게 한다는 점에서 큰 의의가 있다. 이 제도는 일본법의 영향을 받았는데,[24] 일본에서는 1999년 지주회사 설립을 장려하기 위하여 도입하였으며, 지주회사의 설립시에만 허용되는 것은 아니며 기업매수의 수단으로도 활용할 수 있다.[25]

그리고 2011년 4월 14일 개정시 기업지배구조의 개선을 위하여 임원 중에서 이사회에 참여하지 않으면서 회사의 중요한 업무를 담당하는[26] **집행임원제도**를 도입하였다.[27]

주식회사의 주식을 교부하는 것이며, ② 주식이전은 완전자회사로 되는 회사의 주주가 가지는 주식을 신설하는 지주회사로 이전하고 그 댓가로 지주회사의 주식을 취득하는 것을 말한다; 윤현석, "회사법상 주식교환·주식이전제도의 도입에 관한 연구"(2000), 251~255면.

24) 이철송, 『회사법』(2023), 1193면.

25) 神田秀樹, 『會社法』(2023), 420면.

26) 김건식·노혁준·천경훈, 『회사법』(2023), 412면.

27) 이번 개정은 ① **회사의 사업기회 유용금지제도**를 신설하였는데(제397조의2), 이사가 직무상 알게 된 회사의 정보를 이용하여 개인적인 이익을 취득하는 행위를 명확히 규제할 필요가 있어 이사가 직무를 수행하는 과정에서 알게 된 정보 또는 회사가 수행하고 있거나 수행할 사업과 밀접한 관계가 있는 사업기회를 제3자에게 이용하도록 하는 경우에도 이사회에서 이사 3분의 2 이상 찬성으로 승인을 받도록 하였다. ② **이사의 자기거래 승인대상 확대**하였는데(제398조), 이사가 본인의 이익을 위하여 이사의 친인척이나 그들이 설립한 개인 회사 등을 이용하여 회사와 거래하는 경우 회사의 이익을 희생시킬 가능성이 많으므로 적절한 통제가 필요하므로. 이사와 회사 간 자기거래의 요건을 더욱 엄격히 규정하여 이사뿐만 아니라 이사의 배우자, 이사의 직계존비속, 이사의 배우자의 직계존비

그리고 2020년 12월 29일 개정시 **다중대표소송제**[28]와 **감사위원회위원 분리선출제**[29]를 도입하였다. 이는 모회사의 대

속과 그들의 개인회사가 회사와 거래하는 경우까지 이사회에서 이사 3분의 2 이상 찬성으로 승인을 받도록 규정하고, 거래의 내용이 공정하여야 한다는 요건을 추가하였다. ③ **이사의 책임을 감경**하였는데(제400조 제2항), 당시 유능한 경영인을 쉽게 영입하여 보다 적극적인 경영을 할 수 있도록 하기 위하여 이사의 회사에 대한 책임을 완화할 필요성이 있으나, 현행 상법은 총주주의 동의로 면제하는 것 외에는 책임감면 규정이 없었으므로, 회사에 대한 이사의 책임을 고의 또는 중대한 과실로 회사에 손해를 발생시킨 경우를 제외하고는 이사의 최근 1년간의 보수액의 6배(사외이사는 3배) 이내로 제한하고, 이를 초과하는 금액에 대하여는 면제할 수 있도록 이사의 책임제도를 개선하였다. ④ **집행임원제도**를 도입하였는데(제408조의2부터 제408조의9까지 신설), 대규모 상장회사(上場會社)의 경우 실무상 정관이나 내규로 집행임원을 두고 있으나 이를 뒷받침할 법적 근거가 없어 많은 문제가 발생하고 있으므로, 이사회의 감독 하에 회사의 업무 집행을 전담하는 기관인 집행임원에 대한 근거 규정을 마련하되, 제도의 도입 여부는 개별 회사가 자율적으로 선택할 수 있도록 하였다. ⑤ **준법지원인 제도**를 도입하였는데(제542조의13), 은행법에 따라 금융기관에는 준법감시인이 설치되어 있으나, 대규모 기업에도 준법경영을 위한 제도가 미비하여 윤리경영이 강화되고 있는 세계적 추세에 맞지 않는다는 지적이 있어, 자산 규모 등을 고려하여 대통령령으로 정하는 상장회사는 준법통제기준을 마련하도록 하고, 이 기준의 준수에 관한 업무를 담당하는 준법지원인을 1인 이상 두도록 하였다.

28) 제406조의2(다중대표소송) ① **모회사** 발행주식총수의 100분의 1 이상에 해당하는 주식을 가진 주주는 자회사에 대하여 **자회사 이사의 책임**을 추궁할 소의 제기를 청구할 수 있다. ② ~ ⑤ (생략).

29) 제542조의12(감사위원회의 구성 등) ① (생략) ② 제542조의11 제1항의 상장회사는 주주총회에서 이사를 선임한 후 선임된 이사 중에서 감사위원회위원을 선임하여야 한다. 다만, 감사위원회위원 중 1명(정관에서 2명 이상으로 정할 수 있으며, 정관으로 정한 경우에는

주주가 자회사를 설립하여 자회사의 자산 또는 사업기회를
유용하거나 감사위원회위원의 선임에 영향력을 발휘하여 그
직무의 독립성을 해치는 등의 전횡을 방지하고 소수주주의
권익을 보호하기 위한 것이다.

라. 지주회사의 운용 현황

앞(14면)에서 설명한 바와 같이, 지주회사는 순수지주회사와
사업지주회사로 구분하는데, 이 제도의 운용 방법은 각 국가
에 따라 다르다.

먼저, **미국**에서는 사업지주회사 형태로 주로 운용하는데,
지주회사가 본업을 영위하면서 사업별로 자회사를 운용한다.
그러나 해외사업이나 은행업, 공익사업 등 규제업종의 경우
에는 순수지주회사를 활용하고 있다.

예를 들면, 은행업이 순수지주회사 형태를 취하면서 다른
금융업으로 확장하거나 다른 주(州)에 진출하기도 한다.[30] 미
국에서는 은행의 지점설치를 금지하는 연방법[31] 및 주법에

그에 따른 인원으로 한다)은 주주총회 결의로 **다른 이사들과 분리하
여 감사위원회위원이 되는 이사로 선임**하여야 한다. ③ ~ ⑧ (생략).

[30] 미국에서는 주(州)정부 형태를 취하고 있어서 주내에서 설립한
주식회사는 해당 주(州)에서만 영업을 할 수 있도록 되어 있어서,
각주(州) 마다 자회사를 설립하고 본사는 자회사 주식을 전부 보유
하는 지주회사로 운영되었다; 최준선, 『회사법』(2023), 92면.

[31] 1927년 제정된 McFadden Act는 국법은행(National Bank)의 지점
설치를 제한하였다.

의하여 은행의 업무의 영역이 법적으로 제한되어 있어서, 이러한 경계를 뛰어 넘어 고객에게 서비스를 제공하기 위하여 은행지주회사가 발전하여 왔다.[32]

그러나 **유럽**에서는 효율적인 사업다각화를 위해 본사를 순수지주회사화하여 자회사의 활동을 효율적으로 관리함은 물론 자회사 간 중복된 사업을 합병하기 위한 수단으로서 활용하는 경우가 많다.[33]

마. 지주회사제도의 성과

(1) 지주회사의 장점

일반적으로 지주회사는 ① 기존 사업회사가 지주회사로 전환한 후 경쟁력이 없는 사업부문을 분사화하여 관리하거나 양도·폐지하기가 쉽고[34] ② 특정 사업 분야에 진입하거나 퇴출하기가 쉬워 기업구조조정을 원활히 하여 기업경쟁력을 강화하기에 유용하다는 점이다.[35]

---

32) 정용상·김성배, 『미국 금융지주회사법의 이해』(2006), 11면.

33) 나승성, 『금융지주회사법』(2007), 40~41면.

34) 이러한 특성에 의하여 리스크가 큰 사업을 독립한 사업부문으로 운영할 수 있으므로 벤처산업의 육성에도 기여할 수 있으며, 각 지역별 사업관리를 지주회사형태로 운영하고 있는 외국자본의 유입에도 기여할 수 있다; 나승성, 『금융지주회사법』(2007), 13면.

35) 금융지주회사의 입장에서는 향후 성장이 예상되는 금융서비스 분야에는 집중적인 투자를 하고, 반대로 한계부분에 대한 조정이나

③ 그리고 지주회사를 중심으로 출자관계를 단순하게 형성할 수 있으므로, 금융회사 등 채권자나 소수주주의 경영감시가 보다 용이하다.[36]

④ 지주회사는 중장기적인 관점에서 전략적 경영판단을 할 수 있고, 자회사는 전문경영인을 통하여 합리적 경영이 가능하고, 경영상속에도 활용할 수 있다.[37]

⑤ 나아가 지주회사는 자회사들을 통합관리할 수 있으므로, 지주회사가 그룹전체의 장기발전 전략을 기획하고 집행과정에서 조정할 수 있다.[38]

⑥ 특히, 금융지주회사의 경우에는 특정 금융자회사의 부실이 다른 자회사로 전이되는 것을 막을 수 있고 ⑦ 자회사간의 역할 분담이 가능해져 전산시스템, 임직원 겸직 등 자원의 공동활용을 통한 비용절감 효과를 거둘 수 있고 ⑧ 고객신용정보의 상호 제공, 브랜드의 공유, 공동점포의 이용 등 종합금융서비스 제공과 교차판매를 통하여 수익성을 제고할 수 있다.[39]

퇴출을 용이하게 할 수 있다.

36) 김건식·노혁준, 『지주회사와 법』(2018), 14면.

37) 서로 크기가 다른 3개의 회사를 3명의 피상속인에게 직접 상속하는 것보다는 지주회사를 설립하여 지주회사의 지분을 각 피상속인에게 1/3씩 배분하면 공평한 상속을 할 수 있다; 최준선, 『회사법』(2023), 93면.

38) 순수지주회사는 자신은 직접 사업을 하지 않고 모두 각 자회사에 분리하고, 그룹 전체의 경영에만 전념하므로, 전 사업부문을 객관적이고 공정하게 평가하고 이를 토대로 효율적인 전략을 수립하고 재무 및 인사관리를 할 수 있다.

⑨ 그룹의 총괄적인 입장에서 각 금융자회사에 대한 인원과 자금을 최적으로 배분하여 경영효율성을 제고할 수 있으며 ⑩ 금융업종간 구분이 모호한 경계영역업무가 확대되는 추세에서 금융지주회사에 대한 포괄적인 감독을 통해 이들 경계영역 업무에 대한 감독의 사각지대를 줄여 감독의 실효성을 높일 수 있고[40] 경영관리, 준법감시인, 홍보 등을 체계적으로 할 수 있다.[41]

(2) 지주회사의 단점

지주회사는 ① 다단계 출자방식을 통하여 적은 자본으로 경제력이 과도하게 집중될 수 있고 ② 지배주주의 간접화와 다수결의 남용으로 지배력이 강화될 수 있고 ③ 계열회사 상호간의 분식결산으로 채권자의 이익을 침해할 수 있으며 ④ 기업재무구조를 오히려 악화시킬 수 있는 단점이 있다.[42]

⑤ 조직구조의 다단계화로 인하여 경영의 비효율성이 증가할 수도 있으며, ⑥ 의사결정과정의 중복 등으로 조직운영의 생산성이 낮아지고 조직이 관료화할 수도 있다.

⑦ 소수주주의 권익 침해가 발생할 수 있는데, 특히 지주회사의 자회사 지분이 100% 미만일 경우 지주회사의 주주와 자회사의 소수주주간에 이해상충 문제가 발생할 수 있다.[43] ⑧ 채권자

---

39) 원동욱, "한국 금융지주회사의 법제 현황"(2010), 12면.

40) 강병호·김대식·박경서, 『금융기관론』(2020), 38~39면.

41) 나승성, 『금융지주회사법』(2007), 14면.

42) 권오승·서 정, 『독점규제법 이론과 실무』(2023), 577면.

도 소수주주와 마찬가지로 경영정보를 쉽게 얻을 수 없어 회사
의 정보가 왜곡되는 경우에는 이익의 침해를 받을 수 있고[44] ⑨
부당지원의 가능성도 있다.[45]

3. 금융지주회사법의 제정

가. 2000년 금융지주회사법의 제정

(1) 금융지주회사법의 제정 배경

2000년 10월 23일 금융지주회사법을 제정(법률 제6274호)하여
2000년 11월 24일 시행하였는데, ① 금융기관의 대형화·겸
업화를 통하여 금융기관의 경쟁력을 제고하기 위하여 금융지
주회사의 설립을 촉진하는 한편, ② 금융지주회사와 자회사
의 건전한 경영을 도모하는데 필요한 사항을 정하였다. 그
주요 내용은 다음 〈표 2〉와 같다.

이 법의 제정 배경은 기존의 공정거래법상의 지주회사제
도에 의해서는 **금융기관의 대형화와 겸업화를 통한 금융기관
의 경쟁력 제고**라는 목적을 달성하기 어려워[46] 금융산업의

---

43) 강병호·김대식·박경서, 『금융기관론』(2020), 38~39면.

44) 나승성, 『금융지주회사법』(2007), 22면.

45) 최준선, 『회사법』(2023), 92면.

개방과 금융허브로서의 성장을 위하여 금융기관의 합병에 따른 부작용을 최소화하면서 국내금융산업의 구조개편을 촉진하고 경쟁력을 제고할 필요가 있었다.

그리고 우리법의 제정에는 일본에서 금융지주회사의 설립이 영향을 미쳤는데, 일본에서는 ① 지주회사 설립 등의 금지의 해금에 따른 금융관계법률을 정비하기 위한 「금융지주회사정비법(金融持株會社整備法)」과 ② 은행지주회사의 창설을 위한 은행 등에 관련한 합병절차의 특례 등에 관하여 규정한 「은행지주회사창설특례법(銀行持株會社創設特例法)」을 1997년 12월 5일 제정하여 1998년 3월 11일부터 시행하였다.

일본에서 금융지주회사제도의 필요성은 ① 강한 은행의 부활 ② 종합적 금융서비스의 제공 ③ 금융시스템의 안전성과 건전성의 확보 등으로 주장되었다.[47] 그리고 자회사간에는 엄격한 차단벽을 설정하여 이익상반행위를 금지시키는 것이 비교적 용이하다는 주장도 있었다.[48]

---

46) 우리나라 금융기관도 그동안 많은 성장을 하였지만, 세계적인 기준에서 볼 때 매우 미흡한 수준이므로, 금융지주회사제도를 통하여 이를 극복하고자 한 것이다; 원동욱, "한국 금융지주회사의 법제 현황"(2010), 10면.

47) 馬淵紀壽, 『金融持株會社』(1996), 31~58면.

48) 당시 일본에서 지주회사 설립금지 규정을 폐지하여 금융지주회사의 설립을 허용하여야 한다는 주장은, 금융지주회사는 산하에 여러 종류의 금융기관을 자회사로 두고 자회사 상호간에는 형제회사로서 대등한 관계에 있으며 자회사간에는 엄격한 차단벽을 설정하여 이익상반행위를 금지시키는 것이 비교적 용이하며, 고객에 대하여는 다양한 금융서비스를 제공할 수 있다고 하였다; 相澤幸悅, 『그

금융지주회사제도를 도입함에 따라 ① 관련 자회사의 재편 등 구조조정의 활성화 ② 기존 금융기관 간 통합의 원활화 ③ 기존 금융기관 경영조직의 용이한 분사화 ④ 신속한 신규사업 진출 및 기존사업 분야의 포기 등 경영의 유연성 확대 등이 기대된다.[49]

현재 대부분의 선진국에서 금융지주회사제도가 널리 활용되고 있지만 각국의 도입 배경은 다르다. 먼저, **미국**에 있어서 금융지주회사제도가 도입되게 된 이유는 ① 글래스-스티걸법(Glass-Steagall Act)을 폐지하여 자회사를 통한 **금융겸업**을 할 수 있도록 하고 ② 금융겸업을 허용하는 데 있어 **지주회사제도**가 금융기관의 동반부실을 예방하는 데 가장 적합한 제도라도 판단하였기 때문이다.

그리고 은행지주회사제도가 정부의 규제를 피하기 위한 수단으로 발달해 왔는데, 자국의 경쟁력 확보를 위해서는 기업규모나 기업형태에 대한 규제를 완화해야 한다는 여론에 밀려 금융서비스 현대화법을 제정하였다.

유럽의 경우도 **겸업주의**의 일부분으로서 지주회사제도가 발달되어 왔다. 즉, 금융기관들은 정부의 규제를 전혀 받지 않는 상태에서 다양한 형태의 금융업을 시도할 수 있었고 금융지주회사는 이러한 맥락에서 발전해 왔다.[50]

ニバ-サル·バンクと金融持株會社』(1997), 127면.

49) 이백규, "금융·지주회사제도 현황과 발전방향"(2000), 13면.

50) 나승성, 『금융지주회사법』(2007), 41~42면.

〈표 2〉 2000년 제정된 금융지주회사법의 주요 내용

가. 금융지주회사가 되고자 하는 자는 **금융감독위원회의 인가**를 받도록 함(제3조).

나. 금융지주회사는 원칙적으로 **다른 금융지주회사**를 자회사로 둘 수 없도록 하되, 대통령령이 정하는 요건에 해당하는 경우에는 금융지주회사 밑에 다른 금융지주회사(중간지주회사)를 둘 수 있도록 함(제7조).

다. **동일인**은 의결권 있는 발행주식총수의 100분의 4를 초과하여 은행지주회사의 주식을 보유할 수 없도록 하되, 금융업만을 영위하는 금융전업기업가 등에 대하여는 예외를 인정함(제8조 및 제9조).

라. 현행 은행법상 동일인은 발행주식총수의 100분의 4를 초과하여 은행의 주식을 소유할 수 없도록 제한하고 있으나, **은행지주회사**의 경우에는 당해 한도를 초과하여 은행주식을 소유할 수 있도록 함(제13조).

마. 금융지주회사는 **자회사의 경영관리업무**를 그에 부수하는 업무를 제외한 다른 업무를 영위할 수 없도록 함으로써 금융지주회사가 보다 효율적으로 운영될 수 있도록 함(제15조).[51]

바. 금융지주회사는 자회사 밑에 **손자회사**를 둘 수 없도록 하되, 자회사의 업무와 연관성이 있는 금융기관 등을 손자회사로 두는 경우에는 예외적으로 이를 허용할 수 있도록 함(제19조).

---

51) 앞(14면)에서 본 바와 같이, 공정거래법은 사업지주회사와 순수지주회사 모두를 허용하였지만, 금융지주회사법은 순수지주회사만 허용하였다.

사. 금융지주회사의 효율성을 제고하고 그 설립을 촉진하기 위하여 **주식교환제도**와 **주식이전제도**를 새로이 도입하고, 동제도를 통하여 자회사의 발행주식총수를 소유하는 금융지주회사(완전지주회사)를 설립할 수 있도록 함(제5장 제1절 및 제2절).

아. 금융지주회사는 자기자본을 초과하여 **자회사의 주식**을 보유할 수 없도록 하는 한편, 동일한 금융지주회사에 속하는 자회사 상호간의 신용공여는 대통령령이 정하는 한도를 초과할 수 없도록 하는 등 금융지주회사와 그 자회사등의 건전한 경영을 도모함에 있어서 필요한 사항을 규정함(제46조 및 제48조).

자. 금융지주회사와 그 자회사등은 금융감독위원회가 정하는 **경영지도기준**을 준수하도록 하고, 금융지주회사와 자회사등의 연결재무제표와 주요 경영상황 등을 의무적으로 공고하도록 함(제50조 및 제55조).

나. 2008년 금융지주회사법의 개정

이 법은 **2008년 3월 14일** 개정시, ① 금융위원회로부터 해임 또는 징계면직의 조치를 받기 전에 퇴임 또는 퇴직함으로써 임원결격 요건의 적용을 회피하는 행위를 방지하기 위하여 **임원결격사유를 강화**하고 ② 퇴임한 임원 등에 대한 조치내용을 기록·유지하도록 함으로써 **임원결격사유 규정의 실효성**을 높이고자 하였다.

〈표 3〉 2008년 금융지주회사법 개정의 주요 내용

가. **임원결격사유** 강화(제38조 제4호·제6호·제7호, 제38조 제9호 신설)
외국금융관련법령에 따라 형의 선고를 받은 경우 등도 임원의 결격사유에 추가하고, 재임 또는 재직 중이었다면 해임요구 또는 면직요구의 조치를 받았을 것으로 통보된 임원 또는 퇴직직원은 그 통보가 있는 날로부터 5년이 경과하지 않으면 임원이 될 수 없도록 함.

나. 금융지주회사 **직원에 대한 면직요구**(제57조 제1항 제4호의2 신설)
금융위원회는 법령을 위반한 금융지주회사의 직원에 대하여 면직을 요구할 수 있도록 함.

다. **퇴임한 임원** 등에 대한 조치내용의 통보(제57조의2 신설)
퇴임 또는 퇴직한 임직원이 재임 또는 재직 중이었더라면 받았을 해임요구 등의 조치 내용을 금융위원회가 금융감독원장으로 하여금 금융지주회사의 장에게 통보하도록 할 수 있게 하고, 통보받은 금융지주회사의 장은 해당 임직원에게 알리고 기록·유지하도록 함.

다. 2009년 금융지주회사법의 개정

이 법은 2009년 **7월 31일** 개정시, ① 비금융주력자(산업자본)에 대한 은행지주회사 주식 보유규제를 완화하여 국내 **은행지주회사의 경쟁력을 제고**하고 ② 비은행지주회사(은행을 자회사로 지배하지 않는 금융지주회사)에 대해서는 비금융회사 지배를 허용하는 등 **비은행지주회사 관련 규제를 완화**함으로써,[52] 금융투자업·보험업 중심의 **글로벌 금융그룹을 육성**하기 위한 제도

---

52) 우리나라 금융산업의 경쟁력을 제고하여 우리나라 금융기관이 세계적인 금융기관으로 성장할 수 있는 환경적인 여건을 조성하기 위하여 그 동안 학계 및 실무계에서 지속적으로 제기하였던 규제를 완화하고 새로운 제도를 도입하였다; 원동욱, "한국 금융지주회사의 법제 현황"(2010), 27면.

적 기반을 마련하였다.

③ 금융 자회사 사이의 임직원 겸직의 허용범위를 확대하는 등 우리 **금융산업의 대형화·겸업화를 촉진**하면서, ④ 이러한 규제완화에 따라 발생할 수 있는 이해상충을 방지하는 등 금융소비자를 보호하고, 금융회사 사이의 위험전이(危險轉移)의 차단 등을 위한 **금융감독과 시장규율을 강화**하였다. 이처럼 2009년 금융지주회사법 개정의 핵심은 규제완화인데, 이에 대하여 **비판적인 견해**도 있었다.[53] 그 구체적인 내용은 다음 〈표 4〉와 같다.

〈표 4〉 2009년 금융지주회사법 개정의 주요 내용

가. 사모투자전문회사 등에 대한 **비금융주력자 판단기준** 완화 등(제2조 제1항 및 제9조 등)

 1) 자본시장법에 따라 금융위원회에 등록된 사모투자전문회사 및 국제적 신인도가 높고 본국의 충분한 금융감독을 받는 해외 은행 또는 그 지주회사에 대해서는 비금융주력자 판단기준을 완화함.

 2) 비금융주력자 판단기준 완화대상인 사모투자전문회사 등이 은행지주회사의 주식을 4퍼센트 초과 보유하고 최대주주 등이 되고자 하는 경우 사전 적격성 심사를 받도록 함.

나. **공적 연기금**의 은행지주회사 주식보유규제 완화 등(제8조의2 제3항)

 1) 법에 따라 설치된 공적 연기금이 비금융주력자에 해당하는 경우에도 해당 공적 연기금 및 그 관리주체 등과 은행지주회사의 다른 주주 등 사이에 발생할 수 있는 이해상충을 방지할 수 있는 경우에는 은행지주회사 주식 보유규제를 완화하여 적용함.

 2) 해당 공적 연기금에 대하여 이해상충 방지를 위하여 필요한 최소한

---

53) 원동욱, "한국 금융지주회사의 법제 현황"(2010), 27~30면.

의 범위에서 금융감독당국 등의 검사 및 감독 등을 받도록 함.

다. 비금융주력자의 **은행지주회사 주식** 보유제한 완화(제8조의2 및 제8조의4 등)

　1) 비금융주력자의 은행지주회사 주식 보유한도를 은행지주회사의 의결권 있는 발행주식총수의 100분의 4에서 100분의 10으로 조정하되 100분의 10을 초과하지는 못하도록 함.

　2) 비금융주력자가 은행지주회사의 주요 출자자가 되고자 하는 경우 사전 적격성 심사를 받도록 함.

라. **비금융회사 지배** 허용(제20조, 제25조, 제31조 및 제33조 신설)

　1) 금융지주회사는 비금융회사를 자회사 또는 손자회사 형태로 지배하는 것이 금지되는바, 금융과 산업의 결합에 따른 금융업별 시스템 리스크의 차이, 미국(美國)·일본(日本)의 해외 입법례 등을 감안할 때 은행을 자회사로 지배하는 금융지주회사(이하 "은행지주회사") 수준에 맞추어져 있는 현행 비은행지주회사 규제는 과도한 측면이 있음.

　2) 보험지주회사에 대해서는 지주회사가 직접 자회사로 비금융회사를 지배하는 것을 허용하고, 금융투자지주회사에 대해서는 직접 비금융 자회사를 지배하는 것 뿐만 아니라 금융투자업을 영위하는 자회사가 비금융 손자회사를 지배하는 것도 허용함.

마. **비은행지주회사 전환**을 위한 유예기간(제22조 신설)

　1) 현행법상 금융지주회사 요건에 해당하는 회사에 대해서 인가를 받아 출자규제를 따르도록 함에 있어 부여되는 유예기간은 금융-비금융 사이의 복잡한 출자관계로 얽혀 있는 대기업집단의 소유구조의 합리적 개선을 위한 충분한 기회를 부여하지 않음으로써 오히려 금융지주회사 규제회피 현상을 야기하는 측면이 있음.

　2) 비은행지주회사 전환계획을 금융위에 제출한 기업집단에 대해 계열사 간에 기존에 형성한 법률관계에 대한 출자규제 등 행위제한 규정의 적용에 관하여 최장 5년의 유예기간을 부여하되, 불가피한 사유가 있는 경우 1회에 한하여 위 기간을 최장 2년간 연장할 수 있도록 함.

바. **규제완화에 따른 부작용** 방지장치 마련(제34조, 제35조, 제36조 제3항

및 제37조 신설)

1) 비은행지주회사의 비금융회사 지배 허용 등 규제를 완화함에 따라 금융 자회사를 포함한 금융그룹 전체의 건전성과 금융소비자와의 이해상충 방지를 위한 금융감독을 강화할 필요가 있음.

2) 비은행지주회사가 비금융 자회사 등에 대하여 신용공여하는 경우 비은행지주회사에 현저히 불리한 조건으로 지원하는 것을 제한하고, 금융감독당국이 금융소비자 보호 등을 위하여 필요한 경우 비금융 자회사 등에 대하여 임점검사할 수 있는 법적 근거를 마련하며, 비은행지주회사의 대주주와 회사와의 신용공여, 대주주 발행주식 취득 등 거래를 제한하여 규제완화에 따른 부작용을 방지함.

사. 금융 자회사 등 사이의 **임직원 겸직 허용**범위 확대(제39조)

1) 개별 금융업법과 달리 이 법에서는 시너지 효과를 제고하기 위하여 금융지주회사와 자회사 등 사이의 임직원 겸직을 전면 허용하고 동일한 업종을 영위하는 서로 다른 자회사 등 사이의 임직원 겸직도 허용하고 있으나, 금융지주회사의 자회사에 대한 전반적인 통할 기능, 미국·일본 등 해외 입법례 등을 감안할 때, 이종(異種) 업종을 영위하는 금융 자회사 등 사이의 임직원 겸직을 허용함으로써 금융지주회사의 시너지 효과를 증대할 필요성이 큼.

2) 금융위원회의 사전승인을 받는 경우에는 집합투자·신탁업 등을 제외한 금융업을 영위하는 자회사 등 사이의 임직원 겸직을 허용하면서, 금융지주회사 자체의 내부통제장치 강화, 금융감독당국의 사전승인시 내부통제장치의 적절성 심사, 사법절차상 금융소비자의 금융지주회사 등에 대한 손해배상 청구시 입증책임의 완화 등을 통해 임직원 겸직 규제완화에 따른 부작용을 방지함.

아. **은행지주회사 주요출자자**에 대한 감독 강화(제51조의2, 제64조 및 제70조 등)

1) 금융감독당국 등이 은행지주회사의 주요출자자에 대하여 필요한 최소한의 범위에서 검사를 실시할 수 있도록 하는 등 주요출자자에 대한 감독기능을 강화함.

2) 주요출자자 감독의 실효성을 제고하기 위하여 주요출자자 등의 위법행위시 적용되는 과징금 및 벌칙을 강화함.

라. 2014년 금융지주회사법의 개정

이 법은 **2014년 2일 14일** 개정시, ① 2009년 개정시 규제완화를 통한 경쟁력 제고를 위하여 금산분리제도를 완화하였으나, ② 이번에는 다시 **금산분리제도를 강화**하였다.[54]

〈표 5〉 2014년 금융지주회사법 개정의 주요 내용

가. 투자회사 · 사모투자전문회사 · 투자목적회사를 **비금융주력자**로 판단하는 기준을 강화하고, 사전적격성 심사규정을 삭제하는 등 관련 규정을 정비함(제2조 제1항 제8호 다목부터 마목까지, 제8조의5 등).

나. 비금융주력자(산업자본)의 **은행지주회사 주식보유한도**를 9퍼센트에서 4퍼센트로 축소하고, 사전적격성 심사규정을 삭제하는 등 관련 규정을 정비함(제8조의2 제1항, 현행 제8조의4 삭제 등).

마. 2016년 금융지주회사법의 개정

이 법은 **2016년 3일 29일** 개정시, 은행법에 발행 근거가 마련된 은행지주회사주식 전환형 조건부자본증권이 원활하게 발행 · 유통될 수 있는 제도적 장치를 마련하였다.

---

54) 그 이유는 재벌에게 모든 자본이 집중되는 심각한 경제적 불균형을 초래할 수 있고, 금산결합에 따른 위험전이로 인해 전체 금융그룹차원의 건전성이 악화되며, 이해상충의 문제가 생겨날 소지도 있었다. 따라서 금융회사의 대형화 · 겸업화에 따라 발생할 수 있는 위험의 전이, 과도한 지배력 확장 등의 부작용을 방지하고, 국민경제의 균형 있는 발전을 도모하였다.

〈표 6〉 2016년 금융지주회사법 개정의 주요 내용

은행이 발행하는 은행지주회사주식 전환형 조건부자본증권이 은행의 주
식으로 전환됨과 동시에 그 전환된 주식이 은행지주회사의 주식과 교환
되거나 은행지주회사가 발행하는 자본시장법에 따른 전환형 조건부자본
증권이 은행지주회사의 주식으로 전환됨에 따라 주식의 보유한도를 초과
하여 은행지주회사의 주식을 보유하는 자는 그 보유사실을 금융위원회에
보고하고 승인을 받도록 하는 등의 절차를 마련함으로써 **조건부자본증권
이 원활하게 발행·유통**될 수 있는 제도적 장치를 정비하려는 것임.

바. 2017년 금융지주회사법의 개정

이 법은 **2017년 4일 18일** 개정시, ① 조건부자본증권의 발
행 근거를 마련하고, ② 과징금제도의 운영상 나타난 일부
미비점을 개선·보완하였다.

〈표 7〉 2017년 금융지주회사법 개정의 주요 내용

은행지주회사의 원활한 자본 확충을 위하여 **조건부자본증권**의 발행 근
거를 마련하고, 금전적 제재의 실효성을 제고하기 위하여 **과징금과 과
태료**의 부과한도를 인상하는 한편, 과징금 체납자의 부담을 완화하기
위하여 **가산금의 징수기간**을 최대 60개월로 설정하는 등 현행 제도의
운영상 나타난 일부 미비점을 개선·보완하려는 것임.

사. 2019년 금융지주회사법의 개정

이 법은 **2019년 2일 1일** 개정시, 금융지주회사의 자본금
감소 또는 정관 변경의 신고제도를 개선하였다.

〈표 8〉 2019년 금융지주회사법 개정의 주요 내용

국민생활 및 기업활동과 밀접하게 관련되어 있는 **신고 민원의 처리**절차를 법령에서 명확하게 규정함으로써 관련 민원의 투명하고 신속한 처리와 일선 행정기관의 적극행정을 유도하기 위하여, ① 금융지주회사의 **자본금 감소 또는 정관 변경**의 신고를 받은 경우 14일 이내에 신고수리 여부를 신고인에게 통지하도록 하고, ② 그 기간 내에 신고수리 여부나 처리기간의 연장을 통지하지 아니한 경우에는 그 신고를 수리한 것으로 간주(看做)하는 제도를 도입하려는 것임.

제2절 금융지배법의 제정과 개정

1. 2015년 금융지배법의 제정

가. 금융지배법의 제정 배경

2008년 글로벌 금융위기 이후 전 세계적으로 금융회사의 바람직한 지배구조에 관한 중요성이 강조되었고, 금융회사의 이사회와 감사위원회의 역할 강화 등 **금융회사의 지배구조에 관한 규율**을 강화할 필요성이 제기됨에 따라, **2015년 7월 31일** 「금융회사의 지배구조에 관한 법률」[55]을 제정하였다.

이 법의 필요성은, 금융회사의 지배구조에 관하여는 상법상 주식회사의 지배구조규율이 원칙적으로 적용되지만, 금융회사의 위험의 특수성을 고려하여 일반 사업회사와 다른 특칙이 필요하기 때문이다.[56]

나. 금융지배법의 제정 목적

이 법은 ① 이사회의 사외이사 비율, 임원의 자격요건 등 개별 금융업권별로 차이가 나는 지배구조에 관한 사항을 통일적이고 체계적으로 규정하여 **금융업 간의 형평성**을 제고하고, ② 이사회와 감사위원회의 기능을 강화하고 위험관리위원회와 위험관리책임자를 두도록 함으로써 **금융회사의 책임성**을 높이는 한편, ③ 금융회사의 대주주에 대한 자격요건을 주기적으로 심사하도록 함으로써 **건전한 경영**을 유도하여 금융시장의 안정성을 유지하기 위한 제도적 기반을 마련하고자 하였다.[57]

다. 금융지배법 적용범위

(1) 적용 대상

이 법은 **금융회사**에 대하여 적용하며, 금융회사는 다음의

---

55) "금융사지배구조법"이라고도 하지만, 이하 "금융지배법"이라 한다.

56) 정순섭, 『금융법』(2023), 66면.

57) 국가법령정보센터/제정이유/https://www.law.go.kr/.

어느 하나에 해당하는 회사이다(제2조 제1호).

① 은행법에 따른 인가를 받아 설립된 **은행**
② 한국산업은행법에 따른 한국산업은행
③ 중소기업은행법에 따른 중소기업은행
④ 농업협동조합법에 따른 농협은행
⑤ 수산업협동조합법에 따른 수협은행
⑥ 자본시장법에 따른 금융투자업자 및 종합금융회사
⑦ 보험업법에 따른 보험회사
⑧ 상호저축은행법에 따른 상호저축은행
⑨ 여신전문금융업법에 따른 여신전문금융회사
⑩ 금융지주회사법에 따른 **금융지주회사**.

(2) 적용 제외

이 법은 다음의 어느 하나에 해당하는 자에게는 적용하지 아니한다(제3조 제1항).

① 금융회사의 국외 현지법인(국외지점을 포함한다)
② 자본시장법 제8조 제9항에 따른 겸영금융투자업자 중 대통령령으로 정하는 자
③ 자본시장법 제100조 제1항에 따른 역외투자자문업자 또는 역외투자일임업자.

(3) 일부규정 적용제외

(가) 외국금융회사의 국내지점

외국의 법령에 따라 설립되어 외국에서 금융업을 영위하는 자(이하 "외국금융회사"라 한다)의 국내지점에 대해서는 **제5조, 제**

7조, 제4장 및 제7장을 적용하며, 이 경우 외국금융회사의 국내지점의 대표자와 그 밖에 대통령령으로 정하는 사람은 이 법에 따른 금융회사의 임원으로 본다(제3조 제2항).

(나) 소규모 금융회사

자산규모 등을 고려하여 대통령령으로 정하는 금융회사(영 제6조 제3항)58)에 대해서는 **다음의 사항을 적용하지 아니한다**(제3조 제3항).

① 이사회의 구성·운영에 관한 사항(제12조 제1항 및 같은 조 제2항 본문, 제14조)

② 이사회내 위원회의 설치에 관한 사항(제16조 제1항부터 제3항까지)

③ 위험관리위원회에 관한 사항(제21조)

④ 보수위원회 및 보수체계 등에 관한 사항(제22조)

⑤ 내부통제위원회에 관한 사항(제22조의2)

⑥ 소수주주권59)의 행사에 관한 사항(제33조).

---

58) 다음의 회사를 말하며, 이 중에서 해당 금융회사가 주권상장법인으로서 최근 사업연도 말 현재 자산총액이 **2조원 이상**인 자는 제외한다. ① 최근 사업연도 말 현재 자산총액이 7천억원 미만인 상호저축은행 ② 최근 사업연도 말 현재 자산총액이 5조원 미만인 금융투자업자 또는 종합금융회사. 다만, 최근 사업연도 말 현재 그 금융투자업자가 운용하는 집합투자재산, 투자일임재산, 신탁재산(관리형신탁의 재산은 제외한다)의 전체 합계액이 20조원 이상인 경우는 제외한다. ③ 최근 사업연도 말 현재 자산총액이 5조원 미만인 보험회사 ④ 최근 사업연도 말 현재 자산총액이 5조원 미만인 여신전문금융회사 ⑤ 그 밖에 자산규모, 영위하는 금융업무 등을 고려하여 금융위원회가 정하여 고시하는 자.

59) 보험업법 제2조 제7호에 따른 상호회사인 보험회사의 경우 소

라. 금융지배법의 주요 내용

이 법은 금융회사 임원의 자격요건, 이사회의 구성 및 운영, 내부통제제도 등 **금융회사의 지배구조에 관한 기본적인 사항**을 정함으로써60) ① 금융회사의 건전한 경영과 금융시장의 안정성을 기하고 ② 예금자, 투자자, 보험계약자, 그 밖의 금융소비자를 보호하는 것을 목적으로 한다(제1조). 그 주요 내용은 다음 〈표 9〉와 같다.

〈표 9〉 2015년 제정된 금융지배법의 주요 내용

가. **업무집행책임자**의 자격요건 및 주요한 업무를 담당하는 업무집행책임자의 선임절차 마련(제2조 제2호 · 제5호 및 제8조)
　1) 이사가 아니면서 명예회장 · 회장 · 부회장 · 사장 등 업무를 집행할 권한이 있는 것으로 인정될 만한 명칭을 사용하여 실제로 금융회사의 업무를 집행하는 사람인 업무집행책임자를 임원의 범위에 포함하여 임원과 동일한 자격요건을 적용함으로써 금융회사의 업무를 집행하는 업무집행책임자의 자격요건을 강화함.
　2) 전략기획 · 재무관리 등 주요업무를 집행하는 주요업무집행책임자는 이사회의 의결을 거쳐 임면하도록 함으로써 주요업무집행책임자의 임면에 관한 이사회의 감독 · 통제를 통하여 금융회사의 책임경영에 이바지할 수 있을 것으로 기대됨.

나. **사외이사**의 자격요건 강화 및 임원 후보 추천절차 개선(제6조 및 제17조)

수사원권을 말한다.

60) 이 법의 제정으로 은행법, 금융지주회사법 등에 규정하였던 임원 등 지배구조에 관한 규정은 동일자로 삭제하였다.

1) 최근 3년 이내에 금융회사의 상근 임직원 또는 비상임이사이었던 사람은 해당 금융회사의 사외이사로 임명될 수 없도록 하는 한편, 임원후보추천위원회를 3명 이상의 위원으로 구성하되, 사외이사를 총 위원의 과반수가 되도록 함.

2) 사외이사의 결격사유를 확대하고 임원후보추천위원회를 사외이사 중심으로 구성함으로써 사외이사의 독립성이 강화될 것으로 기대됨.

다. 사외이사 중심의 **이사회** 구성 및 이사회의 권한 강화(제12조, 제14조 및 제15조)

1) 금융업별로 상이한 이사회의 사외이사의 수를 이사 총수의 과반수가 되도록 하는 한편, 경영목표 및 평가에 관한 사항, 최고경영자의 경영승계 등 지배구조 정책 수립에 관한 사항 등 주요사항에 대한 이사회의 심의·의결 권한을 명시하고, 이를 정관에 규정하도록 함.

2) 사외이사가 과반수가 되도록 이사회를 구성하여 사외이사 중심의 이사회를 운영하고, 금융회사의 주요사항에 대한 이사회의 심의·의결 권한을 규정함으로써 이사회의 경영진에 대한 감시기능이 강화될 것으로 기대됨.

라. **지배구조 내부규범**의 마련 및 공시(제14조)

1) 금융회사는 이사회의 구성과 운영, 이사회내 위원회의 설치, 임원 성과평가 및 경영승계에 관한 사항 등 지배구조에 관한 원칙과 절차인 지배구조 내부규범을 마련하여 인터넷 홈페이지 등에 공시하도록 함.

2) 금융회사가 마련한 지배구조 내부규범을 외부에 공시하도록 함으로써 금융회사의 경영에 관한 투명성 및 책임성이 강화될 것으로 기대됨.

마. **감사위원**의 자격요건 및 선임절차 개선(제19조)

1) 감사위원이 되는 이사를 선임하는 경우 해당 감사위원도 사외이사의 자격요건을 갖추도록 하고, 감사위원의 선임 또는 해임 시 최대주주 등이 소유하는 의결권 있는 주식의 합계가 발행주식 총수의 100분의 3을 초과하는 경우에는 해당 주주의 의결권 행사를 제한하도록 함.

2) 감사위원의 자격요건 및 선임절차를 개선하여 감사위원회의 독립

성을 제고함으로써 금융회사의 경영진에 대한 감사위원회의 감시기능을 강화할 수 있을 것으로 기대됨.

바. 위험관리제도 및 보수체계 개선(제21조 및 제22조)

1) 금융회사는 자산운용 등 각종 금융거래에서 발생하는 모든 위험을 적시에 인식하고 통제하는 등 위험관리를 위한 위험관리기준을 마련하고, 위험관리위원회와 위험관리책임자를 두도록 법률에 명시적인 근거를 마련하는 한편, 보수의 결정 및 지급방식 등을 심의·의결하는 보수위원회를 설치하고, 보수의 일정비율 이상을 성과와 연동시키되, 성과보수를 일정기간 이연(移延)하여 지급하도록 함.

2) 금융회사의 위험관리제도 및 보수체계의 개선을 통하여 금융회사가 과도한 위험에 노출되거나 과도한 위험을 부담하지 아니하도록 함으로써 금융회사의 건전한 경영을 유도할 수 있을 것으로 기대됨.

사. 대주주의 적격성 주기적 심사제도 도입(제32조)

1) 일정한 기간마다 최대주주의 자격요건을 심사하여 최대주주가 자격요건을 갖추지 못한 경우에는 그 위반사항의 중대성 여부에 따라 시정조치, 의결권 제한 명령을 내릴 수 있도록 함.

2) 대주주의 주기적 적격성 심사제도를 도입함으로써 부적격 대주주에 의한 금융회사의 운영 리스크 뿐만 아니라 이로 인한 금융산업 전체의 리스크를 방지할 수 있을 것으로 기대됨.

2. 2017년 금융지배법의 개정

이 법은 2017년 4월 18일 개정시, 금융회사에 대한 **금전적 제재의 실효성**을 제고하기 위하여 과태료 부과한도를 상향시켰다.

〈표 10〉 2017년 개정된 금융지배법의 주요 내용

금융회사가 **사외이사 선임의무**를 이행하지 아니한 경우 등에 대한 과 태료 부과한도를 현행 5천만원에서 1억원으로, **임원의 선임사실 및 자 격요건 적합 여부**에 관한 공시 또는 보고를 하지 아니한 경우에 대해 서는 과태료 부과한도를 현행 1천만원에서 3천만원으로 인상하는 등 현행 제도의 운영상 나타난 일부 미비점을 개선·보완하려는 것임.

3. 2024년 금융지배법의 개정

가. 개정취지 및 주요내용

이 법은 2024년 1월 2일 개정시, ① 이사회가 내부통제 감 시역할을 충실히 수행할 수 있도록 이사회 내 위원회로 **내부 통제위원회를 신설**하고 금융회사 임원이 내부통제 및 위험관 리가 효과적으로 작동할 수 있도록 하였으며, ② 대표이사 등 은 내부통제 관련 책무를 임원에게 중복 또는 누락 없이 배분 한 **책무구조도**를 이사회 의결을 거쳐 마련하도록 하였다.

〈표 11〉 2024년 개정된 금융지배법의 주요 내용

① 이사회가 내부통제 감시역할을 충실히 수행할 수 있도록 이사회 내 위원회로 **내부통제위원회**를 신설하여 내부통제의 기본방침·전략 수립, 임직원의 직업윤리·준법정신을 중시하는 조직문화의 정착방안 마련 등 을 심의·의결하도록 하고, 임원의 내부통제 관리 업무에 대한 점검 및 개선요구 등을 수행하도록 하며, 금융회사 임원이 내부통제 및 위험관

리가 효과적으로 작동할 수 있도록 각종 관리조치를 하도록 하고, 대표이사 등이 내부통제 등의 전반적 집행 및 운영에 대한 최종적인 책임자로서 각종 총괄적인 관리조치를 실효성 있게 하도록 하였다.

② 대표이사 등은 내부통제 관련 책무를 임원에게 중복 또는 누락 없이 배분한 **책무구조도**를 이사회 의결을 거쳐 마련하고, 금융회사는 해당 책무구조도를 금융위원회에 제출하도록 하며, 금융위원회가 내부통제 등 관리의무를 위반한 임원에 대해 제재조치를 할 수 있도록 하되, 법령 등 위반행위의 발생경위와 정도 및 그 결과, 이를 방지하기 위해 상당한 주의를 다하여 관리의무를 수행하였는지 여부 등의 요인을 고려하여 제재조치를 감경하거나 면제할 수 있도록 하였다.

나. 금융위원회·금융감독원 보도참고자료

금융위원회·금융감독원은 2023년 12월 8일 2024년 개정법에 관하여 다음과 같은 보도참고자료를 발표하였다.[61]

〈표 12〉 금융위원회·금융감독원 보도참고자료

앞으로 금융회사 임원은 본인 소관 업무에 대해 **내부통제 관리의무**를 부여받게 된다. 이를 통해 업무현장에 맞는 내부통제기준이 마련되고 실제 준수여부도 면밀하게 점검되는 등 내부통제와 관련된 관행이 획기적으로 개선될 것으로 기대된다. 이러한 내용을 담은 「금융회사의 지배구조에 관한 법률」(이하 "지배구조법") 개정안이 금일 국회 본회의를 통과하였다.
현행 「지배구조법」은 2016년부터 법령준수, 건전경영, 주주 및 이해관계자 보호를 위해 금융회사에 내부통제기준 마련의무를 부여하고 있으며, 대부분의 금융회사는 내규 등에 따라 대표이사 등을 내부통제 책

---

61) 금융위원회·금융감독원 보도참고자료/ 2023.12.8.

임자로 규정하고 있다. 하지만 여전히 크고 작은 금융사고가 발생하는 등 내부통제 관련 규율이 "형식적·절차적 의무"로 인식될 뿐, 실제 영업을 담당하는 실무부서 관리자와 직원들의 의식과 행동 변화를 이끌어내는 데에는 한계가 있다는 지적이 지속 제기되었다.

금일 국회 본회의를 통과한「지배구조법」개정안은 이러한 문제를 개선하기 위해 실제로 업무를 관장하는 임원들의 관련 업무에 대한 내부통제 책임을 명확히 규정함으로써 모든 임원들이 내부통제를 자신의 업무로 인식하도록 하는 등 근본적인 금융권의 내부통제 행태 변화를 유도하고자 하는 목적으로 마련되었으며 주요 내용은 다음과 같다.

첫 번째로, **책무구조도(responsibilities map) 도입**을 통해 임원 개개인이 책임져야 하는 내부통제 대상 업무의 범위와 내용을 사전에 명확화 한다. 이는 금융당국의 획일적인 규율이 아닌, 금융회사가 스스로 각자의 특성과 경영여건 변화에 맞는 내부통제시스템을 구축·운영하도록 하는 동시에, 임원 개개인의 책임을 명확히 정함으로써 내부통제에 대한 임원들의 관심과 책임감을 제고하려는 목적이다.

책무구조도는 금융회사 대표이사(CEO)가 책무의 중복·공백·누락없이 마련해야 하며, 작성된 책무구조도는 이사회의 심의·의결을 거쳐 금융당국에 제출해야 한다. 책무구조도 도입으로 해당 임원의 책무가 명확해짐에 따라 금융회사는 임원이 해당 책무수행을 위한 전문성, 정직성, 신뢰성 등을 갖추고 있는지 확인해야 하는 의무도 부담하게 된다. 책무구조도 제출은 법 시행후 6개월 후부터 은행·지주회사에 적용되는 것을 시작으로 금융업권·규모별로 시행시기를 달리하여 규모가 큰 금융회사부터 시행토록 할 계획이다.

두 번째로, 책무구조도에 기재된 임원은 자신의 소관 업무에 대해 내부통제가 적절히 이루어질 수 있도록, 내부통제기준의 적정성, 임직원의 기준 준수여부 및 기준의 작동여부 등을 상시점검 하는 **내부통제 관리의무**를 이행해야 한다. 특히, 대표이사에게 내부통제 총괄 책임자로서, 전사적 내부통제체계를 구축하고 각 임원의 통제활동을 감독하는 총괄 관리의무가 부여된다. 기존의 내부통제기준 마련의무에 더하여 관리의무가 추가됨으로써, 금융회사 내부통제의 원활한 작동이 이루어질 것으로 기대된다.

세 번째로, **이사회**의 내부통제 역할도 명확해진다. 이사회의 내부통제 및 위험관리에 관한 심의·의결사항 추가, 이사회내 소위원회로 내부통제위원회 신설 등 내부통제에 대한 이사회의 책임을 구체화하였다. 이사회의 내부통제 역할이 명확화 됨에 따라 지배구조의 견제와 균형의 원리가 회복될 것으로 기대된다.

마지막으로, 관리조치를 미실행하는 등 내부통제 관리의무를 위반한 임원에 대해서는 기존 내부통제기준 마련의무 위반과 동일하게 **신분제재**를 부과한다. 이는 금융사고의 발생을 초래한 위법행위에 대한 감독자책임이 아닌, 신설된 내부통제 관리의무라는 본인의 업무를 소홀히 한 고유의 자기책임이라는 점에서 기존 내부통제 제재와는 다른 결과가 나타날 것으로 예상된다. 다만, 결과책임이 되지 않도록 평소에 상당한 주의를 다하여 내부통제 관리의무를 충실히 이행한 임원은, 금융사고가 발생하더라도 책임을 감경 또는 면제받을 수 있게 된다. 이를 통해 사전에 예측·통제하기 어려운 불의의 금융사고로부터 담당 임원의 소신과 판단, 노력이 보호받게 될 것이다. 금융당국은 금융업권과 함께 상당한 주의 여부 판단을 위한 업무영역별 모범사례를 전파하는 등 내부통제 관리의무 위반제재와 관련하여 소통을 지속함으로써 내부통제 책임 여부에 대한 예측가능성을 제고해 나갈 계획이다.

금번 개정으로 금융회사 모든 임원들이 내부통제를 자신의 업무로 인식하도록 하는 등 근본적인 금융권의 내부통제 행태 변화가 나타나고 준법, 소비자보호, 건전성 관리 등 모든 영역에서 금융회사의 책임성이 제고됨에 따라 우리 금융산업이 신뢰를 회복하고 한단계 도약하는 계기가 될 것으로 기대한다. 정부는 새로운 제도가 도입되는 만큼, 초기 제도 도입 및 준수에 따른 비용을 최소화할 수 있도록, 조속히 시행령 등 하위규정을 마련하여 입법예고할 계획이며 규정 마련과정에서 광범위한 금융권 의견수렴을 진행하는 등 지속 소통하고 규정으로 담기 어려운 부분은 금융권과 함께 모범사례(Best Practice)도 만들어 지속 전파해 나갈 계획이다.

〈표 13〉 금융회사의 책무구조도 제출시점

구 분	지주	은행	금투	보험	여전	저축은행
1단계	전체	전체				
2단계			자산총액 5조원↑ 운용재산 20조원↑ + 종금사	자산총액 5조원↑		
3단계			자산총액 5조원↓ 운용재산 20조원↓	자산총액 5조원 미만	자산총액 5조원↑ 자산총액 5조원↓	자산총액 7천억원↑ 자산총액 7천억원↓

* 금융업권별 책무구조도 제출시점: 1단계(법 시행후 6개월전까지 제출)
→ 2단계(1년) → 3단계(5년이하 시행령에서 정하는 기간)

다. 금융감독원의 모범관행 발표

금융감독원은 2023년 12월 12일 「은행지주·은행의 지배구조에 관한 모범관행」을 마련하여 발표하였는데, 주요 내용은 다음과 같다.[62]

〈표 14〉 은행지주·은행의 지배구조에 관한 모범관행

① **사외이사** 지원조직 및 체계
(목표) 최고 의사결정기구인 이사회가 그 기능과 역할을 다할 수 있도록 사외이사에 대한 충실한 지원체계를 구축

---

62) 금융감독원 보도자료/ 2023. 12. 13.

(주요내용) 사외이사 지원을 위한 전담조직(이사회사무국)을 이사회 산하에 설치하고, 업무총괄자의 임면 및 성과평가에 이사회가 관여

ㅇ 전담조직의 인력을 확충하고 사외이사 요청사항을 독립적이고 체계적으로 처리·관리할 수 있는 시스템을 구축

ㅇ 회의자료 조기송부(최소 7일 전), 사외이사만의 간담회 실시, 교육 강화 등을 통해 사외이사의 충실성, 독립성, 전문성을 제고

② **CEO 선임 및 경영승계** 절차

(목표) 상시후보군의 관리·육성부터 최종 후임자 선정까지를 포괄하는 공정하고 투명한 승계계획 마련

(주요내용) 상시후보군 선정·관리, CEO 자격요건, 승계절차 개시 및 단계별 절차, 비상승계계획 등 중요사항을 구체적으로 문서화

ㅇ 미리 마련된 CEO 자격요건과 연계하여 상시후보군에 대해 다각도의 역량개발 프로그램을 운영하고 이사회가 상시평가

ㅇ 공정하고 면밀한 평가를 위해 경영승계절차는 조기에 개시하며 CEO 후보군에 대한 평가·검증 주체 및 방법을 다양화

ㅇ 후보군에 포함된 외부 후보에게 불공평하지 않도록 외부 후보에 대해서도 공정한 평가 기회를 제공

③ **이사회 구성**의 집합적 정합성·독립성 확보

(목표) 이사회가 은행의 규모, 복잡성, 위험 프로파일, 영업모델에 적합한 집합적 정합성(collective suitability)을 갖추고, 경영진에 대한 견제·감시 기능이 충실히 작동되도록 독립성을 확보

(주요내용) 이사회의 집합적 정합성 확보를 위해 Board Skill Matrix[63]를

---

63) Board Skill Matrix(역량진단표): 이사회 구성원의 전문성, 능력, 경험, 자질 뿐만 아니라 성별, 연령, 사회적 배경 등 다양성 정보를 표나 그림 등으로 도식화하여 이사회의 구성이 적절한지 평가하는 수단으로 활용.

작성하고 후보군 관리 및 신규 이사 선임시 활용

ㅇ 이사의 전문분야, 직군, 성별 등과 관련하여 은행별 영업 특성에 따라 중장기 전략, 가치 등을 감안해 전문성 및 다양성 확보방안(예: 목표비율 등)을 마련

ㅇ 소위원회는 이사의 전문성과 경험에 부합되도록 구성하며 1인의 사외이사가 다수 위원회를 겸하지 않도록 적정수의 이사를 확보

ㅇ 사외이사 후보군의 추천경로를 다양화하고 적정 임기정책을 마련하며, 사외이사 선임시 독립성, 전문성 등 자격 검증을 강화

④ 이사회 및 사외이사 **평가체계**

(목표) 이사회, 위원회, 사외이사의 활동의 유효성(effectiveness)을 실효성 있게 평가하고 평가결과는 사외이사 재선임 등과 연계

(주요내용) 이사회, 위원회, 사외이사의 활동에 대해 연 1회 이상 주기적으로 평가하고 이를 사외이사 재선임시 활용

ㅇ 사외이사 평가의 공정성·객관성 제고를 위해 특정 평가주체[64]의 비중이 과도하지 않도록 조정하고 정량평가를 확대

ㅇ 평가결과 등을 이사회에 공유해 개선방안을 마련하는 등 환류(feedback) 기능을 강화하고 평가결과 공시 내용을 확대.

---

64) 통상 ① 자기평가 ② 이사 상호평가 ③ 임직원 평가 등을 조합하고 있으나, 일부 은행의 경우 자기평가나 임직원 평가의 비중 등이 지나치게 높아 객관성 및 독립성 부족.

제3절 금융지주회사법의 법적 지위

1. 금융지배법과의 관계

가. 가장 밀접한 법

금융지배법은 금융지주회사도 **금융회사**에 포함하여 (제2조 제1호 바목), 이 법의 적용을 받도록 하였는데, 기존에 금융지주회사법에서 규정하고 있던 임원 등에 관한 규정을 이 법으로 이동하였다. 따라서 이 법은 금융지주회사법과 가장 밀접한 법이다.

나. 광의의 금융지주회사법

이 법은 기존에 금융지주회사법에서 규정하고 있던 임원 등에 관한 사항을 더욱 엄격하게 규정하고 있다. 물론 이 법이 금융지주회사뿐만 아니라 다른 금융회사도 그 적용대상으로 하지만, 금융지주회사에 대하여 적용하는 부분에 한하여 광의의 금융지주회사법이라 할 수 있다.

다. 이원적 규정

금융지주회사의 **순수한 지배구조에 관한 내용**, 즉 금융지주회사의 주식 소유 등에 관하여는 금융지주회사법에서 그대로 규정하였다.

그러나 금융지주회사의 **운영에 관한 내용**, 즉 ① 임원의 자격요건 등(제38조) ② 임원의 겸직제한 등(제39조) ③ 사외이사의 선임(제40조) ④ 감사위원회(제41조) 등은 금융회사인 자회사와 함께 금융지배법을 적용하도록 하고 금융지주회사법에서는 모두 삭제하였다.

2. 공정거래법과의 관계

가. 지주회사제도의 도입

앞(14면)에서 본 바와 같이, **1999년 2월 5일** 개정된 공정거래법은 지주회사의 설립을 허용하였다(제8조). 따라서 금융지주회사법이 제정되기 전에 공정거래법에서 지주회사제도를 도입하였으며, **2000년 10월 23일** 금융지주회사법을 제정하였다.

나. 공정거래질서의 준수

금융지주회사도 공정거래법이 추구하는 공정거래질서를 준수하여야 하며, 이를 실현하기 위하여 노력하여야 한다. 그 구체적인 예로 금융지주회사의 설립시에 금융위원회는 공정거래위원회와 협의하는 제도를 시행하고 있다.

그리고 금융지주회사법에 의하여 설립된 금융지주회사도 공정거래법상 지주회사의 범위를 벗어날 수 없으므로, 공정거래법의 지주회사에 관한 규정도 금융지주회사법에서 규정하지 않은 사항은 모두 적용된다.

3. 상법과의 관계

가. 금융지주회사 운용의 모법

금융지주회사법은 상법과도 밀접한 관계에 있다. 금융지주회사는 주식회사의 형식으로 설립되고, 주식회사의 설립과 운용에 관한 기본적인 사항은 상법에 규정하고 있다.

따라서 상법은 **금융지주회사 운용의 모법**이라 할 수 있으며, 금융지주회사법이나 금융지배법에서 규정하지 아니한 상세한 내용은 상법의 적용을 받는다.65)

나. 상법의 특별법

위에서 설명한 바와 같이, 금융지주회사의 운용에 관하여 금융지주회사법이나 금융지배법에서 규정하지 아니한 사항은 상법의 적용을 받으므로, **금융지주회사법은 상법의 특별법**이라 할 수 있다.

금융지주회사법도 다른 법률과의 관계성에 대해 금융지주회사에 관하여 이 법에 특별한 규정이 있는 것을 제외하고는 상법에 의한다고 규정하고 있다(제62조제1항).

앞(6면)에서 설명한 바와 같이, 지주회사는 상법상 **모회사(母會社)의 한 유형**이므로(제342조의2제1항), 상법상 모자회사의 규정은 금융지주회사에게도 적용된다. 일본에서도 지주회사와 사업회사의 관계는 친회사(親會社)·자회사(子會社)의 관계에 있으며 회사법상 친자회사에 관한 규정이 적용된다.66)

일반적으로 상법은 경제적으로 독립한 개별회사를 전제로 규율할 뿐이고,67) 지주회사와 자회사, 즉 모자회사 간의 법률관계를 예정하고 있지 않다. 즉 종래의 단순한 모자회사 관계에 그치는 경우에는 각각의 회사가 목적인 사업활동을 행

---

65) 제62조(다른 법률과의 관계) ① 금융지주회사에 관하여 이 법에 특별한 규정이 있는 것을 제외하고는 상법, 금융지배법과 자본시장법에 의한다.

66) 岡 伸浩, 『會社法』(2023), 996면.

67) 김건식·노혁준·천경훈, 『회사법』(2023), 17면.

하므로 소극적으로 모회사가 부당한 지배력 내지 영향력을 행사하는 경우를 제외하고는 별문제가 발생하지 아니하였다. 그러나 지주회사관계에 있어서는 모회사의 이익은 자회사의 이익을 원천으로 하므로 모자회사관계가 종래의 경우처럼 소극적인 관계에 머물지 않고 적극적인 양상을 띠게 된다.

모회사가 자회사에 어떠한 형식으로든 영향력을 행사하는 것은 예정되어 있지 아니하고, 그 영향력의 행사에 의하여 초래되는 결과에 대한 책임에 대해서도 명문으로 규정하고 있지도 않다.

그리고 지주회사가 설립된다고 하더라도 상법상 **자회사는 독립된 법인**이기 때문에, 자회사의 이사회(대표이사)가 회사의 경영에 관한 일체의 재판상 또는 재판 외의 행위를 할 권한을 갖는다. 따라서 자회사의 인사권 및 자본조달에 관한 모든 권한을 지주회사로부터 독립하여 운영하고 그에 대한 법적 책임도 자신들이 지는 독립된 법인이다.

그러나 현실적으로 이러한 자회사의 이사들에 대한 선임 및 해임에 관한 권한을 지주회사가 갖고 있기 때문에, **사실상 영향**을 받을 수밖에 없다. 특히 순수지주회사의 경우에는 자회사의 영업의 이익이 지주회사의 영업에 절대적으로 영향을 미치게 되므로, 많은 관여를 하지 않을 수 없다.[68]

---

68) 나승성, 『금융지주회사법』(2007), 205면.

4. 자본시장법과의 관계

가. 자본시장법의 제정

우리나라는 ① 1962년 증권거래법을 제정하여 자본시장과 관련한 제도의 기초를 마련하였고 ② 이후 1969년 증권투자신탁업법, 1995년 선물거래법, 1998년 증권투자회사법을 제정하였고 ③ 2004년에는 증권투자신탁업법과 증권투자회사법을 통합하여 「간접투자자산 운용업법」을 제정하는 등 대내외 경제여건의 변화에 부응하고 금융법의 분화·발전을 위하여 점진적으로 제도를 정비해 왔다.

그러나 이러한 법률은 금융기관이 취급할 수 있는 상품의 종류를 제한적으로 열거하고 있어 창의적인 상품개발 등 금융혁신이 어렵고, 금융업의 겸영을 엄격하게 제한하고 있어 시너지 효과를 통한 경쟁력 향상에 한계가 있으며, 각 금융기관별로 상이한 규제체계로 되어 있어 규제차익문제 등 비효율성이 발생하고 있고, 투자자 보호장치가 미흡하여 자본시장에 대한 신뢰를 저하시키는 등 제도적 요인이 자본시장의 발전에 장애가 되었다.

더구나 자산유동화증권(ABS), 파생결합증권, 헤지펀드 등 다양한 구조의 금융 신상품이 급속도로 늘어나고 이를 중심으로

미국, 영국, 유럽 등 주요 자본시장과 투자은행(Investment Bank)
이 급성장함에 따라 종래의 단편적이고 점진적인 제도개선만으
로는 국제경쟁력을 확보하기 어려운 상황에 직면하였다.[69]

이러한 문제점을 해결하기 위하여 2007년 8월 3일 「자본
시장과 금융투자업에 관한 법률」[70]을 제정하여 2009년 2월
4일 시행하였다. 이 법은 증권거래법 등 자본시장 관련 법률
을 통합하여 금융투자상품의 개념을 포괄적으로 규정하고,
겸영 허용 등 금융투자회사의 업무범위를 확대하며, 금융업
에 관한 제도적 틀을 금융기능 중심으로 재편하고, 투자자
보호장치를 강화하였다.

그리고 자본시장에서의 불공정거래에 대한 규제를 강화하
는 등 자본시장에 대한 법체계를 개선하여 금융투자회사가
대형화·전문화를 통하여 경쟁력을 갖출 수 있도록 하고, 투
자자 보호를 통한 자본시장의 신뢰를 높이며, 자본시장의 혁
신형 기업에 대한 자금공급 기능을 강화하는 등 자본시장의
활성화와 우리나라 금융산업의 발전을 위한 제도적 기반을
개선·정비하였다.

〈표 15〉 2007년 제정된 자본시장법의 주요 내용

가. 금융투자상품의 규정 방식을 열거주의에서 **포괄주의**로 전환(제3조
부터 제5조까지)
금융투자업자가 개발·판매할 수 있는 금융투자상품을 원본손실이 발생

---

69) 변제호외, 『자본시장법』(2015), 3면.

70) 이하 "자본시장법"이라 한다.

할 가능성(투자성)이 있는 금융상품으로 포괄적으로 정의하고, 금융투자상품을 증권 및 파생상품으로 구분함.

나. 금융업의 제도적 틀을 금융기관 중심에서 **금융기능 중심**으로 재편 (제6조부터 제8조까지, 제10조 제1항, 제2편 및 제5편)
증권거래법, 선물거래법, 간접투자자산 운용업법, 신탁업법 등 현행 자본시장 관련 법률에서 규정하고 있는 금융업을 기능별로 재분류하여 금융투자업을 4개의 인가업무(투자매매업·투자중개업·집합투자업·신탁업)와 2개의 등록업무(투자일임업·투자자문업)로 나누어 총 6개의 금융투자업으로 구분하고, 모든 금융투자업에 공통으로 적용되는 규제와 각 금융투자업의 업종별 특성에 따른 규제로 나누어 규정함.

다. **투자자 보호체계**의 선진화(제9조 제5항·제6항 및 제46조부터 제50조까지)
투자위험 감수능력을 기준으로 투자자를 일반투자자와 전문투자자로 구분하여 일반투자자에 대하여 투자권유를 하는 경우에는 설명의무, 적합성의무 등을 부과하여 투자자 보호를 강화하고, 전문투자자에 대하여는 보호수준을 완화함.

라. 6개 금융투자업의 **복수업무** 영위 허용(제12조부터 제21조까지)
6개 금융투자업(투자매매업·투자중개업·집합투자업·신탁업·투자일임업·투자자문업)의 복수업무 영위를 허용하고, 금융투자업을 하려는 자는 원하는 업무를 선택하여 인가를 받거나 등록을 한 후 영업할 수 있도록 하되, 인가를 받거나 등록을 하고자 하는 자는 자기자본, 인력 및 물적 설비, 대주주의 재무상태 등에 관한 요건을 갖추도록 함.

마. 금융투자업자의 업무범위에 **자금이체업무** 추가(제40조 및 제419조)
금융투자업자의 업무범위에 자금이체업무를 추가하여 투자자가 투자자예탁금으로 송금 또는 공과금납부 등을 할 수 있도록 하되, 한국은행이 금융투자업자의 자금이체업무에 대하여 자료제출요구, 금융감독원에 대한 검사요구 또는 공동검사요구를 할 수 있도록 함.

바. 투자자 보호를 위한 **이해상충 방지제도** 도입(제44조, 제45조 및 제64조)
금융투자업자와 투자자 간 등의 이해상충을 방지하기 위한 내부통제장
치의 설치를 의무화하고, 이해상충 가능성을 발견한 경우 그 사실을
투자자에게 알리도록 하며, 이해상충 가능성을 적정한 수준으로 해소
하기 전까지는 그 상대방 투자자와 거래를 하지 못하도록 하고, 이해
상충 가능성이 크다고 인정되는 금융투자업 간에 대해서는 매매에 관
한 정보의 제공 금지, 일정한 임직원의 겸직 제한, 사무공간 등의 공동
이용 제한 등 의무를 추가로 부과하고, 투자매매업·투자중개업과 집합
투자업을 겸영함에 따라 발생한 이해상충으로 인한 손해배상과 관련된
입증책임은 금융투자업자가 부담하도록 함.

사. **투자권유대행인 제도**의 도입(제51조 및 제52조)
금융투자업자는 그에 소속된 임직원이 아닌 자 중 금융투자상품에 대
한 전문지식이 있는 자로서 일정한 요건을 갖춘 자(투자권유대행인)에
게 투자권유를 위탁할 수 있도록 하되, 투자자 보호를 위하여 투자권
유대행인에 대해서도 금융투자업자에게 적용되는 투자권유 관련 규제
를 동일하게 적용함.

아. 자본시장에서의 **불공정 거래**에 대한 규제 강화(제174조 및 제176조)
증권거래법은 임직원 또는 주요주주가 해당 법인이 발행한 증권의 매
매와 관련하여 미공개 중요정보를 이용하는 것을 금지하고 있는데, 미
공개 중요정보 이용금지 주체를 계열회사의 임직원 또는 주요주주로
확대하고, 미공개 중요정보 이용금지 대상에 해당 법인이 발행한 증권
외에 이를 기초자산으로 하는 금융투자상품을 추가하며, 증권의 매매
를 통하여 부당한 이익을 얻을 목적으로 그 증권을 기초자산으로 하는
장내파생상품이나 그 증권과 연계된 증권의 시세를 변동 또는 고정시
키는 행위를 금지함.

자. 집합투자재산을 운용하는 법적 기구(**집합투자기구**)의 다양화(제181
조부터 제282조까지)

집합투자업자가 투자자로부터 모은 집합투자재산을 종전의 투자신탁
및 투자회사 외에 투자유한회사(상법상 유한회사)·투자합자회사(상법상
합자회사)·투자익명조합(상법상 익명조합) 및 투자조합(민법상 조합) 방
식으로 운용할 수 있도록 허용하고, 그에 따른 설정·설립 및 해지·해산
절차, 집합투자자 총회, 집합투자증권의 환매, 집합투자재산의 보관 등
에 관한 사항을 규정함.

차. **자본시장 관련 제도**의 합리적 정비(제283조 및 부칙 제3조)

금융투자업에 관한 자율규제기관으로 기존의 한국증권업협회·선물협회
및 자산운용협회를 합병하여 단일의 한국금융투자협회를 설립하도록
하고, 직원의 고용관계를 포함하여 기존 협회의 모든 권리·의무를 포괄
승계하도록 함.

카. **금융투자업 인가** 등의 특례(부칙 제1조, 제5조 및 제6조)

시행시기를 공포 후 1년 6개월이 경과한 날로 규정하고, 기존에 증권
업·선물업·자산운용업·신탁업·투자자문업·투자일임업 등을 영위하고 있
는 자는 법 공포 후 1년이 경과한 날부터 금융투자업 영위를 위한 인
가·등록 등을 할 수 있도록 함.

나. 자본시장법과의 관계

구증권거래법에서 투자자 보호의 관점에서 기업정보 공시
등에 관한 규제가 검토되고 세법에 있어서는 자회사 배당의
모회사 익금산입으로 인한 법인세 이중과세, 지주회사 설립과
정에서의 양도차익에 대한 과세, 흑자자회사와 적자자회사의

손익을 상쇄하는 연결납세제도의 도입문제 등이 문제되었다.[71]

지주회사의 구증권거래법상의 문제는 주로 순수지주회사 집단이 공개시장을 이용하게 되는 경우 투자자 보호에 관한 것이었다. 타 회사에 대한 투자를 주된 업무로 하는 금융지주회사가 발행하는 증권을 매매하는 데에는 그 투자판단자료로서 투자자회사의 기업 내용에 관한 정보, 예컨대 지배회사와 종속회사의 재무상태를 포함한 연결재무제표의 작성 등을 통해 투자자가 쉽게 접근할 수 있도록 하여야 할 것이다.

그 밖에도 상장과정에서 발생할 수 있는 우회상장과 같은 문제, 발행 및 유통시장에서의 공시 사항 등이 문제되었다.[72]

자본시장법은 종래 간접투자자산운용법에서 사용하던 간접투자 개념 대신 집합투자의 개념을 도입하였는데,[73] 여기

---

71) 나승성, 『금융지주회사법』(2007), 187~188면.

72) 나승성, 『금융지주회사법』(2007), 209면.

73) 제6조(금융투자업) ① 이 법에서 "금융투자업"이란 이익을 얻을 목적으로 계속적이거나 반복적인 방법으로 행하는 행위로서 다음 각 호의 어느 하나에 해당하는 업(業)을 말한다. ② ~ ③ (생략) ④ 이 법에서 "집합투자업"이란 집합투자를 영업으로 하는 것을 말한다. ⑤ 제4항에서 "집합투자"란 **2인 이상의 투자자로부터 모은 금전 등을 투자자로부터 일상적인 운용지시를 받지 아니하면서 재산적 가치가 있는 투자대상자산을 취득·처분, 그 밖의 방법으로 운용하고 그 결과를 투자자에게 배분하여 귀속시키는 것**을 말한다. 다만, 다음 각 호의 어느 하나에 해당하는 경우를 제외한다. 1. 대통령령으로 정하는 법률에 따라 사모(私募)의 방법으로 금전등을 모아 운용·배분하는 것으로서 대통령령으로 정하는 투자자의 총수가 대통령령으로 정하는 수 이하인 경우 2. 「자산유동화에 관한 법률」 제3조의 자산유동화계획에 따라 금전등을 모아 운용·배분하는 경우

서 지주회사가 그 사업을 하는 경우를 집합투자에서 제외하
였다.[74]

그리고 금융지주회사에 관하여 이 법에 특별한 규정이 있
는 것을 제외하고는 자본시장법에 의한다(제62조 제1항).

5. 노동법과의 관계

가. 금융지주회사의 경영과 근로관계

금융지주회사체제하에서는 금융지주회사와 금융지주회사
의 노동자간의 문제뿐만 아니라 금융지주회사와 자회사의 노
동자간에도 노동법상 많은 문제점이 제기된다. 따라서 금융
지주회사의 경영에 있어서 인사정책과 이에 관련된 문제점이
새로운 관심사항이 되고 있다.[75]

---

3. 그 밖에 행위의 성격 및 투자자 보호의 필요성 등을 고려하여 대
통령령으로 정하는 경우 ⑥ ~ ⑩ (생략)
시행령 제6조(집합투자의 적용배제) ① ~ ③ (생략) ④ 법 제6조 제
5항 제3호에서 "대통령령으로 정하는 경우"란 다음 각 호의 어느
하나에 해당하는 경우를 말한다. 1. ~ 5. (생략) 6. 지분증권의 소유
를 통하여 다른 회사의 사업내용을 지배하는 것을 주된 사업으로
하는 국내회사가 그 사업을 하는 경우.

74) 임재연, 『자본시장법』(2023), 1180면.

75) 박승두, "금융지주회사의 인사정책과 노동법상의 문제점 고
찰"(2000), 169~170면 참조.

예를 들면, 금융지주회사는 산하 자회사를 포함한 금융그룹 전체의 직원을 대상으로 인사권을 행사할 수 있다. 따라서 직원도 지주회사가 직접 채용하여 자회사에 배치시킬 수도 있고, 자회사 상호간 및 지주회사와 자회사간에 인사를 교류시킬 수도 있다. 이 경우 근로기준법, 단체협약, 취업규칙 그리고 근로계약의 측면에서 문제된다.

우리나라에서는 당초 정부가 금융지주회사 설립추진 계획을 발표하자 금융산업노조의 총파업이 있었고, 최근 지주회사 편입조건으로 노동조합의 동의서를 요구하고 있어,[76] 금융지주회사의 설립시부터 개별 노동자들의 근로계약뿐만 아니라 노동조합 활동과 관련한 문제도 주요 쟁점이 되었다.

나. 자회사의 경영과 근로관계

노동자는 자신이 속한 회사와 근로계약을 체결하므로, 당연히 금융지주회사체제에 있더라도 자신이 속한 해당 자회사가 사용자이다. 그리고 금융지주회사는 자회사의 지배와 관리를 목적으로 하므로, 산하에 있는 여러 개의 금융기관을 통할하는 그룹 인사정책을 수립하고, 각 자회사별 정원관리를 행하고, 자회사가 수립한 인사계획을 심사하여 결정하는 역할을 한다. 그리고 각 자회사는 금융지주회사가 수립한 기

---

76) 2000년 12월 29일 정부는 6개 은행에 대하여 공적 자금을 투입하려고 하였으나, 노동조합의 구조조정 동의서에 금융산업노조 위원장의 서명이 없다는 이유로 이를 보류하였다; 한국경제신문, 2000. 12. 30, 2면.

본적인 인사정책과 정원 범위내에서 실제 인사를 실시한다.

그러나 금융지주회사법에는 금융지주회사의 인사에 관한 규정은 전혀 없다. 따라서 금융지주회사의 인사관리와 임금, 복지 등 직원에 대한 근로조건의 설정과 실행 등 전반적인 사항은 노동법의 적용을 받을 수밖에 없다. 또한 노동법도 제정이나 개정시 이러한 지주회사 체제를 염두에 둔 것이 아니기 때문에, 이에 관한 구체적인 규정을 두고 있지 않다. 그러므로 이 문제는 노동법의 이념과 공정거래법과 금융지주회사법에서 금융지주회사의 설립을 허용한 취지 등을 고려하여 해석할 수밖에 없다. 따라서 금융지주회사체제하에서는 노동자의 개별적인 노동관계뿐 아니라 자회사 노동조합의 단체교섭이나 노사협의와 관련하여 금융지주회사에 사용자성을 인정할 수 있느냐 하는 것도 문제되는데,[77] 이에 관하여는 뒤 (195~198면)에서 상세히 설명하였다.

6. 세법과의 관계

가. 금융지주회사와 과세문제

지주회사에 대한 과세문제는 ① 지주회사의 **설립·전환**의

---

77) 강다연, "금융지주회사 지배구조의 한계점과 사용자성 확보"(2018), 29~30면.

경우와 ② 지주회사의 **운영**의 경우로 나누어 생각할 수 있다.

　전자(前者)의 경우에는 각 법인이 처한 상황에 따라 다양한 방법이 있는데, 과도한 세금부담을 피하기 위해서는 적격 기업구조 재편거래로 하는 것이 바람직하다.

　그리고 **후자**(後者)의 경우 자회사 과세소득에 대한 이중과세의 해소를 위해서 배당소득 익금불산입 과세특례와 법인세 연결납세를 활용하여야 한다.[78]

나. 금융지주회사의 설립·전환과 과세문제

　회사가 자신의 주식을 현물출자하여 지주회사를 설립하는 경우 현물출자에 따른 법인세 부담을 일정기간 이연해 주는데[79] 이

---

78) 이에 관한 상세한 내용은 한만수, "지주회사의 과세문제에 대한 고찰"(2018)과 김동수·소진수, "지주회사의 세법상 문제"(2023) 참조.

79) 제38조의2(주식의 현물출자 등에 의한 지주회사의 설립 등에 대한 과세특례) ① 내국법인의 내국인 주주가 2026년 12월 31일까지 다음 각 호의 요건을 모두 갖추어 **주식을 현물출자**함에 따라 공정거래법에 따른 **지주회사**(금융지주회사법에 따른 금융지주회사를 포함한다. 이하 이 조에서 "지주회사"라 한다)를 새로 설립하거나 기존의 내국법인을 지주회사로 전환하는 경우 그 현물출자로 인하여 취득한 주식의 가액 중 그 현물출자로 인하여 발생한 양도차익에 상당하는 금액에 대하여는 대통령령으로 정하는 바에 따라 그 주주가 해당 지주회사의 주식을 처분할 때까지 금융투자소득세 또는 법인세의 과세를 이연받을 수 있다. 1. 지주회사 및 현물출자를 한 주주 중 대통령령으로 정하는 주주가 현물출자로 취득한 주식을 현물출자일이 속하는 사업연도의 종료일까지 보유할 것 2. 현물출자로 인하여 지주회사의 자회사로 된 내국법인(이하 이 조에서 "자회사"라 한다)이 현물출자일이 속하는 사업연도의 종료일까지 사업을 계속할 것 ② 내국법인의 내국인 주주가 현물출자 또는 분할(법인세법 제46조

는 지주회사의 설립을 장려하기 위한 세법상 혜택이다.[80]

다. 금융지주회사의 운영과 과세문제

자회사의 영업활동으로 발생하는 이익에 대하여 이중과세의 문제가 있는데, 자회사로부터의 배당이 주된 수입원인 지주회사가 자회사로부터 받은 **배당의 일부를 익금불산입**해 줌

제2항 각 호 또는 같은 법 제47조 제1항에서 정한 요건을 갖춘 분할만 해당하며, 이하 이 조에서 "분할"이라 한다)에 의하여 **지주회사로 전환한 내국법인**(제1항에 따라 지주회사로 전환된 내국법인을 포함하며, 이하 이 조에서 "전환지주회사"라 한다)에 제1항 각 호 및 다음 각 호의 요건을 모두 갖추어 2026년 12월 31일까지 주식을 현물출자하거나 그 전환지주회사의 자기주식과 교환(이하 이 조에서 "자기주식교환"이라 한다)하는 경우 그 현물출자 또는 자기주식교환으로 인하여 취득한 전환지주회사의 주식가액 중 현물출자 또는 자기주식교환으로 인하여 발생한 양도차익에 상당하는 금액에 대해서는 대통령령으로 정하는 바에 따라 그 주주가 해당 전환지주회사의 주식을 처분할 때까지 금융투자소득세 또는 법인세의 과세를 이연받을 수 있다. 이 경우 제1항 각 호를 적용할 때 "지주회사" 는 "전환지주회사"로, "자회사"는 "지분비율미달자회사"로, "현물출자"는 "현물출자 또는 자기주식교환"으로 본다. 1. 전환지주회사의 주식소유비율이 공정거래법 제18조 제2항 제2호 각 목 외의 부분 본문에서 정한 비율 미만인 법인(이하 이 조에서 "지분비율미달자회사"라 한다)으로서 다음 각 목에 해당하는 법인의 주식을 현물출자하거나 자기주식교환하는 것일 것 가. 전환지주회사가 될 당시 해당 전환지주회사가 출자하고 있는 다른 내국법인 나. 전환지주회사의 분할로 신설·합병되는 법인 및 분할 후 존속하는 법인 2. 전환지주회사가 된 날부터 2년 이내에 현물출자하거나 자기주식교환하는 것일 것 3. 자기주식교환의 경우에는 지분비율미달자회사의 모든 주주가 그 자기주식교환에 참여할 수 있어야 하며, 그 사실을 대통령령으로 정하는 바에 따라 공시하였을 것 ③ ~ ⑥ (생략).

80) 이창희, 『세법강의』(2022), 613면.

으로써 이중과세를 피하도록 하고 있다.

이에 관한 다른 나라의 입법례를 보면, ① **미국**은 수취배당금 공제제도를 두고 있는데, 배당금 수취법인의 과세소득을 산정함에 있어서 수취배당금의 70% 상당액을 공제하되, 법인이 총발행주식의 20% 이상의 주식을 소유하는 다른 법인으로부터 받는 배당금은 80% 상당액을 공제한다. 또한 배당일 현재 총발행주식의 80% 이상의 주식을 소유하는 다른 법인으로부터 받는 배당금과 소규모사업투자법에 의한 소규모사업투자회사로부터 받는 배당금은 전액을 공제한다.

② **일본**은 익금불산입제도를 채택하고 있는데, 원칙적으로 수익배당금액의 50%에 상당하는 금액을 익금불산입하되, 연결법인 및 관계법인 주식 등과 관련이 있는 배당소득에 대하여는 그 전액을 익금불산입한다.[81]

7. 금융복합기업집단법과의 관계

가. 금융복합기업집단법의 목적

2020년 12월 29일 「금융복합기업집단의 감독에 관한 법률」[82]을 제정하였다.[83]

---

81) 임승순·김용택, 『조세법』(2022), 612면.

82) 이하 "금융복합기업집단법"이라 한다.

나. 금융지주회사에 대한 적용 여부

앞(36~37면)에서 본 바와 같이, 금융지주회사와 그 자회사는 금융지주회사법과 금융지배법의 적용을 받으므로, 금융복합기업집단법은 이들에 대하여 **적용하지 아니한다.**[84]

뒤(229~230면)에서 보는 바와 같이, 자본시장법상 **정보교류차단장치**(chinese wall) **규정의 적용을 배제**하여야 한다. 그리고 자본시장법에 의하면 금융투자업자와 계열회사 간에 사무공간, 전산설비의 **공동사용**이 금지되고 있어서 서로 상충되고 있는데, 금융지주회사법이 우선 적용되는 것으로 보아야 한다.

그러나 금융지주회사법이 그룹차원의 건전성 등을 규제·관리하기 위한 내용들이 포함되어 있다고 하더라도 이를 금융복합기업집단법과 비교하면 그 수준이 동일한 것은 아니므로, 이 법의 적용을 완전히 배제하는 것은 바람직하다고 볼수 없다.[85] 따라서 금융지주회사와 그 자회사에게도 적용할 필요가 있는 사항이나 금융지주회사법에 반영할 필요가 있는 사항이 있는지 **검토할 필요가 있다.**

---

83) 이 법은 금융복합기업집단에 발생할 수 있는 재무·경영상의 위험 등을 효과적으로 관리·감독하기 위하여 필요한 사항을 정함으로써 금융복합기업집단의 건전한 경영과 금융시장의 안정을 도모하고 금융소비자를 보호하는 것을 목적으로 한다(제1조).

84) 제3조(적용범위) ① 이 법은 다음 각 호의 어느 하나에 해당하는 금융회사에는 적용하지 아니한다. 1. 금융지주회사법 제2조 제1호에 따른 금융지주회사 및 같은 법 제4조 제1항 제2호에 따른 자회사등 2. (생략).

85) 심 영·반준성, 『금융그룹 감독제도의 이해』(2022), 108면.

제2장 금융지주회사의 설립과 경영

제1절 금융지주회사의 설립

1. 인가 신청 요건

금융위원회의 인가를 받고자 하는 자는 **다음의 기준**을 모두 갖추어야 한다(제4조
제1항).

① 주식회사로서 사업계획이 타당하고 건전할 것
② 자회사, 손자회사 및 증손회사(제19조의2, 제32조에 따라 금융지주회사에 편입된 다른 회사를 포함하며, 이하 "자회사등"이라 한다)가 되는 회사의 사업계획이 타당하고 건전할 것
③ 대주주(최대주주의 특수관계인인 주주를 포함하며, 최대주주가 법인인 경우에는 그 법인의 주요 경영사항에 대하여 사실상의 영향력을 행사하고 있는 주주로서 대통령령으로 정하는 자를 포함한다)가 충분한 출자능력, 건전한 재무상태 및 사회적 신용[86]을 갖추고 있을 것
④ 금융지주회사와 자회사등이 되는 회사의 재무상태 및 경영관리상태가 건전할 것

---

86) 이에 관하여는 재량권 남용의 소지가 있어서 삭제하여야 한다는 주장이 있다; 전삼현, 『금융지주회사법의 문제와 대안』(2002), 126면.

⑤ 상법 제360조의2에 따른 주식의 포괄적 교환(이하 "주식교환"이라 한다) 또는 동법 제360조의15에 따른 주식의 포괄적 이전(이하 "주식이전"이라 한다)에 의하여 완전지주회사가 되는 경우에는 주식의 교환비율이 적정할 것.

2. 금융위원회의 인가

가. 서면주의

금융지주회사요건에 해당하는 자는 미리 금융위원회의 인가를 받아야 하며(제3조 제1항), 인가를 받고자 하는 자는 대통령령이 정하는 바에 의하여 **신청서를 금융위원회에 제출**하여야 한다 (제3조 제2항). 자회사 주식의 가액증가 등 대통령령으로 정하는 부득이한 사유[87]로 금융지주회사요건에 해당하게 된 자는 대통령

---

87) ① 자회사 주식의 가액이 증가한 경우 ② 자회사의 감자(減資), 다른 주주의 주식처분 또는 이에 준하는 것으로 금융위원회가 정하여 고시하는 원인에 의하여 자회사의 주주권이 변동된 경우 ③ 인가대상금융지주회사의 자산총액이 감소한 경우 ④ 인가대상금융지주회사가 담보권의 실행, 대물변제의 수령, 유증(遺贈) 또는 그 밖에 이에 준하는 것으로서 금융위원회가 정하여 고시하는 원인에 의하여 자회사의 주식을 소유하게 된 경우 ⑤ 인가대상금융지주회사가 금융위원회의 허가를 받아 자본시장법 제9조 제11항에 따른 증권의 인수업무를 영위하는 과정에서 자회사 주식을 소유하게 되는 경우 ⑥ 인가대상금융지주회사에 해당하는 금융기관이 그 금융기관에 적용되는 법령에 따른 업무 또는 자산운용의 범위에서 긴급하게 자회사 주식을 소유하게 되는 경우로서 금융위원회가 정하여 고시하는 경우 등이다(영 제5조의2 제1항).

령으로 정하는 기간 이내에 그 사실을 금융위원회에 보고하여야 한다(제5조의2 제1항).

인가대상금융지주회사는 대통령령으로 정하는 기간[88] 이내에 인가를 받거나 금융지주회사요건에 해당되지 아니하도록 하여야 한다(제5조의2 제2항). 다만, 불가피한 사유가 있는 경우에는 금융위원회의 승인을 받아 1년의 범위 안에서 그 기간을 연장할 수 있다.

나. 인가의 방법

금융위원회는 **인가에 조건**을 붙일 수 있으며, 금융지주회사의 부채를 통한 자회사의 주식 소유 등으로 해당 금융지주회사의 경영건전성 등을 현저히 저해할 우려가 있다고 인정되는 경우 인가에 경영건전성 등의 개선을 위한 조건을 붙여야 한다(제3조 제3항).

다. 공정거래위원회와의 협의

금융위원회는 인가를 함에 있어서는 관련시장에서의 경쟁을 실질적으로 제한하는지 여부에 관한 사항을 미리 공정거래위원회와 협의하여야 한다(제3조 제4항).

---

88) 기준일(법 제2조 제4항 제2호 단서에 따른 기준일은 적용하지 아니한다)부터 4개월이다(영 제5조의2 제2항).

라. 인가 등의 공고

금융위원회는 인가를 하거나 인가를 취소한 때에는 지체 없이 그 내용을 관보에 공고하고 컴퓨터통신 등을 이용하여 일반인에게 알려야 한다(제6조).

금융지주회사가 아닌 자는 그 상호나 명칭에 금융지주회사임을 표시하는 문자를 사용하여서는 아니 된다(제5조의3).

마. 이미 설립된 회사에 대한 경과조치

주식의 소유를 통하여 금융기관 또는 금융업의 영위와 밀접한 관련이 있는 회사를 지배하는 것을 주된 사업으로 하며 1이상의 금융기관을 지배하는 자로서 이 법 시행당시 이미 공정거래법에 의하여 **공정거래위원회에 신고한 회사**는 이 법에 의하여 인가를 받은 것으로 보되, 이 법 시행일부터 6월 이내에 이 법에 적합하도록 조치하여야 한다(부칙 제3조).

바. 지주회사의 설립 방법

(1) 자회사 설립형과 지주회사 설립형

지주회사의 설립 방법은 다양하지만,[89] 크게 ① 기존의 회

---

89) 지주회사의 구체적인 설립 방법에 관하여는, 강희철·김경연,

사가 **자회사를 설립**하여 사업은 이전하고 자신은 지주회사로 전환하는 유형과 ② 기존의 회사는 그대로 두고 새로이 **지주회사를 설립**하여 사업을 이전하는 유형으로 나눌 수 있다.

전자(前者)는 현재 사업을 하고 있는 회사가 자회사를 설립하고, 설립시에 현물출자하고 설립 후에는 영업양도의 형태로 사업을 자회사로 이전한다. 이에 따라 처음 회사는 지주회사가 되고 자회사의 주식이나 지분을 소유하게 된다. 이를 일반적으로 탈각(脫殼)[90]방식이라 한다. 이는 기존의 회사가 법인격을 유지하면서 지주회사로 전환하므로, 당해 회사의 주주의 권리와 자본구성이 원칙적으로 변경되지 아니한다. 이는 기존 회사가 특정한 사업부문을 분리하여 자회사를 설립하는 회사분할방식으로도 할 수 있다.

그리고 **후자(後者)**는 지주회사가 될 회사를 설립하고 현재 사업을 영위하고 있는 회사의 주주가 보유하는 주식을 이 회사에 이전한다. 이는 또 중간지주회사방식, 공개매수방식, 제3자신주발행방식으로 나눌 수 있다.

그리고 미국 및 일본에서 도입된 주식교환(share exchange) 또는 주식이전제도가 있고, 모회사의 주식을 합병대가로 제공하는 삼각합병(triangular merger)[91] 등이 있다.

"지주회사의 설립·전환방식의 개관"(2023), 노혁준, "인적분할 및 교환공개매수에 의한 지주회사 설립"(2023), 윤소연, "주식교환·이전에 의한 지주회사 설립"(2023) 참조.

90) 파충류나 벌레 따위가 껍질을 벗는 것을 뜻한다.

91) 이는 미국과 캐나다에서 주로 이용하고 있으며, 존속회사 또는

(2) 주식교환 또는 주식이전 방식

금융지주회사를 설립[92]하거나 기존 자회사 또는 손자회사의 주식을 모두 소유하기 위한 **주식교환 또는 주식이전**에 관하여 상법의 규정을 적용함에 있어서 동법 제354조 제4항 본문, 제360조의4 제1항, 제360조의5 제2항, 제360조의9 제2항, 제360조의10 제4항, 제360조의17 제1항 및 제363조 제1항중 "2주" 는 각각 "7일" 로, 동법 제360조의5 제1항 및 제360조의5 제2항중 "20일" 은 각각 "10일" 로, 동법 제360조의8 제1항중 "1월전에" 는 "5일전에" 로, 동법 제360조의10 제5항중 "주식교환에 반대하는 의사를 통지한 때에는" 은 "주식교환에 반대하는 의사를 제4항의 통지 또는 공고의 날부터 7일 이내에 통지한 때에는" 으로, 동법 제360조의19 제1항 제2호중 "1월을 초과하여 정한 기간내에" 는 "5일 이상의 기간을 정하여 그 기간내에" 로, 동법 제374조의2 제2항중 "2월 이내에" 는 "1월 이내에" 로 본다(제62조의2 제2항).

금융지주회사를 설립하거나 기존 자회사 또는 손자회사의 주식을 모두 소유하기 위한 주식교환 또는 주식이전에 반대하는 주주와 회사간에 주식 매수가격에 관한 협의가 이루어지지 아니하는 경우의 주식 매수가격은 상법 제360조의5 제3항에서

소멸회사의 주주가 모회사의 주식을 합병의 댓가로 제공받는 방식이다; 나승성, 『금융지주회사법』(2007), 32면.

92) 금융지주회사등이 자회사 또는 손자회사를 새로 편입하는 경우를 포함한다. 이하 이 조에서 같다.

준용하는 동법 제374조의2 제4항 및 제5항의 규정에 불구하고 다음의 구분에 의하여 산정된 금액으로 한다(제62조의2 제3항).

① 당해 회사가 자본시장법에 따른 주권상장법인인 경우 : 주식교환계약서의 승인 또는 주식이전승인에 관한 이사회의 결의일 이전에 증권시장에서 거래된 당해 주식의 거래가격을 기준으로 대통령령이 정하는 방법에 따라 산정된 금액
② 당해 회사가 제1호외의 회사인 경우 : 회계전문가에 의하여 산정된 금액.93)

금융지주회사를 설립하거나 기존 자회사 또는 손자회사의 주식을 모두 소유하기 위하여 주식교환 또는 주식이전을 하는 회사 또는 상법 제360조의5에 따라 주식매수를 청구한 주식수의 100분의 30 이상을 소유하는 주주가 제3항의 규정에 의하여 산정된 주식의 매수가격에 반대하는 경우 당해 회사 또는 주주는 상법 제374조의2 제2항에 따라 매수를 종료하여야 하는 날의 10일 전까지 금융위원회에 그 매수가격의 조정을 신청할 수 있다(제62조의2 제4항).

---

93) 이 경우 회계전문가의 범위와 선임절차는 대통령령으로 정한다.

사. 금융지주회사의 설립 사례

(1) 우리금융지주회사의 설립

정부는 1998년 상업은행과 한일은행의 정상화를 위하여 예금보험공사를 통하여 3.3조원의 공적자금을 지원하였고, 1999년 상업은행과 한일은행이 합병하여 한빛은행이 되었고, 다시 우리은행으로 이름을 바꾸었다.

2001년 우리금융지주회사를 설립하고, 예금보험공사가 가진 우리은행, 평화은행, 광주은행, 경남은행, 하나로종금의 5개 금융기관의 주식을 우리금융지주회사에 이전하여 자회사로 편입하였다. 그 대신에 예금보험공사는 우리금융지주의 주식 100%를 취득하였다. 그리고 우리은행은 2001년 평화은행을 흡수합병하였다.

2014년 우리금융지주와 우리은행을 합병하여 우리금융지주는 해산하였고, 예금보험공사가 가진 우리금융지주의 주식은 우리은행의 주식으로 대체하였다.

2016년 우리은행 매각절차를 진행하여 IMM PE(6.0%), 한국투자증권, 동양생명, 유진자산운용, 키움증권, 한화생명(각 4%), 미래에셋자산운용(3.7%) 등 7개사에 매각하였다.[94] 그 후 2019년 우리금융지주회사를 재설립하였다.

---

94) 금융위원회·예금보험공사, 『우리은행 민영화 성공, 과점주주 7개사 선정』(2016), 1~4면.

(2) 신한금융지주회사의 설립

1998년 신한은행은 동화은행을 흡수합병하였고, 2001년 9월 1일 신한금융지주회사를 설립하였다. 자회사로는 신한은행, 신한증권, 신한캐피탈, 신한투자신탁운용, e신한, 신한맥쿼리금융자문 등 6개사이다.

2002년 신한금융지주회사는 제주은행을 자회사로 편입하였다. 2003년 신한금융지주회사는 조흥은행[95]을 인수하여 자회사로 편입하였다. 2006년 신한은행은 조흥은행과 합병하였다.[96]

(3) 농협지주회사의 설립

2012년 3월 2일 농협중앙회는 1중앙회하에 경제지주와 금융지주를 가지는 2지주회사의 체제로 출범하였다.

금융지주회사는 NH농협은행, NH농협생명, NH농협손해보험을 자회사로 두며, 기존 신용부문 자회사인 NH농협증권, NH농협투자선물, NH-CA자산운용, NH농협캐피탈도 자회사로 편입하였다.[97]

---

95) 1999년 조흥은행은 충북은행을 합병하였고, 같은 해 이어서 강원은행을 합병하였다.

96) 신한금융지주회사, 『신한 40년사(1)』(2022), 130~156면.

97) 송재만, "농협금융지주 출범의 의미"(2012), 8~9면.

3. 해산·합병의 인가

금융지주회사가 **해산**하거나 다른 회사와 **합병**하고자 하는 때에는 대통령령이 정하는 바에 의하여 금융위원회의 인가를 받아야 한다(제60조 제1항).

금융위원회는 인가여부를 결정함에 있어서 해산 또는 합병이 경쟁을 제한하거나 건전한 금융시장질서를 저해하지 아니하는지 여부 등 대통령령이 정하는 사항을 심사하여야 한다(제60조 제2항).

금융위원회의 인가를 받는 방법은 앞(69~72면)의 **설립시 인가에 관한 규정**을 준용한다(제60조 제3항).

제2절 금융지주회사의 지배구조와 업무

1. 금융지주회사의 지배구조

가. 기업지배구조원칙

(1) 기업지배구조원칙의 적용

기업지배구조(Corporate Governance)는 넓은 의미로 **주주, 경영자, 채권자, 노동자, 소비자, 지역주민 등 기업관계자들** 간의 이해를 조정하는 메커니즘을 말한다.

그리고 좁은 의미로는, 기업의 소유와 경영의 분리로 인하여 발생하는 **주주와 경영자** 간의 이해상충, 이른바 "대리인 문제(Agency Problem)"를 해결하기 위한 제도적 장치와 운용체계를 말한다.98)

---

98) 최성근, "이사의 의무와 이사회의 책무에 관한 OECD 기업지배구조원칙과 상법관련규정 비교연구"(2007), 427면.

이러한 기업지배구조는 각국의 기업환경에 따라 다양한 내용을 가지고 있는데, OECD는 각국의 상이한 기업지배구조로 인하여 발생하는 국제투자와 무역상의 문제점을 해결하기 위하여 1998년 4월 "기업지배구조의 기준과 지침"을 마련하였고, 1999년 9월 "OECD 기업지배구조 원칙"을 채택하였다.

(2) 금융지주회사법의 규정

2000년 10월 23일 제정된 금융지주회사법은 ① 금융기관에 의한 금융지주회사 지배제한(제7조) ② 은행지주회사주식의 보유제한(제8조) ③ 금융전업자의 은행지주회사주식보유(제8조) ④ 임원의 자격요건 등(제38조) ⑤ 임원의 겸직제한 등(제39조) ⑥ 사외이사의 선임(제40조) ⑦ 감사위원회(제41조) 등 금융지주회사의 지배구조에 관한 내용을 모두 규정하였다.

(3) 금융지배법에서의 규정

2015년 7월 31일 제정된 금융지배법은 금융지주회사도 **금융회사**에 포함하여(제2조 제1호 가목), 이 법의 적용을 받도록 하였다.

(4) 이원적 규정

금융지주회사의 **순수한 지배구조에 관한 내용**, 즉 금융지주회사의 주식 소유 등에 관하여는 금융지주회사법에서 그대로 규정하였다.

그러나 금융지주회사의 **운영에 관한 내용**, 즉 ① 임원의 자격요건 등(제38조) ② 임원의 겸직제한 등(제39조) ③ 사외이사의 선임(제40조) ④ 감사위원회(제41조) 등은 금융회사인 자회사와 함께 금융지배법을 적용하도록 하고 금융지주회사법에서는 모두 삭제하였다.

(5) 금융지주회사 지배구조의 문제점

금융지주회사의 CEO와 사외이사의 임기가 짧아서 **단기주의** 행태에 빠지기 쉽고 지주회사와 자회사의 장기적인 발전을 위한 지배구조를 개선할 유인이 미약하다는 문제점이 있다.

따라서 행태적인 측면에서 발생할 수 있는 허점이 최소화되도록 지배구조 사안별로 얼마나 치밀하고 촘촘하게 책임자·절차·방법 등을 투명하게 마련하는 것이 지배구조 개선의 관건이라 할 수 있다. 그리고 금융지주회사의 CEO·이사회 의장·사외이사가 해야 할 가장 중요한 의무는 **건전하고 효율적인 지배구조**를 확립하는 것이다.99)

(6) 금융지주회사 지배구조의 전망

(가) 지주회사의 지배구조론

지주회사와 자회사의 관계는 기본적으로 **모자회사 관계**이

---

99) 김동원·노형식, 『금융지주회사의 CEO 리스크와 지배구조 개선방안』(2013), 79~80면.

다. 다만 모회사가 자회사의 주식 전부 또는 과반수이상의 주식을 가지고 자회사에 대해 영향력을 행사하는 점에서 주식에 대한 상호보유 및 의결권행사가 제한되는 상법상 모자회사 관계와 차이가 있다.[100] 현행법상 지주회사가 자회사를 "지배"한다는 것은 단순히 자회사의 주주총회에서 의결권 행사나 지주회사와 자회사 임원 사이의 관계 등을 통한 사실상 또는 간접적인 영향력을 행사하는 것에 그치는 것이 아니라, 지주회사가 자회사가 영위하는 사업 전반의 중요사항을 직접 결정하고 이를 관리한다는 것을 의미한다. 이를 위해서는 지주회사가 적어도 자회사의 중요한 의사결정을 지시하고 관여할 수 있게 하는 것이 필요하다고 보아야 할 것이다.

지주회사의 **자회사에 대한 지배수단**으로는 ① 자회사 주주총회에서의 의결권 행사 ② 경영자원의 배분을 통한 영향력 행사 ③ 임원겸임을 통한 영향력 행사 ④ 감사의 자회사 조사권 행사 ⑤ 자회사와의 계약을 통한 지배가능성 ⑥ 정관 기타 내부규정으로 지주회사의 권한을 인정하는 방안 등이 있다.[101]

(나) 금융지주회사의 지배구조론

이상의 지주회사의 일반적 지배구조론을 금융지주회사에

---

100) 나승성, 『금융지주회사법』(2007), 169면.

101) 김현태·김학훈, "자회사에 대한 실효적 지배를 위한 법적 수단"(2018), 331~347면.

그대로 적용할 수는 없다. 금융지주회사법상 금융지주회사는 **순수지주회사**로만 설립할 수 있으므로, 자회사인 각 금융회사가 자율적으로 경영을 담당하고 금융지주회사는 종합적인 경영계획을 수립하는데 그친다.

나. 금융지주회사에 대한 지배 제한

(1) 금융기관과의 지배관계 제한

금융지주회사는 **금융기관**(외국의 법령에 의하여 설립된 금융기관을 포함한다)과 대통령령이 정하는 지배관계[102]에 있어서는 아니된다 (제7조 제1항). 다만, 다음의 어느 하나에 해당하는 경우로서 대통령령으로 정하는 요건에 해당하는 때에는 그러하지 아니하다.

① 금융지주회사가 다른 금융지주회사와 지배관계에 있는 경우[103]
② 투자회사·기관전용 사모집합투자기구 또는 투자목적회사가 금융지주회사와 지배관계에 있는 경우
③ 경영 능력, 규모 및 건전성 등을 감안하여 대통령령으로 정하는 외국 금융기관(외국의 법령에 따라 설립되어 외국에서 금융업을 영위하는 자를 말한다)으로서 금융위원회가 인정한 자가 금융지주회사와 지배관계에 있는 경우.

---

102) 금융기관이 공정거래법 시행령 제4조에 따른 기준에 의하여 사실상 금융지주회사의 사업내용을 지배하는 것이다(영 제5조의3).

103) 이 경우 금융지주회사와 지배관계에 있는 다른 금융지주회사와 그 자회사등은 제19조 및 제19조의2를 적용함에 있어서 해당 금융지주회사의 자회사등으로 보지 아니한다(제7조 제3항).

그러나 담보권의 실행 등 대통령령으로 정하는 부득이한 사유로 금융기관이 금융지주회사와 지배관계에 있게 된 경우에는 대통령령으로 정하는 기간 이내에[104] 그 금융지주회사와 **지배관계를 해소**하여야 한다(제7조 제2항).

이 법 시행 당시 이미 다른 금융기관을 지배하고 있는 금융기관[105]은 **주식교환 또는 주식이전**에 의하여 그 다른 금융기관을 자회사로 하는 금융지주회사를 지배하는 주주가 될 수 있다(부칙 제4조 제1항). 주식교환 또는 주식이전은 이 법 **시행일부터 1년 이내**에 이루어진 것에 한한다(부칙 제4조 제2항).

그리고 금융지주회사를 지배하는 금융기관은 주식교환 또는 는 주식이전으로 인하여 취득하게 된 금융지주회사 주식의 **보유비율**[106]을 초과하여 보유할 수 없다(부칙 제4조 제4항).

이 규정에 의하여 금융지주회사를 지배하는 경우에도 당해 금융지주회사의 **최대주주**가 될 수 없다(부칙 제4조 제3항).

(2) 동일인의 보유 제한

동일인은 은행지주회사의 의결권있는 **발행주식총수의 100분의 10**을 초과하여 은행지주회사의 주식을 보유할 수 없다(제8조 제1항). 다만, 다음의 어느 하나에 해당하는 경우, 금융위원회

---

104) 다만, 불가피한 사유가 있는 경우에는 금융위원회의 승인을 받아 1년의 범위 안에서 그 기간을 연장할 수 있다.

105) 외국의 법령에 의하여 설립된 금융기관을 포함한다.

106) 최종의 주식교환 또는 주식이전의 효력이 발생한 당시의 보유비율을 말한다.

의 승인을 얻은 경우($^{제8조}_{제3항}$), 비금융주력자의 경우($^{제8조의2}_{제3항}$)에는 그러하지 아니하다.

① 정부 또는 예금자보호법에 의한 예금보험공사가 은행지주회사의 주식을 보유하는 경우
② 금융지주회사가 지배하는 당해 은행지주회사의 주식을 보유하는 경우
③ 지방은행지주회사의 의결권있는 발행주식총수의 100분의 15 이내에서 보유하는 경우.

　동일인(대통령령이 정하는 자를 제외한다)은 다음의 어느 하나에 해당하게 된 때에는 은행지주회사 주식보유 상황 또는 주식보유비율의 변동 상황 확인을 위하여 필요한 사항으로서 대통령령으로 정하는 사항을 **금융위원회에 보고하여야 한다**($^{제8조}_{제2항}$).

① 은행지주회사(지방은행지주회사를 제외한다)의 의결권있는 발행주식총수의 100분의 4를 초과하여 주식을 보유하게 된 때
② 위 ①에 해당하는 동일인이 당해 은행지주회사의 최대주주가 된 때
③ 위 ①에 해당하는 동일인의 주식보유비율이 당해 은행지주회사의 의결권있는 발행주식총수의 100분의 1 이상 변동된 때
④ 은행지주회사의 의결권 있는 발행주식총수의 100분의 4를 초과하여 보유한 기관전용 사모집합투자기구의 경우에는 그 사원의 변동이 있는 때
⑤ 은행지주회사의 의결권 있는 발행주식총수의 100분의 4를 초과하여 보유한 투자목적회사의 경우에는 그 주주 또는 사원의 변동이 있는 때(해당 투자목적회사의 주주 또는 사원인 기관전용 사모집합투자기구의 사원의 변동이 있는 때를 포함한다).

　동일인은 다음의 구분에 의한 한도를 각각 초과할 때마다

금융위원회의 승인을 얻어 은행지주회사의 주식을 보유할 수 있다.

다만, 금융위원회는 은행업의 효율성과 건전성에의 기여가 능성, 당해 은행지주회사 주주의 보유지분 분포 등을 감안하여 필요하다고 인정되는 때에 한하여 다음의 한도외에 별도의 구체적인 보유한도를 정하여 승인할 수 있으며, 동일인이 그 승인받은 한도를 초과하여 주식을 보유하고자 하는 경우에는 다시 금융위원회의 승인을 얻어야 한다($^{제8조}_{제3항}$).[107)]

① 발행주식총수의 100분의 10(지방은행지주회사의 경우에는 100분의 15)
② 당해 은행지주회사의 의결권있는 발행주식총수의 100분의 25
③ 당해 은행지주회사의 의결권있는 발행주식총수의 100분의 33

투자회사가 위 승인을 얻어 은행지주회사의 주식을 보유하는 경우 해당 투자회사 및 그 투자회사의 법인이사인 자산운용회사에 대하여는 「자본시장과 금융투자업에 관한 법률」[108)]($^{제81조 제1항}_{제1호 가–다목}$)을 적용하지 아니한다($^{제8조}_{제6항}$).

(3) 비금융주력자의 보유 제한

비금융주력자[109)]는 은행지주회사의 의결권 있는 발행주식

---

107) 금융위원회는 이를 승인하지 아니하는 경우에는 대통령령이 정하는 기간 이내에 신청인에게 그 사유를 명시하여 통지하여야 한다($^{제8조}_{제4항}$).

108) 이하 "자본시장법"이라 한다.

총수의 100분의 4(지방은행지주회사의 경우에는 100분의 15)를 초과하여 은행지주회사의 주식을 보유할 수 없다($\frac{제8조의2}{제1항}$). 단, 비금융주력자가 위 한도(지방은행지주회사의 경우를 제외한다)를 초과하여 보유하고자 하는 은행지주회사의 주식에 대한 **의결권을 행사하지 아니하는 조건**으로 재무건전성 등 대통령령이 정하는 요건을 충족하여 금융위원회의 승인을 얻은 경우에는 발행주식총수의 100분의 10까지 주식을 보유할 수 있다($\frac{제8조의2}{제2항}$).

그리고 다음의 어느 하나에 해당하는 **비금융주력자**에 대하여는 주식 소유제한($\frac{제8조}{제1항}$) 및 소유한도별 승인($\frac{제8조}{제3항}$)을 적용한다($\frac{제8조의2}{제3항}$).

① 2년 이내에 비금융주력자가 아닌 자로 전환하기 위한 계획을 금융위원회에 제출하여 승인을 받은 비금융주력자
② 국가재정법 제5조에 따른 기금 또는 그 기금을 관리·운용하는 법인(법률에 따라 기금의 관리·운용을 위탁받은 법인을 포함한다. 이하 이하 "기금등"이라 한다)으로서 다음의 요건을 모두 갖추어 은행지주회사의 주식보유에 관하여 금융위원회의 승인을 받은 비금융주력자

가. 은행지주회사의 주식을 보유한 기금등과 은행지주회사등의 다른 주주, 예금자 등 이해관계자 사이에 발생할 수 있는 이해상충을 방지하기 위하여 대통령령으로 정하는 체계를 갖출 것
나. 가목에 따른 이해상충을 방지하기 위하여 금융위원회가 정하여 고시하는 기관으로부터 필요한 범위에서 감독 및 검사를 받을 것

---

109) 공정거래법 제32조에 따라 상호출자제한기업집단등에서 제외되어 비금융주력자에 해당하지 아니하게 된 자로서 그 제외된 날부터 대통령령이 정하는 기간이 경과하지 아니한 자를 포함한다.

다. 그 밖에 기금등의 주식보유가 은행지주회사등의 건전성에 미치는 영향 등을 고려하여 대통령령으로 정하는 요건.

금융위원회는 외국에서 은행업을 주로 수행하는 회사 또는 해당 법인의 지주회사(이하 "외국은행등"이라 한다)를 포함하는 동일인이 **비금융주력자**(제2조 제1항 제8호 가·나목)에 해당하는지를 판단할 때 외국은행등이 다음의 요건을 모두 충족하는 경우로서 해당 외국은행등이 신청한 경우에는 해당 외국은행등이 직접적·간접적으로 주식 또는 출자지분을 보유하는 외국법인으로서 외국법에 따라 설립된 법인(또는 이에 준하는 것으로서 금융위원회가 인정하는 단체나 조합 등을 포함한다)을 **동일인의 범위에서 제외**할 수 있다. 다만, 해당 외국법인이 해당 외국은행등이 주식을 보유하는 은행지주회사의 주식을 직접적·간접적으로 보유하는 경우에는 그러하지 아니하다(제9조 제1항).

① 자산총액, 영업규모 등에 비추어 국제적 영업활동에 적합하고 국제적 신인도가 높을 것
② 해당 외국의 금융감독당국으로부터 해당 외국은행등의 건전성 등과 관련된 감독을 충분히 받을 것
③ 금융위원회가 해당 외국의 금융감독당국과 정보교환 등 업무협조 관계에 있을 것.

공정거래법은 금융지주회사와 일반지주회사는 완전히 분리하여, **금융지주회사**는 금융업 또는 보험업을 영위하는 회사 외의 국내회사의 주식을 소유할 수 없으며, 반대로 **일반**

지주회사는 금융업 또는 보험업을 영위하는 국내 회사의 주식을 소유할 수 없도록 규정하고 있다.[110]

이는 금융기관이 산업자본의 사금고화되어 기업확장수단으로 악용되는 것을 방지하고 산업의 위험이 금융부문으로 파급되는 것을 방지하기 위한 것이다.[111]

그리고 2020년 12월 29일 전부개정시 일반지주회사가 「벤처투자 촉진에 관한 법률」에 따른 **중소기업창업투자회사** 및 여신전문금융업법에 따른 **신기술사업금융전문회사** 주식을 소유할 수 있도록 하되(제20조제1항), 일반지주회사가 지분을 100% 소유하도록 하고, 중소기업창업투자회사 및 신기술사업금융전문회사의 부채비율 200% 초과 금지, 투자업무 이외의

---

110) 제18조(지주회사 등의 행위제한 등) ① (생략) ② 지주회사는 다음 각 호의 어느 하나에 해당하는 행위를 하여서는 아니 된다. 1~3. (생략) 4. 금융업 또는 보험업을 영위하는 자회사의 주식을 소유하는 지주회사(이하 **"금융지주회사"**라 한다)인 경우 금융업 또는 보험업을 영위하는 회사(금융업 또는 보험업과 밀접한 관련이 있는 등 대통령령으로 정하는 기준에 해당하는 회사를 포함한다) 외의 국내 회사의 주식을 소유하는 행위. 다만, 금융지주회사로 전환하거나 설립될 당시에 금융업 또는 보험업을 영위하는 회사 외의 국내 회사 주식을 소유하고 있을 때에는 금융지주회사로 전환하거나 설립된 날부터 2년간은 그 국내 회사의 주식을 소유할 수 있다. 5. 금융지주회사 외의 지주회사(이하 **"일반지주회사"**라 한다)인 경우 금융업 또는 보험업을 영위하는 국내 회사의 주식을 소유하는 행위. 다만, 일반지주회사로 전환하거나 설립될 당시에 금융업 또는 보험업을 영위하는 국내 회사의 주식을 소유하고 있을 때에는 일반지주회사로 전환하거나 설립된 날부터 2년간은 그 국내 회사의 주식을 소유할 수 있다.

111) 김학현, "공정거래법상 지주회사 규제"(2018), 43면.

금융업 또는 보험업 겸영 금지, 투자대상 제한 등 안전장치를 마련하였다.

일반지주회사가 중소기업창업투자회사 및 신기술사업금융전문회사 주식을 소유하는 경우 그 사실을 **공정거래위원회에 보고**하도록 하고, 일반지주회사의 자회사인 중소기업창업투자회사 및 신기술사업금융전문회사는 자신 및 자신이 운용중인 모든 투자조합의 투자 현황, 출자자 내역 등을 공정거래위원회에 보고하도록 하였다.

(4) 은행지주회사에 대한 예외

은행지주회사는 은행법의 규정에 불구하고 의결권 있는 발행주식총수의 **100분의 10을 초과**하여 은행의 주식을 보유할 수 있다(제13조).

(5) 금융위원회의 심사

(가) 보유요건에 대한 심사

금융위원회는 은행지주회사의 주식을 보유하는 자가 당해 주식을 보유한 후에도 각각 해당 자격 및 승인의 요건을 충족하는지 여부를 대통령령이 정하는 바에 따라 심사하여야 한다(제10조의2 제1항).

금융위원회는 심사결과 한도초과보유주주등이 초과보유요건등을 충족하지 못하고 있다고 인정되는 때에는 6월 이내의 기간을 정하여 초과보유요건등을 충족하도록 명할 수 있다(제10조의2 제3항).

(나) 의결권의 제한

주식의 보유한도를 초과하여 은행지주회사의 주식을 보유하는 자는 **한도를 초과하는 주식**에 대하여는 그 **의결권**을 행사할 수 없으며, 지체없이 그 한도에 적합하도록 하여야 한다(제10조 제1항).

그리고 한도초과보유주주등이 그 명령을 이행할 때까지 다음의 구분에 따른 **한도를 초과**하여 보유하는 은행지주회사의 주식에 대하여는 **의결권**을 행사할 수 없다(제10조의2 제4항).

① 제8조 제3항에 따른 승인을 받은 동일인: 제8조 제3항 제1호에서 정한 한도
② 제8조의2 제3항 각 호의 어느 하나에 해당하는 비금융주력자: 제8조의2 제1항에서 정한 한도.

금융위원회는 명령을 받은 한도초과보유주주등이 해당 명령을 이행하지 아니하는 때에는 6월 이내의 기간을 정하여 당해 한도초과보유주주등이 한도를 초과하여 보유하는 은행지주회사의 주식을 처분할 것을 명할 수 있다(제10조의2 제5항).

다. 대주주의 건전성 유지

(1) 대주주 변경승인 등

(가) 사전 승인

금융회사112)가 발행한 주식을 취득·양수113)하여 **대주주114)가 되고자 하는 자**는 건전한 경영을 위하여 공정거래

---

112) 은행법에 따른 인가를 받아 설립된 은행, 금융지주회사법에 따른 은행지주회사, 상호저축은행법에 따른 인가를 받아 설립된 상호저축은행, 자본시장법에 따른 투자자문업자 및 투자일임업자, 여신전문금융업법에 따른 시설대여업자, 할부금융업자, 신기술사업금융업자는 제외한다.

113) 실질적으로 해당 주식을 지배하는 것을 말하며, 이하 "취득등"이라 한다.

114) 다음의 어느 하나에 해당하는 주주이다. ① 금융회사의 의결권 있는 발행주식(출자지분 포함) 총수를 기준으로 본인 및 그와 대통령령으로 정하는 특수한 관계가 있는 자가 누구의 명의로 하든지 자기의 계산으로 소유하는 주식(그 주식과 관련된 증권예탁증권 포함)을 합하여 그 수가 가장 많은 경우의 그 본인(최대주주) ② 다음의 어느 하나에 해당하는 자(주요주주) 1) 누구의 명의로 하든지 자기의 계산으로 금융회사의 의결권 있는 발행주식 총수의 100분의 10 이상의 주식(그 주식과 관련된 증권예탁증권을 포함한다)을 소유한 자 2) 임원(업무집행책임자는 제외한다)의 임면(任免) 등의 방법으로 금융회사의 중요한 경영사항에 대하여 사실상의 영향력을 행사하는 주주로서 대통령령으로 정하는 자. 최대주주의 경우 최대주주의 특수관계인인 주주를 포함하며, 최대주주가 법인인 경우 그 법인의 중요한 경영사항에 대하여 사실상 영향력을 행사하고 있는 자

법, 「조세범 처벌법」 및 금융과 관련하여 대통령령으로 정하는 법령을 위반하지 아니하는 등 대통령령으로 정하는 요건을 갖추어 미리 **금융위원회의 승인**을 받아야 한다(제31조 제1항).115) 금융위원회는 승인을 받지 아니하고 취득등을 한 주식에 대하여 6개월 이내의 기간을 정하여 처분을 명할 수 있다(제31조 제3항). 승인을 받지 아니한 자는 승인 없이 취득한 주식에 대하여 의결권을 행사할 수 없다(제31조 제4항).

(나) 사후 승인

주식의 취득등이 기존 대주주의 사망 등 대통령령으로 정하는 사유로 인한 때에는 취득등을 한 날부터 3개월 이내에서 대통령령으로 정하는 기간 이내에 금융위원회에 승인을 신청하여야 한다(제31조 제2항). 금융위원회는 취득등을 한 후 승인을 신청하지 아니한 주식에 대하여 6개월 이내의 기간을 정하여 처분을 명할 수 있다(제31조 제3항). 승인을 신청하지 아니한 자는 취득 후 승인을 신청하지 아니한 주식에 대하여 의결권을 행사할 수 없다(제31조 제4항).

(다) 보고 의무

자본시장법에 따른 투자자문업자 및 투자일임업자, 여신전문금융업법에 따른 시설대여업자, 할부금융업자, 신기술사업금

로서 대통령령으로 정하는 자를 포함한다.

115) 다만, 대통령령으로 정하는 자는 그러하지 아니하다.

융업자는 **대주주가 변경된 경우**에는 이를 2주 이내에 금융위
원회에 보고하여야 한다($^{제31조}_{제5항}$).116)

(2) 최대주주의 자격 심사 등

(가) 적격성 심사대상

　금융위원회는 금융회사117)의 최대주주 중 **최다출자자 1
인**118)에 대하여 대통령령으로 정하는 기간마다 변경승인요건
중 공정거래법, 「조세범 처벌법」 및 금융과 관련하여 대통
령령으로 정하는 법령119)을 위반하지 아니하는 등 대통령령
으로 정하는 요건(이하 "적격성 유지요건"이라 한다)에 부합하는지 여
부를 심사하여야 한다($^{제32조}_{제1항}$). 금융위원회는 심사를 위하여 필

---

116) 이 경우 투자자문업 또는 투자일임업과 자본시장법 제6조 제1
항 제1호부터 제3호까지 및 제6호의 어느 하나에 해당하는 금융투
자업을 함께 영위하는 자로서 위 승인을 받은 때에는 보고를 한 것
으로 본다.

117) 제31조 제1항의 적용대상인 금융회사에 한정한다. 이하 이 조
에서 같다.

118) 최다출자자 1인이 법인인 경우 그 법인의 최대주주 중 최다출
자자 1인을 말하며, 그 최다출자자 1인도 법인인 경우에는 최다출자
자 1인이 개인이 될 때까지 같은 방법으로 선정한다. 다만, 법인 간
순환출자 구조인 경우에는 최대주주 중 대통령령으로 정하는 최다
출자자 1인으로 한다. 이하 이 조에서 "적격성 심사대상"이라 한다.

119) 공정거래법, 「조세범 처벌법」 및 금융과 관련하여 대통령령
으로 정하는 법령의 위반에 따른 죄와 다른 죄의 경합범에 대하여
는 형법 제38조에도 불구하고 이를 분리 심리하여 따로 선고하여야
한다(제32조 제6항).

요한 경우에는 금융회사 또는 적격성 심사대상에 대하여 필요한 자료 또는 정보의 제공을 요구할 수 있다(제32조 제3항).

(나) 부적격자에 대한 조치

금융위원회는 심사 결과 적격성 심사대상이 **적격성 유지요건을 충족하지 못하고 있다고 인정되는 경우** 해당 적격성 심사대상에 대하여 6개월 이내의 기간을 정하여 해당 금융회사의 경영건전성을 확보하기 위한 다음의 전부 또는 일부를 포함한 조치를 이행할 것을 명할 수 있다(제32조 제4항).

① 적격성 유지요건을 충족하기 위한 조치
② 해당 적격성 심사대상과의 거래의 제한 등 이해상충 방지를 위한 조치
③ 그 밖에 금융회사의 경영건전성을 위하여 필요하다고 인정되는 조치로서 대통령령으로 정하는 조치.

금융위원회는 심사 결과 적격성 심사대상이 다음의 어느 하나에 해당하는 경우로서 법령 위반 정도를 감안할 때 **건전한 금융질서와 금융회사의 건전성이 유지되기 어렵다고 인정되는 경우** 5년 이내의 기간으로서 대통령령으로 정하는 기간 내에 해당 적격성 심사대상이 보유한 금융회사의 의결권 있는 발행주식[120]총수의 100분의 10 이상에 대하여는 의결권을 행사할 수 없도록 명할 수 있다(제32조 제5항).

---

120) 최다출자자 1인이 법인인 경우 그 법인이 보유한 해당 금융회사의 의결권 있는 발행주식을 말한다.

① 공정거래법, 「조세범 처벌법」및 금융과 관련하여 대통령령으로 정하는 법령의 위반으로 금고 1년 이상의 실형을 선고받고 그 형이 확정된 경우
② 그 밖에 건전한 금융질서 유지를 위하여 대통령령으로 정하는 경우.

금융회사는 해당 금융회사의 적격성 심사대상이 적격성 유지요건을 충족하지 못하는 사유가 발생한 사실을 인지한 경우 지체 없이 그 사실을 금융위원회에 보고하여야 한다(제32조 제2항).

(3) 소수주주의 권리행사의 특례

(가) 상법 제363조의2에 따른 쭈주의 권리

6개월 전부터 계속하여 금융회사의 의결권 있는 발행주식 총수의 **1만분의 10 이상에 해당하는 주식**을 대통령령으로 정하는 바에 따라 보유한 자는 상법 제363조의2에 따른 주주의 권리를 행사할 수 있다(제33조 제1항).

(나) 상법 제366조 및 제467조에 따른 쭈주의 권리

6개월 전부터 계속하여 금융회사의 발행주식 총수의 **1만분의 150 이상**[121]에 해당하는 주식을 대통령령으로 정하는 바에 따라 보유한 자는 상법 제366조 및 제467조에 따른 주주의 권리를 행사할 수 있다. 이 경우 상법 제366조에 따른

---

121) 대통령령으로 정하는 금융회사의 경우에는 1만분의 75 이상.

주주의 권리를 행사할 때에는 의결권 있는 주식을 기준으로 한다(제33조제2항).

(다) 상법 제385조 및 제539조에 따른 주주의 권리

6개월 전부터 계속하여 금융회사의 발행주식 총수의 **10만분의 250 이상**[122]에 해당하는 주식을 대통령령으로 정하는 바에 따라 보유한 자는 상법 제385조[123] 및 제539조에 따른 주주의 권리를 행사할 수 있다(제33조제3항).

(라) 상법 제402조에 따른 주주의 권리

6개월 전부터 계속하여 금융회사의 발행주식 총수의 **100만분의 250 이상**[124]에 해당하는 주식을 대통령령으로 정하는 바에 따라 보유한 자는 상법 제402조에 따른 주주의 권리를 행사할 수 있다(제33조제4항).

(마) 상법 제403조에 따른 주주의 권리

6개월 전부터 계속하여 금융회사의 발행주식 총수의 **10만분의 1 이상**에 해당하는 주식을 대통령령으로 정하는 바에 따라 보유한 자는 상법 제403조[125]에 따른 주주의 권리를 행

---

122) 대통령령으로 정하는 금융회사의 경우에는 10만분의 125 이상.

123) 상법 제415조에서 준용하는 경우를 포함한다.

124) 대통령령으로 정하는 금융회사의 경우에는 100만분의 125 이상.

사할 수 있다(제33조 제5항). 여기에 해당하는 주주가 상법 제403조[126] 에 따른 소송을 제기하여 승소한 경우에는 금융회사에 소송 비용, 그 밖에 소송으로 인한 모든 비용의 지급을 청구할 수 있다(제33조 제7항).

(바) 상법 제466조에 따른 주주의 권리

6개월 전부터 계속하여 금융회사의 발행주식 총수의 **10만 분의 50 이상**[127]에 해당하는 주식을 대통령령으로 정하는 바에 따라 보유한 자는 상법 제466조에 따른 주주의 권리를 행사할 수 있다(제33조 제6항).

(사) 소수주주권의 행사

위 내용들은 그 각 항에서 규정하는 상법의 해당 규정에 따른 소수주주권의 행사에 영향을 미치지 아니한다(제33조 제8항).

---

125) 상법 제324조, 제415조, 제424조의2, 제467조의2 및 제542조에 서 준용하는 경우를 포함한다.

126) 상법 제324조, 제415조, 제424조의2, 제467조의2 및 제542조에 서 준용하는 경우를 포함한다.

127) 대통령령으로 정하는 금융회사의 경우에는 10만분의 **25** 이상.

라. 이사회

(1) 이사회의 구성

이사는 ① 사내이사 ② 사외이사[128] ③ 비상임이사[129]로 구분하며, 금융회사의 이사회는 **사외이사를 3명 이상** 두어야 한다(제12조 제1항). 사외이사의 수는 **이사 총수의 과반수**가 되어야 한다(제12조 제2항). 다만, 대통령령으로 정하는 금융회사의 경우 **이사 총수의 4분의 1 이상**을 사외이사로 하여야 한다.

금융회사는 사외이사의 사임·사망 등의 사유로 사외이사의 수가 이사회의 구성요건에 미치지 못하게 된 경우에는 그 사유가 발생한 후 최초로 소집되는 주주총회[130]에서 요건을 충족하도록 조치하여야 한다(제12조 제3항).

---

128) 상시적인 업무에 종사하지 아니하는 이사로서 제17조에 따라 선임되는 사람이다.

5. "업무집행책임자"란 이사가 아니면서 명예회장·회장·부회장·사장·부사장·행장·부행장·부행장보·전무·상무·이사 등 업무를 집행할 권한이 있는 것으로 인정될 만한 명칭을 사용하여 금융회사의 업무를 집행하는 사람을 말한다.

129) 상시적인 업무에 종사하지 아니하는 이사.

130) 보험업법 제2조 제7호에 따른 상호회사인 보험회사의 경우 사원총회를 포함한다.

(2) 이사회 의장의 선임

이사회는 매년 원칙적으로 **사외이사 중에서** 이사회 의장을 선임하여야 하지만(제13조), 사외이사가 아닌 자를 이사회 의장으로 선임하는 경우 이사회는 그 사유를 공시하고, 사외이사를 대표하는 자(선임사외이사)를 별도로 선임하여야 한다(제13조제2항). 선임사외이사는 다음의 업무를 수행한다(제13조제3항).

① 사외이사 전원으로 구성되는 사외이사회의의 소집 및 주재
② 사외이사의 효율적인 업무수행을 위한 지원
③ 사외이사의 책임성 제고를 위한 지원.

금융회사 및 그 임직원은 선임사외이사가 그 업무를 원활하게 수행할 수 있도록 적극 협조하여야 한다(제13조제4항).

(3) 이사회의 운영

금융회사는 주주와 예금자, 투자자, 보험계약자, 그 밖의 금융소비자의 이익을 보호하기 위하여 그 금융회사의 이사회의 구성과 운영, 이사회내 위원회의 설치, 임원의 전문성 요건, 임원 성과평가 및 최고경영자의 자격 등 경영승계에 관한 사항 등에 관하여 지켜야 할 **구체적인 원칙과 절차**(이하 "지배구조내부규범"이라 한다)를 마련하여야 한다(제14조제1항). 여기에 포함되어야 할 사항은 다음 〈표 16〉과 같다(영 제13조제1항).

금융회사는 다음의 사항을 금융위원회가 정하는 바에 따

라 인터넷 홈페이지 등에 **공시**하여야 한다(제14조 제3항).

① 지배구조내부규범을 제정하거나 변경한 경우 그 내용
② 금융회사가 매년 지배구조내부규범에 따라 이사회 등을 운영한 현황.

〈표 16〉 지배구조내부규범의 내용

1. **이사회**의 구성과 운영에 관한 사항
가. 이사회의 구성 방법 및 절차
나. 이사회의 소집절차 및 의결권 행사 방법
다. 이사회 운영 실적 등의 평가에 관한 사항
라. 이사회 및 이사의 권한과 책임
마. 이사의 자격요건
바. 이사의 선임과 퇴임에 관한 기준 및 절차

2. **이사회내 위원회**의 설치와 운영에 관한 사항
가. 이사회내 위원회의 종류와 그 위원회의 구성·기능·운영 절차
나. 이사회내 위원회 운영 실적 등의 평가에 관한 사항

3. **임원**에 관한 사항
가. 임원의 자격요건
나. 임원의 권한과 책임
다. 경영승계 계획을 포함한 임원의 선임과 퇴임에 관한 기준 및 절차
라. 임원 및 임원 후보(해당 금융회사의 임직원만 해당한다)에 대한 교육제도
마. 임원에 대한 성과평가 및 보수지급 방법에 관한 사항

4. **최고경영자**(대표이사 또는 대표집행임원을 말한다. 이하 같다)의 자

격 등 경영승계에 관한 사항

가. 최고경영자의 경영승계 원칙

나. 최고경영자의 자격

다. 최고경영자 후보의 추천절차

라. 최고경영자 추천 관련 공시

마. 책임경영체제 확립.

(4) 이사회의 권한

이사회는 다음의 사항은 반드시 **심의·의결**을 거쳐야 하며(제15조 제1항), 추가로 이사회의 심의·의결할 사항은 정관으로 정하여야 한다(제15조 제2항). 그리고 이사회는 대표이사등의 내부통제 등 총괄 관리의무의 이행을 감독한다(제15조 제4항).[131]

① 경영목표 및 평가에 관한 사항

② 정관의 변경에 관한 사항

③ 예산 및 결산에 관한 사항

④ 해산·영업양도 및 합병 등 조직의 중요한 변경에 관한 사항

⑤ 내부통제기준 및 위험관리기준의 제정·개정 및 폐지에 관한 사항

⑥ 내부통제 및 위험관리 정책의 수립 및 감독에 관한 사항[132]

⑦ 최고경영자의 경영승계 등 지배구조 정책 수립에 관한 사항

⑧ 대주주·임원 등과 회사 간의 이해상충 행위 감독에 관한 사항.

---

131) 이는 2024년 1월 2일 개정시 신설되었으며, 2024년 7월 3일 시행한다.

132) 이는 2024년 1월 2일 개정시 신설되었으며, 2024년 7월 3일 시행한다.

상법상 이사회의 권한 중 지배인의 선임 또는 해임과 지점의 설치·이전 또는 폐지에 관한 권한(제393조 제1항)은 정관에서 정하는 바에 따라 위임할 수 있다(제15조 제3항).

(5) 사외이사제도

(가) 사외이사제도의 도입

우리나라 사외이사제도는 IMF 경제위기 이후 기업 경영의 투명성을 제고하기 위한 기업지배구조 개선방안의 일환으로 도입되었으며, 독립적인 외부전문가의 이사회 참여를 통하여 합리적이고 투명한 의사결정과 감독·감시기능을 강화하여 회사, 주주 및 이해관계자의 이익 증진을 도모하고 효율적인 내부견제 기능을 수행하는데 그 목적이 있었다.

구미의 국가에서 사외이사가 내부 경영자들 사이에 중재인으로서의 역할을 비롯하여 경영자의 보수의 결정, 후임자의 결정 등에 깊이 개입하기도 하나, 우리나라의 경우는 주로 경영진에 대한 감독기능 강화에 초점이 맞추어져 있다.

(나) 사외이사의 자격요건

① 사외이사의 자격

금융회사의 사외이사는 기업경영의 투명성을 제고하기 위하여 합리적인 의사결정 및 경영진에 대한 감시·감독을 하는 중요한 역할을 하는 기관이다. 따라서 사외이사가 독립적인 지위에서 정상적인 역할을 할 수 있는 분위기를 조성하는 것이 매우 중요하며, 이와 같은 기능을 수행할 수 있는 자격을 구비한 자를 선임하여야 한다.

그 자격요건으로 **금융, 경제, 경영, 법률, 회계 등 분야의 전문지식이나 실무경험**이 풍부한 사람으로서 대통령령으로 정하는 사람133)으로 정하고 있다(제6조제3항).

② 사외이사의 결격사유

금융회사의 사외이사는 앞(103~104면)의 자격요건을 구비함과 동시에 다음의 결격사유에 해당하지 않아야 한다.134) 다음의 어느 하나에 해당하는 사람은 금융회사의 사외이사가 될 수 없으며(제6조제1항),135) 금융회사의 사외이사가 된 사람이 다음의 어느 하나에 해당하게 된 경우에는 그 직을 잃는다(제6조제2항).

---

133) 영 제8조 ① ~ ③ (생략) ④법 제6조 제3항에서 "대통령령으로 정하는 사람"이란 금융, 경영, 경제, 법률, 회계, 소비자보호 또는 정보기술 등 금융회사의 금융업 영위와 관련된 분야에서 연구·조사 또는 근무한 경력이 있는 사람으로서 사외이사 직무 수행에 필요한 전문지식이나 실무경험이 풍부하다고 해당 금융회사가 판단하는 사람을 말한다.

134) 이는 과거 KB금융지주사에서 문제가 된 일부 사외이사의 업무상 비리연루, 금융기관 경영진과 사외이사의 임기연장을 위한 상호담합행위 등은 문제점을 해결하기 위한 대응책으로 사외이사의 결격요건을 규정하였다.

135) 사외이사가 됨으로써 최대주주의 특수관계인에 해당하게 되는 사람은 사외이사가 될 수 있다.

① 최대주주 및 그의 특수관계인(최대주주 및 그의 특수관계인이 법인
인 경우에는 그 임직원을 말한다)

② 주요주주 및 그의 배우자와 직계존속·비속(주요주주가 법인인 경
우에는 그 임직원을 말한다)

③ 해당 금융회사 또는 그 계열회사의 상근(常勤) 임직원 또는 비상임
이사이거나 최근 3년 이내에 상근 임직원 또는 비상임이사이었던 사람

④ 해당 금융회사 임원의 배우자 및 직계존속·비속

⑤ 해당 금융회사 임직원이 비상임이사로 있는 회사의 상근 임직원

⑥ 해당 금융회사와 대통령령으로 정하는 중요한 거래관계가 있거나
사업상 경쟁관계 또는 협력관계에 있는 법인의 상근 임직원이거나 최
근 2년 이내에 상근 임직원이었던 사람

⑦ 해당 금융회사에서 6년 이상 사외이사로 재직하였거나 해당 금융회
사 또는 그 계열회사에서 사외이사로 재직한 기간을 합산하여 9년 이
상인 사람

⑧ 그 밖에 금융회사의 사외이사로서 직무를 충실하게 이행하기 곤란
하거나 그 금융회사의 경영에 영향을 미칠 수 있는 사람으로서 대통령
령으로 정하는 사람.

(다) 사외이사에 대한 지원

금융회사는 사외이사의 원활한 직무수행을 위하여 대통령
령으로 정하는 바에 따라 충분한 자료나 정보를 제공하여야
한다(제18조 제1항). **사외이사**는 해당 금융회사에 대하여 그 직무를
수행할 때 필요한 자료나 정보의 제공을 요청할 수 있으며,
금융회사는 특별한 사유가 없으면 이에 따라야 한다(제18조 제2항).

(라) 사외이사제도 시행의 효과

먼저, **긍정적인 면**에서 경영에 대한 의사결정을 합리적으로 하고 경영자에 대한 감시활동을 하는 등 이사회 기능이 점차 활성화되고 있으며, 기업회계정보의 투명성이 제고되는 등 과거 대표이사나 사내이사들에 의해 일방적으로 또는 불합리하게 운영되어 온 이사회의 잘못된 관행이 개선되고 있는 등 일부 긍정적인 역할을 하고 있는 것으로 평가되고 있다.

그러나 **부정적인 면**으로 사외이사의 독립성·전문성 부족 등으로 사외이사제도가 긍정적으로 평가되고 있는 만큼 제 기능을 발휘하고 있지는 못하고 있는 것이 현 실정이다. 글로벌 금융위기로 금융기관의 지배구조의 중요성이 재부각되었는데, 금융기관, 특히 은행권의 경우 예금자보호, 외화차입지급보증 등의 금융시스템 보호를 위한 정부의 직·간접적인 구제조치의 수혜를 받고 있으면서도 리스크 관리 실패, 단기성과주의 지향 및 과도한 성과급 등의 도덕적인 해이 등으로 이사회의 책임 의식은 미흡했다는 주장이 있었고, 그 근본적인 원인으로 사외이사 중심의 이사회의 기능 미흡, 주주의 경영견제기능미약 등이 지적되면서 지배구조 개선의 필요성이 제기되었다.

(마) 사외이사제도의 개선방안

정부는 2009년 사외이사제도의 개선을 위한 T/F 팀의 연구 결과, 사외이사의 책임성과 전문성을 제고하고, 실질적인 독립성을 강화하되, 사외이사의 이해상충, 자기권력화 등 부작용을 동시에 차단하는 방향으로 개선할 필요가 있다고 주장하였다.

그리고 과거 일부 금융지주회사의 사외이사에 관하여 제기된 문제점을 개선하기 위하여 금융지주회사법 등에 반영하여 **사외이사의 자격요건**을 강화하고 결격요건을 확대하는 방향으로 사외이사제도를 개선하였다.136) 향후 사외이사제도의 개선방안으로는, ① 정부의 규제완화와 **경영자율성**의 보장137) ② **사외이사의 독립성**과 실효적 운용의 보장138) ③ **전문성과 실무경험**의 존중 ④ **공시의무**의 강화139) 등이 필요하다.

---

136) 이는 2009~2010년 KB금융지주회사 사건이 영향을 미쳤다; 원동욱, "한국 금융지주회사의 법제 현황"(2010), 32~33면.

137) 그동안 제조업 분야에 비하여 금융산업에 있어서 우리 정부는 자율보다는 규제를 우선하였고, 세계적인 경쟁력보다는 국내에서의 안정을 우선하는 금융정책을 실시함으로 인하여 은행들의 재무건전성은 좋아졌지만, 금융기관의 규모, 금융전문인력, 금융기법 등에서는 여전히 세계적인 금융기관에 비하여 많이 뒤지는 것이 현실이다. 이를 극복하기 위해서는 금융기관에 대한 규제를 완화하면서 경영의 자율성을 보장하여야 한다; 원동욱, "한국 금융지주회사의 법제 현황"(2010), 33면.

138) 대주주나 경영진의 영향에서 실질적으로 독립적인 사외이사를 선임하기 위한 제도적 장치가 필요하다.

139) 국제적인 흐름에 따라 주요선진국처럼 "원칙준수, 예외설명 (comply or explain)"방식을 채택하여 거래소의 상장규정에 관련내용을 규정함으로써 상장회사가 자율적으로 자신들의 상황에 맞게 준수하도록 하고, 준수하지 못하는 경우 그 이유를 공시하도록 함으로써 상장회사의 자발적 준수와 기업지배구조에 대한 시장의 평가를 통하여 실질적인 기업지배구조의 개선을 할 수 있도록 해야 한다;

(6) 이사회내 위원회

(가) 원 칙

금융회사는 상법 제393조의2에 따른 이사회내 위원회로서 다음의 위원회를 설치하여야 한다(제16조).

금융회사의 정관에서 정하는 바에 따라 감사위원회가 위 ① 내지 ⑤에 관한 사항을 심의·의결하는 경우에는 **보수위원회**를 설치하지 아니할 수 있다(제16조 제2항).140) 그리고 금융회사의 정관으로 정하는 바에 따라 감사위원회 또는 위험관리위원회에서 위 ① 내지 ⑤에 관한 사항을 심의·의결하고, 점검·평가 및 필요한 조치를 요구하는 경우에는 내부통제위원회를 설치하지 아니할 수 있다(제16조 제3항).141)

(나) 예 외

금융지주회사가 발행주식 총수를 소유하는 **자회사** 및 그 자회사가 발행주식 총수를 소유하는 **손자회사**142)는 경영의

이효경, "사외이사제도의 쟁점과 과제: 사외이사후보추천위원회 위원과 사외이사 자격제한의 문제점"(2017), 21~27면.

140) 다만, 대통령령으로 정하는 금융회사의 경우에는 그러하지 아니하다.

141) 이는 2024년 1월 2일 개정시 신설되었으며, 2024년 7월 3일 시행한다.

142) 손자회사가 발행주식 총수를 소유하는 증손회사를 포함한다.

투명성 등 대통령령으로 정하는 요건에 해당하는 경우에는 사외이사를 두지 아니하거나 이사회내 위원회를 설치하지 아니할 수 있다(제23조 제1항).

이에 따라 완전자회사등이 감사위원회를 설치하지 아니할 때에는 **상근감사**를 선임하여야 한다(제23조 제2항). 상근감사의 자격요건에 관하여는 제6조 제1항 및 제2항을 준용한다.

다만, 해당 완전자회사등의 상근감사 또는 사외이사가 아닌 감사위원으로 재임 중이거나 재임하였던 사람은 제6조 제1항 제3호에도 불구하고 상근감사가 될 수 있다(제23조 제3항).

(다) 이사회내 위원회의 종류

이사회내 위원회는 다음과 같다(제16조 제1항).

① 임원후보추천위원회 ② 감사위원회[143] ③ 위험관리위원회
④ 보수위원회 ⑤ **내부통제위원회**[144]

(라) 이사회내 위원회의 구성

감사위원회는 사외이사가 감사위원의 **3분의 2 이상**이어야 하며(제19조 제2항),[145] 다른 위원회는 사외이사가 **과반수**이어야 한다

이하 이 조에서 "완전자회사등"이라 한다.

143) 이는 상법 제415조의2에 따른 감사위원회로 본다.

144) 이는 2024년 1월 2일 개정시 신설되었으며, 2024년 7월 3일 시행한다.

(제16조 제4항).146) 그리고 위원회의 대표는 사외이사로 한다(제16조 제5항).147)

(마) 임원후보추천위원회

임원후보추천위원회는 임원148)후보를 추천하며(제17조 제1항), **3명 이상의 위원**으로 구성한다(제17조 제2항). 이는 최초로 이사회를 구성하는 금융회사가 그 임원을 선임하는 경우에는 적용하지 아니한다(제17조 제6항).149)

금융회사는 주주총회 또는 이사회에서 임원을 선임하려는 경우 임원후보추천위원회의 추천을 받은 사람 중에서 선임하여야 한다(제17조 제3항).

임원후보추천위원회가 사외이사 후보를 추천하는 경우에는 주주제안권을 행사할 수 있는 요건을 갖춘 **주주가 추천한 사외이사 후보**를 포함시켜야 한다(제17조 제4항).

임원후보추천위원회의 위원은 본인을 임원 후보로 추천하는 임원후보추천위원회 결의에 관하여 의결권을 행사하지 못

---

145) 이는 2024년 1월 2일 개정시 신설되었으며, 2024년 7월 3일 시행한다.

146) 이는 2024년 1월 2일 개정시 신설되었으며, 2024년 7월 3일 시행한다.

147) 이는 2024년 1월 2일 개정시 신설되었으며, 2024년 7월 3일 시행한다.

148) 사외이사, 대표이사, 대표집행임원, 감사위원에 한정한다. 이하 이 조에서 같다.

149) 이는 2024년 1월 2일 개정시 신설되었으며, 2024년 7월 3일 시행한다.

한다(제17조_{제5항}). 이는 최초로 이사회를 구성하는 금융회사가 그 임원을 선임하는 경우에는 적용하지 아니한다(제17조_{제6항}).150)

(바) 감사위원회

감사위원회는 **3명 이상**의 이사로 구성하며, 감사위원회 위원 중 1명 이상은 대통령령으로 정하는 회계 또는 재무 전문가이어야 한다(제19조_{제1항}). 앞(109면)에서 설명한 바와 같이, 다른 위원회와 달리 감사위원회는 사외이사가 감사위원의 **3분의 2 이상**이어야 한다(제19조_{제2항}).151)

금융회사는 감사위원의 사임·사망 등의 사유로 감사위원의 수가 감사위원회의 구성요건에 미치지 못하게 된 경우에는 그 사유가 발생한 후 최초로 소집되는 주주총회에서 위 요건을 충족하도록 조치하여야 한다(제19조_{제3항}).

감사위원 후보는 임원후보추천위원회에서 추천하며, 위원 총수의 3분의 2 이상의 찬성으로 의결한다(제19조_{제4항}). 감사위원을 선임하거나 해임하는 권한은 주주총회에 있다(제19조_{제6항}).152) 금융회사는 감사위원이 되는 사외이사 1명 이상에 대해서는 다른

---

150) 이는 2024년 1월 2일 개정시 신설되었으며, 2024년 7월 3일 시행한다.

151) 이는 2024년 1월 2일 개정시 신설되었으며, 2024년 7월 3일 시행한다.

152) 이 경우 감사위원이 되는 이사의 선임에 관하여는 감사 선임시 의결권 행사의 제한에 관한 상법 제409조 제2항 및 제3항을 준용한다.

이사와 분리하여 선임하여야 한다(제19조 제5항).

최대주주, 최대주주의 특수관계인, 그 밖에 대통령령으로 정하는 자가 소유하는 금융회사의 의결권 있는 주식의 합계가 그 금융회사의 의결권 없는 주식을 제외한 발행주식 총수의 **100분의 3을 초과하는 경우** 그 주주는 100분의 3을 초과하는 주식에 관하여 감사위원이 되는 이사를 선임하거나 해임할 때에는 의결권을 행사하지 못한다(제19조 제7항).153)

자산규모 등을 고려하여 대통령령으로 정하는 금융회사는 회사에 상근하면서 감사업무를 수행하는 **감사**(이하 "상근감사"라 한다)를 1명 이상 두어야 하지만, 감사위원회를 설치한 경우154)에는 상근감사를 둘 수 없다(제19조 제8항). 상근감사를 선임하는 경우 감사 선임 시 의결권 행사의 제한에 관한 금융지배법 제19조 제7항 및 상법 제409조 제2항·제3항을 준용한다(제19조 제9항).

상근감사 및 사외이사가 아닌 감사위원의 자격요건에 관하여는 제6조 제1항 및 제2항을 준용한다. 다만, 해당 금융회사의 상근감사 또는 사외이사가 아닌 감사위원으로 재임(在任) 중이거나 재임하였던 사람은 제6조 제1항 제3호에도 불구하고 상근감사 또는 사외이사가 아닌 감사위원이 될 수 있다(제19조 제10항).

감사위원회 또는 감사는 금융회사의 비용으로 전문가의

---

153) 다만, 금융회사는 정관으로 100분의 3보다 낮은 비율을 정할 수 있다.

154) 감사위원회 설치 의무가 없는 금융회사가 이 요건을 갖춘 감사위원회를 설치한 경우를 포함한다.

조력을 구할 수 있다(제20조). 금융회사는 감사위원회 또는 감사의 업무를 지원하는 담당부서를 설치하여야 한다(제20조). 금융회사는 감사위원회 또는 감사의 업무 내용을 적은 보고서를 정기적으로 금융위원회가 정하는 바에 따라 금융위원회에 제출하여야 한다(제20조).

(사) 감 사

상법상 감사는 이사의 직무의 집행을 감사한다(제412조). 감사의 업무감사권의 범위에 관하여는 ① 원칙적으로 **적법성감사**에 한하고 상법에 명문의 규정(제413조 제1항)이 있는 경우에 한하여 **타당성감사**도 할 수 있다고 보는 다수설과 ② 이사의 업무집행의 적법성뿐만 아니라 타당성에도 미친다고 보는 소수설이 있다.

감사의 직무는 이사의 직무집행을 감사하는 것이므로 지주회사 이사의 직무가 자회사의 통괄적인 관리에 있는 이상 그 감사를 위해서는 자회사에 대한 전면적인 조사가 필요하다. 따라서 모회사의 감사는 그 직무를 수행하기 위하여 필요한 때에는 자회사에 대하여 영업의 보고를 요구할 수 있다(제412조의4). 자회사가 지체 없이 보고를 하지 아니할 때 또는 그 보고의 내용을 확인할 필요가 있는 때에는 자회사의 업무와 재산상태를 조사할 수 있다(제412조의4). 자회사는 정당한 이유가 없는 한 위의 조사를 거부하지 못한다(제412조의4).

이러한 모회사 감사의 자회사 조사권은 종래부터 모회사

가 자회사를 이용하여 위법행위를 행하는 경우가 많았기 때문에 1995년 상법개정시 신설하였으며, 보고청구·조사의 범위를 반드시 자회사업무 일반에까지 확대될 필요는 없었다.

그러나 지주회사에 있어서는 모든 사업부문이 자회사에 있기 때문에 모회사의 감사가 그 직무를 수행함에 있어서는 자회사를 조사하는 것이 불가결할 것이다. 나아가 모회사 이사의 책임추궁의 실효성 확보뿐만 아니라 지배구조의 건전성 제고차원에서도 감사의 보고청구 및 조사의 범위를 확대하여 해석하는 것이 바람직하다. 그리고 지주회사에 있어서 감사권한에 관한 새로운 입법적 대안을 검토할 필요도 있다.[155]

금융지배법상 앞(111~113면)에서 본 감사위원회를 설치한 경우에는 상근감사를 둘 수 없으며(제19조 제8항 단서), 필요한 경우 상근감사위원을 둘 수 있다.[156]

(아) 위험관리위원회

위험관리위원회는 다음에 관한 사항을 심의·의결한다(제21조).

① 위험관리의 기본방침 및 전략 수립

---

155) 나승성, 『금융지주회사법』(2007), 179~187면.

156) 감사위원회는 이사회내 위원회로 구성되어 있으나 그 기능은 감사에 관한 규정을 준용하고 있어서(상 제415조의2 제6항), 감사와의 차이점에 관하여 논란의 여지가 있다; 정순섭, 『금융법』(2023), 193면.

② 금융회사가 부담 가능한 위험 수준 결정
③ 적정투자한도 및 손실허용한도 승인
④ 제27조에 따른 위험관리기준의 제정 및 개정
⑤ 그 밖에 금융위원회가 정하여 고시하는 사항.

(자) 보수위원회

보수위원회는 대통령령으로 정하는 임직원에 대한 보수와 관련한 다음에 관한 사항을 심의·의결한다(제22조 제1항).

① 보수의 결정 및 지급방식에 관한 사항
② 보수지급에 관한 연차보고서의 작성 및 공시에 관한 사항
③ 그 밖에 금융위원회가 정하여 고시하는 사항.

금융회사는 임직원이 과도한 위험을 부담하지 아니하도록 보수체계를 마련하여야 한다(제22조 제2항).

금융회사는 대통령령으로 정하는 임직원에 대하여 보수의 일정비율 이상을 성과에 연동(連動)하여 미리 정해진 산정방식에 따른 보수(이하 "성과보수"라 한다)로 일정기간 이상 이연(移延)하여 지급하여야 하며, 성과에 연동하는 보수의 비율, 이연 기간 등 세부 사항은 대통령령으로 정한다(제22조 제3항).

금융회사는 대통령령으로 정하는 임직원의 보수지급에 관한 연차보고서를 작성하고 결산 후 3개월 이내에 금융위원회가 정하는 바에 따라 인터넷 홈페이지 등에 그 내용을 공시하여야 한다(제22조 제4항).

연차보고서에는 다음의 사항이 포함되어야 하며, 연차보고서의 작성에 관한 세부 기준은 대통령령으로 정한다(제22조제5항).

① 보수위원회의 구성, 권한 및 책임 등
② 임원의 보수총액(기본급, 성과보수, 이연 성과보수 및 이연 성과보수 중 해당 회계연도에 지급된 금액 등).

금융지배법상 보수규제는 상법상 보수규제와 차이점이 있다. 전자(前者)는 성과보수에 따른 임직원의 강력한 단기성과 동기를 통제하기 위한 목적에서 이루어지며,[157] 후자(後者)는 회사재산의 사외유출 방지라는 회사이익 또는 주주보호의 관점에서 이루어진다.[158]

상법상 이사의 보수는 정관이나 주주총회의 결의로 정한다.[159] 일반적으로 정관으로 정하는 것이 불편하여 주주총회의 결의로 행한다. 이처럼 이사의 보수를 정관이나 주주총회에서 결정하도록 한 것은 과도한 보수지급을 억제하는 취지가 있으므로, 바람직한 것으로 평가되고 있다.[160]

그러나 2024년 금융지배법에서 책무구조도를 도입함에 따라 앞으로 책무에 따른 책임의 배분이 엄격해 질 것이고 이

---

157) 정순섭, 『금융법』(2023), 195면.

158) 대법원 2016. 1. 28. 선고 2014다11888 판결.

159) 제388조(이사의 보수) 이사의 보수는 정관에 그 액을 정하지 아니한 때에는 주주총회의 결의로 이를 정한다.

160) 김건식·노혁준·천경훈, 『회사법』(2023), 469면.

에 따라 보수 또한 변화의 가능성이 있다. 특히, 이사회 및 사외이사의 회사에 대한 견제의무를 강화함에 따라 책임 또한 가중될 것으로 예상되어 그 보수 또한 이에 걸맞게 조정할 가능성이 크다.

(차) 내부통제위원회[161]

내부통제위원회는 다음에 관한 사항을 심의·의결한다(제22조의2 제1항).

① 내부통제의 기본방침 및 전략 수립
② 임직원의 직업윤리와 준법정신을 중시하는 조직문화의 정착방안 마련
③ 지배구조내부규범의 마련 및 변경
④ 내부통제기준의 제정 및 개정
⑤ 그 밖에 금융위원회가 정하여 고시하는 사항.

내부통제위원회는 대표이사등 임원이 각각의 관리조치와 보고의무를 적절하게 수행하고 있는지 여부를 점검·평가하고 미흡한 사항에 대해서는 개선 등 필요한 조치를 요구하여야 한다(제22조의2 제2항).

그리고 대통령령으로 정하는 사항에 대해서는 금융회사의 정관으로 정하는 바에 따라 내부통제위원회가 아닌 감사위원회나 위험관리위원회가 담당하도록 할 수 있다(제22조의2 제3항).

---

161) 이는 2024년 1월 2일 개정시 신설되었으며, 2024년 7월 3일 시행한다.

마. 임 원

(1) 임원의 구성

임원은 ① **이사** ② **감사** ③ **집행임원**(상법에 따른 집행임원을 둔 경우로 한정한다) ④ **업무집행책임자**[162] 등이다. ⑤ 그리고 해당 금융회사의 책무에 **사실상 영향력을 미치는 다른 회사 임원**을 포함한다.[163]

그리고 금융회사의 자산규모, 담당하는 직책의 특성 등을 고려하여 대통령령으로 정하는 임원을 제외하거나 대통령령으로 정하는 직원을 포함한다.

(2) 임원의 자격

(가) 금융회사 임원의 적극적 요건

임원은 책무구조도에서 정하는 자신의 책무를 수행하기에

---

[162] "업무집행책임자"란 이사가 아니면서 명예회장·회장·부회장·사장·부사장·행장·부행장·부행장보·전무·상무·이사 등 업무를 집행할 권한이 있는 것으로 인정될 만한 명칭을 사용하여 금융회사의 업무를 집행하는 사람을 말한다.

[163] 이는 금융회사인 자회사에 영향을 미치는 금융지주회사의 임원을 염두에 둔 것으로 생각한다. 그러나 금융지주회사의 임원이라는 사유만으로 이에 포함할 수 없으며, 금융지주회사의 임원이면서 금융회사인 자회사의 임원을 겸직하는 경우를 포함한다고 보아야 한다.

적합한 **전문성, 업무경험, 정직성 및 신뢰성**을 갖춘 사람이어야 한다(제5조 제3항).

지금까지 임원의 자격에 대하여 소극적 요건(결격 사유)만 적용하여 왔으나, 이제 적극적 요건도 갖추어야 한다.[164]

(나) 금융회사 임원의 소극적 요건(결격사유)

다음의 어느 하나에 해당하는 사람은 금융회사의 임원[165]이 되지 못한다(제5조 제1항).[166]

① 미성년자·피성년후견인 또는 피한정후견인

② 파산선고를 받고 복권(復權)되지 아니한 사람

③ 금고 이상의 실형을 선고받고 그 집행이 끝나거나(집행이 끝난 것으로 보는 경우를 포함한다) 집행이 면제된 날부터 5년이 지나지 아니한 사람

④ 금고 이상의 형의 집행유예를 선고받고 그 유예기간 중에 있는 사람

⑤ 이 법 또는 금융관계법령에 따라 벌금 이상의 형을 선고받고 그 집행이 끝나거나(집행이 끝난 것으로 보는 경우를 포함한다) 집행이 면제된 날부터 5년이 지나지 아니한 사람

⑥ 다음 각 목의 어느 하나에 해당하는 조치를 받은 금융회사의 임직원 또는 임직원이었던 사람(그 조치를 받게 된 원인에 대하여 직접 또는 이에 상응하는 책임이 있는 사람으로서 대통령령으로 정하는 사람으로 한

---

164) 이는 2024년 1월 2일 개정시 신설되었으며, 2024년 7월 3일 시행한다.

165) 업무집행책임자에게도 적용되지만, 이는 인가요건에 해당되지 않는다; 김건식·정순섭, 『자본시장법』(2023), 733면.

166) 금융투자업자의 임원에 대하여도 이 규정을 적용한다(자본시장법 제12조 제2항 제5호).

정한다)으로서 해당 조치가 있었던 날부터 5년이 지나지 아니한 사람

가. 금융관계법령에 따른 영업의 허가·인가·등록 등의 취소

나. 금산법 제10조 제1항에 따른 적기시정조치

다. 금산법 제14조 제2항에 따른 행정처분

⑦ 이 법 또는 금융관계법령에 따라 임직원 제재조치(퇴임 또는 퇴직한 임직원의 경우 해당 조치에 상응하는 통보를 포함한다)를 받은 사람으로서 조치의 종류별로 5년을 초과하지 아니하는 범위에서 대통령령으로 정하는 기간이 지나지 아니한 사람

⑧ 해당 금융회사의 공익성 및 건전경영과 신용질서를 해칠 우려가 있는 경우로서 대통령령으로 정하는 사람.

금융회사의 임원으로 선임된 사람이 위 결격요건에 해당하게 된 경우에는 그 직(職)을 잃는다(제5조 제2항).167) 이처럼 임원의 결격사유를 규정함에 따라 이러한 사유에 해당하는 자는 이러한 자격을 취득할 수 없게 되는데, 이것이 결과적으로 이러한 사유에 해당하는 자들에게는 헌법상 **직업선택의 자유**를 침해하지 않느냐 하는 것이 문제되는데, 이에 대하여 헌법재판소는 이에 위반하지 않는다고 판단하였다.168)

(다) 임원의 자격 요건 확인169)

금융회사는 ① 임원170)을 선임하려는 경우 ② 책무구조도

---

167) 다만, 위 ⑦에 해당하는 사람으로서 대통령령으로 정하는 경우에는 그 직을 잃지 아니한다.

168) 헌법재판소 2001. 3. 21. 99헌마150 전원재판부 결정.

169) 이는 2024년 1월 2일 개정시 신설되었으며, 2024년 7월 3일 시행한다.

에서 정하는 임원의 직책을 변경하려는 경우 ③ 이에 준하는 경우로서 대통령령으로 정하는 경우에 해당 임원이 자격요건을 충족하는지를 **확인**하여야 한다(제7조 제1항).

금융회사는 이상의 사유에 해당하는 사실이 발생한 경우에는 지체 없이 그 사실 및 자격요건 적합 여부와 그 사유 등을 금융위원회가 정하여 고시하는 바에 따라 인터넷 홈페이지 등에 **공시하고 금융위원회에 보고**하여야 한다(제7조 제2항).

금융회사는 임원을 해임(사임을 포함한다)한 경우에는 금융위원회가 정하여 고시하는 바에 따라 지체 없이 그 사실을 인터넷 홈페이지 등에 **공시하고 금융위원회에 보고**하여야 한다(제7조 제3항).

(3) 임원 등 겸직

(가) 원 칙

금융회사의 상근 임원은 다른 영리법인의 상시적인 업무에 **종사할 수 없다**(제10조 제1항 본문).

은행의 임직원은 한국은행, 다른 은행 또는 은행지주회사의 임직원을 **겸직할 수 없다**(제10조 제3항 본문).

(나) 예 외

다음의 경우에는 상시적인 업무에 **종사할 수 있다**(제10조 제1항 단서).

---

170) 제30조의2 제1항에 따른 임원을 포함한다.

① 채무자회생법 제74조에 따라 관리인으로 선임되는 경우
② 금산법 제10조 제1항 제4호에 따라 관리인으로 선임되는 경우
③ 금융회사 해산 등의 사유로 청산인으로 선임되는 경우.

다음의 금융회사의 상근 임원은 다음 구분에 따라 다른 회사의 상근 임직원을 **겸직할 수 있다**($\binom{제10조}{제2항}$).

① 해당 금융회사가 은행인 경우: 그 은행이 의결권 있는 발행주식 총수의 100분의 15를 초과하는 주식을 보유하고 있는 다른 회사의 상근 임직원을 겸직하는 경우
② 해당 금융회사가 상호저축은행인 경우: 그 상호저축은행이 의결권 있는 발행주식 총수의 100분의 15를 초과하는 주식을 보유하고 있는 다른 상호저축은행의 상근 임직원을 겸직하는 경우
③ 해당 금융회사가 보험회사인 경우: 그 보험회사가 의결권 있는 발행주식 총수의 100분의 15를 초과하는 주식을 보유하고 있는 다른 회사의 상근 임직원을 겸직하는 경우[171]
④ 그 밖에 이해상충 또는 금융회사의 건전성 저해의 우려가 적은 경우로서 대통령령으로 정하는 경우.

은행의 임직원이 자(子)은행의 임직원이 되는 경우에는 **겸직할 수 있다**($\binom{제10조}{제3항}$ 단서). 그리고 금융지주회사 및 그의 자회사 등의 임직원은 다음의 어느 하나에 해당하는 경우에는 **겸직할 수 있다**($\binom{제10조}{제4항}$).

---

171) 금산법 제2조 제1호 가목부터 아목까지 및 차목에 따른 금융기관의 상근 임직원을 겸직하는 경우는 제외한다.

① 금융지주회사의 임직원이 해당 금융지주회사의 자회사등의 임직원을 겸직하는 경우

② 금융지주회사의 자회사등[172)의 임직원이 다른 자회사등의 임직원을 겸직하는 경우로서 다음 각 목의 어느 하나의 업무를 겸직하지 아니하는 경우

(가) 자본시장법 제6조 제4항에 따른 집합투자업(대통령령으로 정하는 경우는 제외한다)

(나) 보험업법 제108조 제1항 제3호에 따른 변액보험계약에 관한 업무

(다) 그 밖에 자회사등의 고객과 이해가 상충하거나 해당 자회사등의 건전한 경영을 저해할 우려가 있는 경우로서 금융위원회가 정하여 고시하는 업무.

금융회사는 해당 금융회사의 임직원이 다른 회사의 임직원을 겸직하려는 경우에는 이해상충 방지 및 금융회사의 건전성 등에 관하여 대통령령으로 정하는 기준을 갖추어 미리 **금융위원회의 승인**을 받아야 한다(제11조 제1항 본문).

그러나 이해상충 또는 금융회사의 건전성 저해의 우려가 적은 경우로서 대통령령으로 정하는 경우에는 다음의 사항을 대통령령으로 정하는 방법 및 절차에 따라 **금융위원회에 보고하여야 한다**(제11조 제1항 단서).

① 겸직하는 회사에서 수행하는 업무의 범위

② 겸직하는 업무의 처리에 대한 기록 유지에 관한 사항

③ 그 밖에 이해상충 방지 또는 금융회사의 건전성 유지를 위하여 필요한 사항으로서 대통령령으로 정하는 사항.

---

172) 금융업을 영위하는 회사 또는 금융업의 영위와 밀접한 관련이 있는 회사로서 대통령령으로 정하는 회사로 한정한다.

금융회사는 해당 금융회사의 임원이 다른 금융회사의 임원을 겸직하는 경우[173]로서 대통령령으로 정하는 경우에는 대통령령으로 정하는 방법 및 절차에 따라 위 사항을 **금융위원회에 보고**하여야 한다(제11조제2항).

금융위원회는 금융회사가 겸직기준을 충족하지 아니하는 경우 또는 보고 방법 및 절차를 따르지 아니하거나 보고한 사항을 이행하지 아니하는 경우에는 **해당 임직원 겸직을 제한하거나 그 시정**을 명할 수 있다(제11조제3항).

임직원을 겸직하게 한 금융지주회사와 해당 자회사등은 금융업의 영위와 관련하여 임직원 겸직으로 인한 이해상충 행위로 고객에게 손해를 끼친 경우에는 **연대하여 그 손해를 배상할 책임**이 있다(제11조제4항 본문). 그러나 다음의 어느 하나에 해당하는 경우에는 그러하지 아니하다(제11조제4항 단서).

① 금융지주회사와 해당 자회사등이 임직원 겸직으로 인한 이해상충의 발생 가능성에 대하여 상당한 주의를 한 경우
② 고객이 거래 당시에 임직원 겸직에 따른 이해상충 행위라는 사실을 알고 있었거나 이에 동의한 경우
③ 그 밖에 금융지주회사와 해당 자회사등의 책임으로 돌릴 수 없는 사유로 손해가 발생한 경우로서 대통령령으로 정하는 경우.

(다) 합리적인 운용 방안

원칙적으로 금융회사의 상근 임원은 다른 영리법인의 상

---

173) 제10조에 따른 겸직은 제외한다.

시적인 업무에 종사할 수 없도록 하면서도, 금융지주회사의 임원은 자회사인 금융회사의 임원을 겸직할 수 있도록 허용하고 있다.

금융지주회사의 자회사에 대한 전반적인 통합기능을 감안할 때, 금융지주회사의 자회사뿐만 아니라 업종이 다른 자회사 등 간의 임원 겸직을 통하여 금융그룹의 시너지효과를 극대화할 필요가 있기 때문이다.

그러나 자본시장법에서는 금융투자업자와 계열회사 간의 임직원 겸직 및 파견금지 규제는 계열회사 임직원이 담당하는 업무의 종류를 불문하고 적용된다고 규정되어 있다. 이는 금융투자업자와 계열회사 간에 과도한 부담으로 작용하고 있는데, 이들이 금융지주회사의 자회사 등에 소속되는 경우에는 법 제62조를 감안하여 임직원 겸직의 범위를 확대하는 것이 바람직하다.

그러나 모자회사 간에 또는 자회사 간에 이사를 겸직할 수 있는가의 문제는 **회사 간의 이익충돌**이 발생할 때 문제가 될 수 있다. 즉 회사 간에 이익이 충돌되는 경우 특히 완전모자회사 간 관계가 아니어서 자회사에 소수주주가 있는 경우나 자회사 간의 거래인 경우 회사 간의 이익충돌이 발생하는 경우에 겸직이사의 충실의무와 상치될 수 있다. 따라서 이러한 이사의 겸직 허용 문제를 해결하기 위해서는 기존의 상법의 논리만 가지고 해결될 수 없고 입법적인 보완책이 필요하다.174)

(4) 주요업무집행책임자

(가) 주요업무집행책임자의 선임

전략기획, 재무관리, 위험관리 및 그 밖에 이에 준하는 업무로서 대통령령으로 정하는 주요업무를 집행하는 업무집행책임자는 이사회의 의결을 거쳐 임면한다(제8조 제1항).

(나) 주요업무집행책임자의 임기

주요업무집행책임자의 임기는 정관에 다른 규정이 없으면 **3년**을 초과하지 못한다(제8조 제2항).

(다) 주요업무집행책임자의 지위

주요업무집행책임자와 해당 금융회사의 관계에 관하여는 민법 중 **위임에 관한 규정**을 준용한다(제8조 제3항).

(라) 주요업무집행책임자의 의무

주요업무집행책임자는 이사회의 요구가 있으면 언제든지 **이사회에** 출석하여 요구한 사항을 **보고**하여야 한다(제9조).

---

174) 노혁준, "지주회사 관계에서 이사의 의무와 겸임이사"(2018), 382면; 나승성, 『금융지주회사법』(2007), 186면.

(5) 임원의 의무와 책임

(가) 상법상 이사의 의무

상법상 **이사**와 회사의 관계는 위임관계로 보므로,[175] 이사는 민법상 수임인의 의무인 **선량한 관리자의 주의의무**(선관주의의무, 선관의무)를 부담한다.[176]

이는 고도의 인적 신뢰를 기초로 하는 매우 높은 주의의무로서 이사는 사용인과 달리 회사경영의 주체라는 지위에 있기 때문에 요구되는 것이며, 자신의 책무를 수행함에 있어서 법령을 위반하지 않도록 주의할 의무(소극적 의무)를 짐과 동

---

175) 제382조(이사의 선임, 회사와의 관계 및 사외이사) ① 이사는 주주총회에서 선임한다. ② 회사와 이사의 관계는 **민법의 위임에 관한 규정**을 준용한다. ③ 사외이사(社外理事)는 해당 회사의 상무(常務)에 종사하지 아니하는 이사로서 다음 각 호의 어느 하나에 해당하지 아니하는 자를 말한다. 사외이사가 다음 각 호의 어느 하나에 해당하는 경우에는 그 직을 상실한다. 1. 회사의 상무에 종사하는 이사 · 집행임원 및 피용자 또는 최근 2년 이내에 회사의 상무에 종사한 이사 · 감사 · 집행임원 및 피용자 2. 최대주주가 자연인인 경우 본인과 그 배우자 및 직계 존속 · 비속 3. 최대주주가 법인인 경우 그 법인의 이사 · 감사 · 집행임원 및 피용자 4. 이사 · 감사 · 집행임원의 배우자 및 직계 존속 · 비속 5. 회사의 모회사 또는 자회사의 이사 · 감사 · 집행임원 및 피용자 6. 회사와 거래관계 등 중요한 이해관계에 있는 법인의 이사 · 감사 · 집행임원 및 피용자 7. 회사의 이사 · 집행임원 및 피용자가 이사 · 집행임원으로 있는 다른 회사의 이사 · 감사 · 집행임원 및 피용자.

176) 제681조(수임인의 선관의무) 수임인은 위임의 본지에 따라 **선량한 관리자의 주의**로써 위임사무를 처리하여야 한다.

시에 항상 회사의 최선의 이익을 추구하여야 할 의무(적극적 의무)를 부담한다.[177]

이 규정은 은행의 경우 부당대출과 관련하여 종종 문제가 되는데, 이에 대하여 판례는 은행의 이사는 일반의 주식회사 이사의 선관의무에서 더 나아가 은행의 그 공공적 성격에 걸맞는 내용의 선관의무까지 다할 것이 요구된다고 하였다.[178]

그리고 상법상 이사회 결의에 참가한 이사로서 이의를 한 기재가 의사록에 없는 자는 그 결의에 찬성한 것으로 추정하며(제399조제3항), 기권한 경우에는 찬성한 것으로 추정할 수 없으므로 그 책임을 지지 아니한다고 하였다.[179]

금융지배법은 이를 업무집행책임자에게 확대 적용한다(제8조제3항).

그리고 상법에서 규정한 **충실의무**[180] **비밀유지의무**[181] **경업금지의무**[182] 회사의 기회 및 자산의 **유용 금지의무**[183] **자**

---

177) 이철송, 『회사법』(2023), 760~761면.

178) 대법원 2002. 3. 15. 선고 20009086 판결.

179) 대법원 2019. 5. 16. 선고 2016다260455 판결.

180) 제382조의3(이사의 충실의무) 이사는 **법령과 정관**의 규정에 따라 회사를 위하여 그 직무를 충실하게 수행하여야 한다.

181) 제382조의4(이사의 비밀유지의무) 이사는 재임중 뿐만 아니라 퇴임후에도 직무상 알게된 **회사의 영업상 비밀**을 누설하여서는 아니된다.

182) 제397조(경업금지) ① 이사는 이사회의 승인이 없으면 자기 또는 제삼자의 계산으로 **회사의 영업부류에 속한 거래**를 하거나 **동종영업을 목적으로 하는 다른 회사**의 무한책임사원이나 이사가 되지 못한다. ② 이사가 제1항의 규정에 위반하여 거래를 한 경우에 회사는 이사회의 결의로 그 이사의 거래가 자기의 계산으로 한 것인 때

기거래금지의무[184] **보고의무**[185] 등을 부담한다.

그리고 이사는 **감시의무**를 부담한다. 이는 실정법상 개념은 아니며, 앞(127~128면)의 선관주의의무에 따른 각종 구체적

에는 이를 회사의 계산으로 한 것으로 볼 수 있고 제삼자의 계산으로 한 것인 때에는 그 이사에 대하여 이로 인한 이득의 양도를 청구할 수 있다. ③ 제2항의 권리는 거래가 있은 날로부터 1년을 경과하면 소멸한다.

183) 제397조의2(회사의 기회 및 자산의 유용 금지) ① 이사는 이사회의 승인 없이 현재 또는 장래에 회사의 이익이 될 수 있는 다음 각 호의 어느 하나에 해당하는 **회사의 사업기회**를 자기 또는 제3자의 이익을 위하여 이용하여서는 아니 된다. 이 경우 이사회의 승인은 이사 3분의 2 이상의 수로써 하여야 한다. 1. 직무를 수행하는 과정에서 알게 되거나 회사의 정보를 이용한 사업기회 2. 회사가 수행하고 있거나 수행할 사업과 밀접한 관계가 있는 사업기회 ② 제1항을 위반하여 회사에 손해를 발생시킨 이사 및 승인한 이사는 연대하여 손해를 배상할 책임이 있으며 이로 인하여 이사 또는 제3자가 얻은 이익은 손해로 추정한다.

184) 제398조(이사 등과 회사 간의 거래) 다음 각 호의 어느 하나에 해당하는 자가 자기 또는 제3자의 계산으로 **회사와 거래**를 하기 위하여는 미리 이사회에서 해당 거래에 관한 중요사실을 밝히고 이사회의 승인을 받아야 한다. 이 경우 이사회의 승인은 이사 3분의 2 이상의 수로써 하여야 하고, 그 거래의 내용과 절차는 공정하여야 한다. 1. 이사 또는 제542조의8 제2항 제6호에 따른 주요주주 2. 제1호의 자의 배우자 및 직계존비속 3. 제1호의 자의 배우자의 직계존비속 4. 제1호부터 제3호까지의 자가 단독 또는 공동으로 의결권 있는 발행주식 총수의 100분의 50 이상을 가진 회사 및 그 자회사 5. 제1호부터 제3호까지의 자가 제4호의 회사와 합하여 의결권 있는 발행주식총수의 100분의 50 이상을 가진 회사.

185) 제412조의2(이사의 보고의무) 이사는 **회사에 현저하게 손해를 미칠 염려가 있는 사실**을 발견한 때에는 즉시 감사에게 이를 보고하여야 한다.

인 의무의 하나로 학설과 판례가 인정하고 있다.[186]

이사는 다른 이사의 업무집행을 감시할 권한과 의무를 부담한다. 상법상 이사는 대표이사로 하여금 다른 이사 또는 피용자의 업무에 관하여 이사회에 보고할 것을 요구할 수 있는데,[187] 이는 이사의 권한임과 의무로 해석하여야 한다.

여기서 문제되는 것은 사외이사 및 기타 상무에 종사하지 않는 이사도 이 의무를 부담하느냐 하는 것인데, 이에 대하여 적극설과 소극설이 있지만 판례는 "사내이사의 부정을 의심할 만한 사유가 있음에도 불구하고 이를 방치한 때에는 감시의무를 위반한 것"[188]이라 한다.

그리고 실정법이나 판례상 인정된 것은 아니지만 학설상 **자회사의 관리감독의무**를 주장하는 견해도 있다. 즉, 지주회사의 이사는 지주회사의 자산인 지주회사의 주식과 그에 부착된 권리인 법률상 주주권이나 사실상 영향력 등 모든 것을 활용하여 지주회사의 가치를 극대화할 의무가 있고 이를 근거로 자회사에 대한 관리감독의무도 도출된다고 한다.[189]

---

186) 이철송, 『회사법』(2023), 761면.

187) 제393조(이사회의 권한) ① 중요한 자산의 처분 및 양도, 대규모 재산의 차입, 지배인의 선임 또는 해임과 지점의 설치·이전 또는 폐지 등 회사의 업무집행은 이사회의 결의로 한다. ② 이사회는 이사의 직무의 집행을 감독한다. ③ 이사는 대표이사로 하여금 **다른 이사 또는 피용자의 업무에 관하여 이사회에 보고**할 것을 요구할 수 있다. ④ 이사는 3월에 1회 이상 업무의 집행상황을 이사회에 보고하여야 한다.

188) 대법원 2021. 11. 11. 선고 2017다222368 판결.

특히, **대표이사**는 다른 이사의 직무집행을 감시할 의무가 있고, 이사는 이사회를 통하여 다른 이사의 직무집행을 감시(감독)하며, 이사회를 통하지 않더라도 회사 업무전반에 관하여 다른 이사에 대하여 감시의무를 부담한다.

그리고 이것이 사외이사나 상무에 종사하지 않는 이사 등 평이사에게도 적용되느냐 하는 문제가 있는데, 학설은 긍정하고 있지만 판례는 절충설을 취한다.[190]

(나) 상법상 이사의 책임

① 회사 및 제3자에 대한 책임

이사는 채무불이행으로 인한 손해배상책임(민 제40조)과 불법행위로 인한 손해배상책임(민 제750조)을 진다.

이사가 고의 또는 과실로 법령 또는 정관에 위반한 행위를 하거나 그 임무를 게을리한 경우에는 **회사**[191] 및 **제3**

---

189) 김신영, "기업집단에서 지배회사 이사의 의무와 책임: 지주회사 이사의 의무와 책임을 중심으로"(2018), 169~226면.

190) 이철송, 『회사법』(2023), 764~765면.

191) 제399조(회사에 대한 책임) ① 이사가 고의 또는 과실로 법령 또는 정관에 위반한 행위를 하거나 그 임무를 게을리한 경우에는 그 이사는 회사에 대하여 연대하여 손해를 배상할 책임이 있다. ② 전항의 행위가 이사회의 결의에 의한 것인 때에는 그 결의에 찬성한 이사도 전항의 책임이 있다. ③ 전항의 결의에 참가한 이사로서 이의를 한 기재가 의사록에 없는 자는 그 결의에 찬성한 것으로 추정한다.

자[192])에 대하여 연대하여 손해를 배상할 책임이 있다.

이사의 임무해태행위가 이사회의 결의에 의한 경우는 결의에 찬성한 이사도 연대책임을 지며(상 제401조 제2항, 상 제399조 제2항). 그 결의에 참가한 이사로서 의사록에 이의를 제기한 기재가 없는 경우에는 그 의결에 찬성한 것으로 추정한다(상 제401조 제2항, 상 제399조 제3항).

구체적인 사안에 관하여 살펴보면, ① **기권**의 경우에는 찬성을 추정할 수 없으므로 책임을 부담하지 않는다.[193]) ② 이사회의 특성상 **서면결의**는 허용되지 않는다. 따라서 이사회 개최 없이 의사록만 작성하여 이뤄지는 이사회 결의는 무효이다.[194]) 주식회사의 이사가 이사회에 참석하지도 않고 사후적으로 이사회의 결의를 추인하는 등으로 실질적으로 이사의 임무를 전혀 수행하지 않은 이상 그 자체로서 임무해태가 된다.[195]) ③ 출근하지도 않고 **이사회에 참석**하지도 않았다는 것은 사외이사로서의 직무를 전혀 수행하지 아니하였음을 나타내는 사정에 불과하고, 이러한 사정들은 그의 지위에 상당한 주의를 다하였다는 사정이 아님은 물론이며 상당한 주의를 다하였더라도 허위기재 사실을 알 수 없었다고 볼 사정도

---

192) 제401조(제삼자에 대한 책임) ① 이사가 고의 또는 중대한 과실로 그 임무를 게을리한 때에는 그 이사는 제3자에 대하여 연대하여 손해를 배상할 책임이 있다. ② 제399조 제2항, 제3항의 규정은 전항의 경우에 준용한다.

193) 대법원 2019. 5. 16. 선고 2016다260455 판결.

194) 실무적으로 이사 전원이 찬성하는 것이 명확한 경우에는 서면결의 형태로 이뤄지는 경우도 있다; 정순섭, 『금융법』(2023), 190면.

195) 대법원 2008. 12. 11. 선고 2005다51471 판결.

되지 아니한다.196) ④ 이사가 단순히 변호사의 **법률의견서**를 받은 것만으로 이사의 주의의무를 다한 것으로 볼 수 없지만,197) 이사회에서 안건에 대한 이사의 판단을 보조하기 위하여 법률전문가 등의 전문의견서를 첨부한 경우에는 이사의 감시의무가 충실히 이루어졌는지에 관한 판단에 긍정적인 자료가 될 수 있다.198)

② 지주회사 이사의 자회사에 대한 책임

현행 회사법상 자회사는 독립된 법인이므로, 즉 법률적으로는 지주회사는 자회사의 주주총회에서 자회사의 이사의 선임 등을 통하여 사실상의 영향력을 행사할 뿐 자회사에 대하여 직접적으로 경영간섭을 할 수 없기 때문에 지주회사의 자회사에 대한 사실상의 영향력에 종속될 법적 의무는 없다.

그럼에도 불구하고 지주회사 존재목적이 주식보유를 통하여 다른 회사를 지배하는 것을 목적으로 하기 때문에 기존의 독립된 법인격을 인정하던 상법상의 제도만을 가지고 설명할 수 없는 부분도 있다.

지주회사의 이사회의 결정사항은 자회사의 주주총회의 결의의 형식을 거쳐 자회사 자신의 결정으로 된다. 지주회사의 이사회는 자회사의 주주총회의 결의의 형식을 거쳐 자회사의

---

196) 대법원 2014. 12. 24. 선고 2013다76253 판결.

197) 서울고법 2005. 6. 10. 선고 2003노1555 판결.

198) 정순섭, 『금융법』(2023), 191~192면.

이사를 사실상 자유롭게 선임, 해임할 수 있기 때문에 자회사의 이사의 업무집행은 실질적으로 지주회사의 이사회의 지휘, 감독하에서 행해진다고 할 수 있다. 그 결과 지주회사의 이사는 자신의 회사경영을 넘어 자회사 집단에 대한 전반적인 경영에도 지배를 행할 수 있는 것이다. 이러한 현실은 자회사의 주주총회 및 이사회 권한이 지주회사 이사(회)에게 사실상 이전되었다고 볼 수 있다.[199]

지주회사의 관점에서 보면 자회사의 중요한 업무집행사항의 결정에 대한 지주회사의 이사에 의한 실질적인 지시의 실효성 확보가 요구되지만, 상법상 모회사 내지 모회사 이사의 자회사 이사에 대한 지시권은 100% 자회사에 대해서조차 인정되지 않고 있다. 자회사의 중요한 업무집행에 관한 지주회사의 이사회의 결정에 구속력을 부여하기 위하여 자회사의 정관에 중요한 업무집행에 대하여는 주주총회에서 결의한다는 취지의 규정을 두는 방안도 고려되고 있지만, 이러한 경우에는 자회사의 업무에 상당한 지장을 초래할 것이다.[200]

이와 같이 자회사의 이사·감사의 선임은 자회사의 주주총회에서 결정되지만, 그 총회에서의 지배주주는 지주회사 자신이므로 지주회사가 실질적 지시권 내지는 결정권을 갖게 된다. 그러나 현행법상으로는 그 지시에 근거한 자회사 이

---

199) 김문재, "지주회사의 도입에 따른 회사법의 방향"(1999), 90~91면; 나승성, 『금융지주회사법』(2007), 180~181면.

200) 최성근, "지주회사의 도입과 대책"(1997), 63면; 나승성, 『금융지주회사법』(2007), 181면.

사·감사의 임무해태 등에 대하여 지주회사 또는 지주회사 이사의 자회사에 대한 책임관계가 차단된다.

지주회사의 이사가 사실상의 영향력을 부당하게 행사하여 자회사에 손해가 발생한 경우의 책임문제는 자회사의 소수주주가 어떠한 법적 근거에 의하여 지주회사의 이사에 대한 책임을 추궁할 수 있는가 하는 점이 중심이 되고 있으며, 이는 지주회사 조직에서의 자회사의 소수주주의 보호와 같은 문제이다. 그러나 100% 자회사인 경우에는 지주회사의 이사의 자회사에 대한 책임을 논할 실익은 없다. 또한 자회사의 소수주주가 없기 때문에 소수주주권을 논할 수도 없다.

상법상 지주회사와 자회사는 독립된 별개의 법인체이기 때문에 자회사의 경영에 대한 책임은 원칙적으로 자회사의 이사가 부담하고, 지주회사의 이사가 자회사에 대하여 당연히 법적 책임을 부담한다고 할 수는 없다.

상법상 지주회사의 이사의 책임을 묻는 방법으로는 모회사 이사의 권한 및 책임과 관련하여 권한문제는 사실상의 영향력 행사에, 책임문제는 업무집행지시자 등의 책임에 관한 규정을 해석·적용하는 것이 바람직하다고 본다.

따라서 모회사 또는 모회사 이사의 책임과 관련해서는 먼저 "업무집행지시자 등의 책임"으로 모회사 또는 모회사 이사의 책임을 물을 수 있을 것이고, 자회사가 100% 자회사인 경우에는 지주회사의 지시를 자회사에 있어서의 1인주주의 의사결정으로 보아 그 총회결의 또는 이사회의 결의에 대체시키는 "1인회사법리"를 가지고 1인주주인 지주회사의

책임을 묻는 것이 가능할 것이다.[201]

③ 지주회사 이사의 자회사 주주에 대한 책임

지주회사 이사의 자회사의 주주에 대한 책임은 일반 회사법상의 책임과 같다. 완전자회사의 경우 지주회사 이사의 책임을 논할 실익이 없으나, 완전자회사가 아닌 경우에는 자회사에 영향력을 행사한 지주회사의 이사의 책임이 문제가 될 수 있다.

지주회사 이사의 자회사 소수주주에 대한 책임에 대하여, ① 지주회사 이사의 **자회사에 대한 책임**을 우선 인정하고 그 책임이 이행된 때에는 지주회사에 대한 책임을 소멸한다고 보는 입장과 ② 자회사에 대한 책임은 지주회사만이 부담하고 지주회사의 이사에게는 **지주회사에 대한 책임**만을 부담시키고자 하는 입장이 있다.

이에 대해 원칙적으로 지주회사 이사는 지주회사에 대해 책임을 지고 자회사에 대해서는 지주회사가 책임을 지는 것이 책임관계를 명확히 할 수 있으며, 지주회사 이사의 행위에는 지주회사의 관여가 있는 것이 일반적인 점에 비추어 후자가 타당하다는 견해[202]가 있다.

이에 대하여 책임귀속은 명확하나 지주회사가 자회사의

---

201) 서윤수, 『지주회사의 허용과 관련법제의 정비에 관한 입법론적 고찰』(1998), 74면; 나승성, 『금융지주회사법』(2007), 181면.

202) 나승성, 『금융지주회사법』(2007), 183~184면.

손해에 대해 책임을 지는 것은 결과적으로 자회사의 지휘, 감독에 거의 영향력을 가지지 못하는 지주회사의 소수주주와 채권자의 피해를 강요할 수도 있다는 견해[203]도 있다.

④ 자회사 이사의 지주회사 주주에 대한 책임

자회사의 이사도 자회사와 관련하여서는 이사의 충실의무 및 선관주의무를 부담한다고 할 것이므로 자회사의 이사는 지주회사의 이사의 부당한 지시에 응해서는 안 된다고 할 것이다. 다만 지주회사의 특성으로 인해 다음과 같은 검토할 문제가 있다.

첫째, 자회사 이사의 책임을 물을 주체에 대해 지주회사 측에서 지시와 책임을 묻는다는 것은 상호 모순되므로 자회사가 이사의 책임을 묻거나 자회사의 소수주주가 **대표소송**[204]으로서 책임을 묻는 것이 가능할 것이다. 다만 회사가 이사에 대해 소송을 제기하는 것은 기대하기 어렵고, 설사 제기되었다고 하더라도 감사가 회사를 대표하므로 현행의 관행상 공정을 기하기 어렵다고 할 것이다.[205]

---

203) 김문재, "지주회사의 도입에 따른 회사법의 방향"(1999), 99~100면.

204) 주식회사의 이사 등이 회사에 손해를 가하였음에도 불구하고 회사가 손해배상청구를 게을리하는 경우 주주 등이 회사를 대표하여 이사 등에게 손해배상을 청구하는 소송이다; 이철송, 『회사법』(2023), 106~107면, 848~858면.

205) 김문재, "지주회사의 도입에 따른 회사법의 방향"(1999), 103면; 나승성, 『금융지주회사법』(2007), 184면.

둘째, 지주회사의 주주가 자회사 이사의 책임을 추궁할 수 있는가와 관련하여 **다중대표소송제도**[206]가 있다. 이는 상법상 회사 내에서 제기할 수 있는 주주대표소송을 실질적인 지배관계에 있는 자회사로 확대하여 모회사 주식의 1% 이상을 보유한 주주에게 인정한 것이다. 이는 기존의 주주대표소송을 모자회사(직접 소유 지분율 50% 초과한 회사가 모회사) 관계로 확장하는 것으로 비상장 자회사에서 위법행위가 발생한 경우는 주주인 모회사가 주주대표소송을 제기할 가능성이 거의 없으므로 모회사의 주주로 하여금 소송을 제기할 수 있도록 길을 열어주기 위한 것이다.

이는 회사가 이사의 책임을 추궁하지 않을 경우에 주주가 대신 추궁하는 것에 불과하고. 주주가 소송에서 승소하더라도 그 이익은 자회사에 귀속되므로 전체 주주와 해당 기업에 유익한 제도이다.[207]

---

206) 앞(137면)에서 본 바와 같이, 원래 대표소송을 제기할 수 있는 자는 피고가 될 이사가 속한 회사의 주주이다. 상법은 2020년 12월 29일 개정시 다중대표소송제도를 도입하였는데(19면), 모회사의 주주가 자회사의 이사의 책임을 추궁하기 위한 것이다. 이는 자회사뿐만 아니라 손자회사까지 확대하였으므로, "다중"이라 표현한다. 이 제도는 미국의 판례법에서 인정하는 이중대표소송제도와 일본 회사법에 규정한 다중대표소송제를 참조한 것이다; 이철송, 『회사법』 (2023), 858~859면.

207) 미국 판례법상 지배·종속관계에 있는 회사들 간에 인정되고 있는 제도를 새로이 도입하므로 과도하게 적용범위를 확장할 수 없고, 상법상 지배·종속관계의 판단기준인 모자회사관계로 한정하여 기업의 부담을 경감해 주고 있다. 미국 판례법은 지배·종속관계의 판단기준으로 주식소유비율을 가장 중요한 요소로 보며 나아가 임

⑤ 자회사 이사의 자회사 주주에 대한 책임

자회사 이사의 자회사 주주에 대한 책임문제는 현행 상법상의 이사의 회사와 주주에 대한 책임의 법리가 그대로 적용된다.[208]

(다) 금융지배법상 임원의 의무

① 책무구조도의 마련과 준수[209]

금융회사의 **대표이사등**은 내부통제 및 위험관리(이하 "내부통제등"이라 한다) 의무를 이행하여야 하는 임원과 임원의 직책별로 금융지배법, 상법, 형법, 금융관계법령 및 그 밖에 대통령령으로 정하는 금융 관련 법령에서 정한 사항으로서 대통령령으로 정하는 책무를 배분한 문서(이하 "책무구조도"라고 한다)를 마련하여야 한다(제30조의3 제1항). 책무구조도는 다음의 요건을 갖추어야 한다(제30조의3 제2항).

ⓛ 책무별로 담당하는 임원이 반드시 존재할 것

원의 겸임여부, 자금조달 관계 등을 종합적으로 고려하여 실질적인 영향력 행사여부를 판단하여 결정한다; 나승성, 『금융지주회사법』(2007), 184~185면.

208) 나승성, 『금융지주회사법』(2007), 185면.

209) 이는 2024년 1월 2일 개정시 신설되었으며, 2024년 7월 3일 시행한다.

② 책무별로 담당하는 임원이 복수로 존재하지 아니할 것

③ 위 ① 및 ②에 준하는 요건으로서 내부통제등의 효과적 작동을 위하여 대통령령으로 정하는 요건.

대표이사등이 책무구조도를 마련하려는 경우에는 **이사회의 의결**을 거쳐야 한다(제30조의3 제3항).210) 금융회사는 대표이사등이 마련한 책무구조도를 **금융위원회에 제출**하여야 하며(제30조의3 제4항), 금융위원회는 제출된 책무구조도가 다음의 어느 하나에 해당하는 경우에는 책무구조도의 기재내용을 정정하거나 보완하여 제출할 것을 요구할 수 있다(제30조의3 제5항).

① 형식을 제대로 갖추지 아니한 경우

② 중요사항을 누락한 경우

③ 기재내용이 불분명한 경우

④ 위 ①부터 ③까지에 준하는 사항으로서 금융위원회가 정하여 고시하는 사항.

이상의 내용은 제출된 책무구조도의 기재내용에 대통령령으로 정하는 **변경이 있는 경우**에도 적용한다(제30조의3 제6항).

---

210) 다만, 외국금융회사의 국내지점의 경우에는 대통령령으로 정하는 절차에 따른다.

② 내부통제등 관리의무[211]

금융회사의 대표이사등은 내부통제등의 전반적 집행 및 운영에 대한 최종적인 책임자로서 다음의 총괄적인 관리조치를 실효성 있게 하여야 한다(제30조의4 제1항).

① 내부통제등 정책·기본방침 및 전략의 집행·운영
② 임직원이 법령 및 내부통제기준등을 준수하기 위하여 필요한 인적·물적 자원의 지원 및 그 지원의 적정성에 대한 점검
③ 임직원의 법령 또는 내부통제기준등 위반사실을 대표이사등이 적시에 파악할 수 있도록 하기 위한 제보·신고 및 보고 등에 대한 관리체계의 구축·운영
④ 각 임원이 관리의무를 적절하게 수행하고 있는지 여부에 대한 점검
⑤ 임직원의 법령 또는 내부통제기준등 위반을 초래할 수 있는 대통령령으로 정하는 잠재적 위험요인 또는 취약분야에 대한 점검
⑥ 임직원의 법령 또는 내부통제기준등 위반이 장기화 또는 반복되거나 조직적으로 또는 광범위하게 이루어지는 것을 방지하기 위한 조치로서 대통령령으로 정하는 조치
⑦ 위 ①부터 ⑥까지 및 ⑧에 따른 관리조치를 하는 과정에서 알게 된 법령 및 내부통제기준등의 위반사항이나 내부통제등에 관한 미흡한 사항에 대한 시정·개선 등 필요한 조치
⑧ 그 밖에 내부통제등의 효과적 작동을 위한 대통령령으로 정하는 조치.

금융회사의 대표이사등은 다음의 사항에 관하여 이사회에 보고하여야 한다(제30조의4 제2항).

---

[211] 이는 2024년 1월 2일 개정시 신설되었으며, 2024년 7월 3일 시행한다.

① 관리조치의 내용과 결과
② 관리조치를 수행하는 과정에서 알게 된 내부통제등에 관한 중요한 사항
③ 임원이 보고하는 사항 중 중요한 사항
④ 위 ① 및 ②에 준하는 사항으로서 대통령령으로 정하는 사항.

　　금융회사의 임원[212)]은 책무구조도에서 정하는 자신의 책무와 관련하여 내부통제등이 효과적으로 작동할 수 있도록 다음의 관리조치를 하여야 한다(제30조의2 제1항).[213)]

① 금융지배법 및 금융관계법령에 따른 내부통제기준 및 위험관리기준(이하 "내부통제기준등"이라 한다)이 적정하게 마련되었는지 여부에 대한 점검
② 내부통제기준등이 효과적으로 집행·운영되고 있는지 여부에 대한 점검
③ 임직원이 법령 또는 내부통제기준등을 충실하게 준수하고 있는지 여부에 대한 점검
④ 위 ①부터 ③까지에 따른 점검 과정에서 알게 된 법령 및 내부통제기준등의 위반사항이나 내부통제등에 관한 미흡한 사항에 대한 시정·개선 등 필요한 조치
⑤ 위 ①부터 ④까지에 따른 조치에 준하는 조치로서 내부통제등의 효과적 작동을 위하여 대통령령으로 정하는 관리조치.

　　금융회사의 임원은 다음의 사항에 관하여 대표이사[214)]에게

---

212) 해당 금융회사의 책무에 사실상 영향력을 미치는 다른 회사 임원을 포함하며, 금융회사의 자산규모, 담당하는 직책의 특성 등을 고려하여 대통령령으로 정하는 임원을 제외하거나 대통령령으로 정하는 직원을 포함한다. 이하 제30조의2, 제30조의3 및 제35조의2에서 같다.

213) 이는 2024년 1월 2일 개정시 신설되었으며, 2024년 7월 3일 시행한다.

214) 상법에 따른 집행임원을 둔 경우에는 대표집행임원, 외국금융

보고하여야 한다(제30조의2 제2항).

① 위 ①부터 ⑤까지에 따른 관리조치의 내용과 결과
② 위 ①부터 ⑤까지에 따른 관리조치를 수행하는 과정에서 알게 된 내부통제등에 관한 사항
③ 위 ① 및 ②에 준하는 사항으로서 대통령령으로 정하는 사항.

2. 금융지주회사의 업무

가. 업무의 범위

(1) 주업무와 부수업무

금융지주회사는 **자회사의 경영관리업무**와 그에 **부수하는 업무**로서 대통령령이 정하는 업무를 제외하고는 영리를 목적으로 하는 다른 업무를 영위할 수 없다(제15조). 그리고 경영관리업무와 부수업무 중 "대통령령이 정하는 업무"는 다음 〈표 17〉과 같다(영 제11조 제1항).

이처럼 금융지주회사의 업무를 금융그룹의 영업전략 수립 및 자회사 영업전략 간의 조정 등 자회사의 경영관리 업무와 이와 관련된 부수업무로 한정한 것은 사업지주회사가 아닌

회사의 국내지점의 경우 그 대표자를 포함하며, 이하 "대표이사등"이라 한다.

순수지주회사를 허용한다는 의미이다. 금융지주회사는 직접
사업은 하지 않고 자회사를 통한 간접적 사업을 수행하므로,
업무의 핵심은 자회사의 경영관리이다. 자회사 등의 경영관
리 업무는 그룹전체의 이익극대화를 위해 수익창출이나 리스
크관리체제 구축 등 그룹전체의 경영을 주도하는 업무이다.

〈표 17〉 금융지주회사의 업무

구 분	업무의 내용
경영관리에 관한 업무	① 자회사등에 대한 사업목표의 부여 및 사업계획의 승인 ② 자회사등의 경영성과의 평가 및 보상의 결정 ③ 자회사등에 대한 경영지배구조의 결정 ④ 자회사등의 업무와 재산상태에 대한 검사 ⑤ 자회사등에 대한 내부통제 및 위험관리 업무 ⑥ 위 ①부터 ⑤까지의 업무에 부수하는 업무
경영관리에 부수하는 업무	① 자회사등에 대한 자금지원(금전·증권 등 경제적 가치가 있는 재산의 대여, 채무이행의 보증, 그 밖에 거래상의 신용위험을 수반하는 직접적·간접적 거래를 포함한다) ② 자회사에 대한 출자 또는 자회사등에 대한 자금지원을 위한 자금조달 ③ 자회사등의 금융상품의 개발·판매를 위한 지원, 그 밖에 자회사등의 업무에 필요한 자원의 제공 ④ 전산, 법무, 회계 등 자회사등의 업무를 지원하기 위하여 자회사등으로부터 위탁받은 업무 ⑤ 그 밖에 법령에 의하여 인가·허가 또는 승인 등을 요하지 아니하는 업무

그리고 위 "경영관리에 부수하는 업무" 중 자회사에 대한 지원 업무(③과 ④)의 구체적인 내용은 다음 〈표 18〉과 같다 (영 제11조 제2항 및 별표3). 부수업무는 주로 금융지주회사가 자회사 등의 후선업무를 담당함으로써 비용측면의 시너지 효과를 제고한다.

〈표 18〉 금융지주회사의 자회사에 대한 지원 업무

구 분	업무의 내용
자회사등의 금융상품의 개발·판매를 위한 지원, 그 밖에 자회사등의 업무에 필요한 자원의 제공	① 자회사등의 금융상품 개발·판매를 위한 기획·조사·분석 ② 자회사등과의 설비·전산시스템 등의 공동활용 등을 위한 지원 ③ 자회사등의 업무와 관련된 전산시스템 및 소프트웨어의 개발 및 제공 ④ 자회사등에 대한 상표권 및 특허권 등 지적재산권의 제공 ⑤ 업무용부동산의 소유 및 자회사등에 대한 임대 ⑥ 그 밖에 자회사등이 영업을 위하여 사용하는 재산의 소유 및 자회사등에 대한 제공
전산, 법무, 회계 등 자회사등의 업무를 지원하기 위하여 자회사등으로부터 위탁받은 업무	① 전산시설 등 전산 관련 업무 ② 인사관리 및 연수 ③ 총무업무 ④ 조사분석업무 ⑤ 법률 및 세무업무 ⑥ 회계관리업무 ⑦ 홍보업무 ⑧ 준법감시업무 ⑨ 내부감사업무 ⑩ 위험관리업무 ⑪ 신용위험의 분석·평가 ⑫ 그 밖에 위 ①부터 ⑪까지의 업무에 준하는 업무

(2) 자본금 및 정관 변경의 신고

금융지주회사는 자본금을 감소시키거나 정관을 변경하려는 때에는 **금융위원회에 미리 신고**하여야 한다(제6조의2 제1항 본문).

다만, 정관의 변경사항 중 금융위원회가 정하는 경미한 사항을 변경하는 때에는 변경한 날부터 7일 이내에 그 사실을 금융위원회에 보고하여야 한다(제6조의2 제1항 단서).

금융위원회는 신고를 받은 날부터 **14일 이내**에 신고수리 여부를 신고인에게 통지하여야 한다(제6조의2 제2항). 금융위원회가 위 기간 내에 신고수리 여부 또는 민원 처리 관련 법령에 따른 처리기간의 연장을 신고인에게 통지하지 아니하면 그 기간[215]이 끝난 날의 다음 날에 신고를 수리한 것으로 본다(제6조의2 제3항).

금융위원회는 신고받은 내용이 관계 법령에 위반되거나 금융지주회사의 경영의 건전성을 훼손할 우려가 있는 경우에는 해당 금융지주회사에 **시정하거나 보완**할 것을 권고할 수 있다(제6조의2 제4항).

나. 내부통제 및 위험관리 등

금융회사는 법령을 준수하고, 경영을 건전하게 하며, 주주

---

215) 민원 처리 관련 법령에 따라 처리기간이 연장 또는 재연장된 경우에는 해당 처리기간을 말한다.

및 이해관계자 등을 보호하기 위하여 금융회사의 임직원이 직무를 수행할 때 준수하여야 할 기준 및 절차(내부통제기준)를 마련하여야 한다(제24조 제1항).

그러나 **금융지주회사**가 금융회사인 자회사등의 내부통제기준을 마련하는 경우 그 자회사등은 내부통제기준을 마련하지 아니할 수 있다(제24조 제2항). 이에 관한 사항은 뒤(213면)에서 상세히 설명하였다.

다. 신용공여의 제한

(1) 동일차주에 대한 신용공여의 제한

동일차주216)에 대한 금융지주회사217) 및 자회사등(이하 이 조에서 "금융지주회사등"이라 한다)의 신용공여의 합계액은 금융지주회사등의 자기자본의 순합계액의 **100분의 25**를 초과할 수 없다(제45조 제1항 본문).

그러나 다음의 1에 해당하는 경우로서 대통령령이 정하는 경우에는 그러하지 아니하다(제45조 제1항 단서).

① 국민경제를 위하여 또는 금융지주회사등의 채권확보의 실효성확보를 위하여 필요한 경우
② 금융지주회사등이 추가로 신용공여를 하지 아니하였음에도 불구하

---

216) 은행법 제35조 제1항의 규정에 의한 동일차주를 말한다.
217) 다른 금융지주회사에 의하여 지배받는 금융지주회사를 제외한다.

고 자기자본의 변동, 동일차주의 변동 등으로 인하여 본문의 규정에 의한 한도를 초과하게 되는 경우.

동일한 개인이나 법인 각각에 대한 금융지주회사등의 신용공여의 합계액은 금융지주회사등의 자기자본의 순합계액의 **100분의 20**을 초과할 수 없다(제45조 제2항 본문).

그러나 다음의 1에 해당하는 경우로서 대통령령이 정하는 경우에는 그러하지 아니하다(제45조 제2항 단서).

① 국민경제를 위하여 또는 금융지주회사등의 채권확보의 실효성확보를 위하여 필요한 경우
② 금융지주회사등이 추가로 신용공여를 하지 아니하였음에도 불구하고 자기자본의 변동, 동일차주의 변동 등으로 인하여 본문의 규정에 의한 한도를 초과하게 되는 경우.

금융지주회사의 의결권있는 발행주식총수의 100분의 10을 초과하는 주식을 보유하는 동일인에 대한 금융지주회사등의 신용공여의 합계액은 금융지주회사등의 자기자본의 순합계액의 **100분의 25**의 범위안에서 대통령령이 정하는 방법에 의하여 산정한 금액을 초과할 수 없다(제45조 제3항 본문).

그러나 다음의 1에 해당하는 경우로서 대통령령이 정하는 경우에는 그러하지 아니하다(제45조 제3항 단서).

① 국민경제를 위하여 또는 금융지주회사등의 채권확보의 실효성확보를 위하여 필요한 경우

② 금융지주회사등이 추가로 신용공여를 하지 아니하였음에도 불구하고 자기자본의 변동, 동일차주의 변동 등으로 인하여 본문의 규정에 의한 한도를 초과하게 되는 경우.

금융지주회사등은 위 ②의 사유로 한도를 초과하게 되는 경우에는 당해 한도가 초과하게 된 날부터 **1년 이내에** 대통령령이 정하는 바에 따라 당해 한도에 적합하도록 하여야 한다(제45조 제4항 본문). 다만, 대통령령이 정하는 부득이한 사유에 해당하는 경우에는 금융위원회가 그 기간을 정하여 연장할 수 있다(제45조 제4항 단서).

(2) 주요출자자에 대한 신용공여 제한

은행지주회사등218)이 그 은행지주회사의 주요출자자219)에게 할 수 있는 신용공여의 합계액은 당해 은행지주회사등의 자기자본의 순합계액의 **100분의 25**의 범위안에서 대통령령이 정하는 비율에 해당하는 금액과 그 주요출자자의 당해 은행지주회사에 대한 출자비율에 해당하는 금액중 적은 금액을 초과할 수 없다(제45조의2 제1항 본문). 그러나 다음의 1에 해당하는 경우로서 대통령령이 정하는 경우에는 그러하지 아니하다(제45조의2 제1항 단서).

① 국민경제를 위하여 또는 금융지주회사등의 채권확보의 실효성확보를 위하여 필요한 경우

---

218) 다른 은행지주회사에 의하여 지배받는 금융지주회사를 제외한다.
219) 그 특수관계인을 포함한다.

② 금융지주회사등이 추가로 신용공여를 하지 아니하였음에도 불구하고 자기자본의 변동, 동일차주의 변동 등으로 인하여 본문의 규정에 의한 한도를 초과하게 되는 경우.

은행지주회사등이 그 은행지주회사의 주요출자자 모두에게 할 수 있는 신용공여의 합계액은 당해 은행지주회사등의 자기자본의 순합계액의 **100분의 25**의 범위안에서 대통령령이 정하는 비율에 해당하는 금액을 초과할 수 없다(^{제45조의2}_{제2항}).

은행지주회사등은 신용공여한도를 회피하기 위한 목적으로 다른 은행지주회사등 또는 은행과 교차하여 신용공여를 하여서는 아니된다(^{제45조의2}_{제3항}).

은행지주회사등은 그 은행지주회사의 주요출자자에 대하여 대통령령이 정하는 금액 이상의 신용공여[220]를 하고자 하는 때에는 미리 재적이사 전원의 찬성으로 **이사회의 의결**을 거쳐야 한다(^{제45조의2}_{제4항}).

은행지주회사등이 그 은행지주회사의 주요출자자에 대하여 대통령령이 정하는 금액 이상의 신용공여를 한 때에는 지체없이 그 사실을 **금융위원회에 보고**하고 컴퓨터통신 등을 이용하여 **공시**하여야 한다(^{제45조의2}_{제5항}). 그리고 은행지주회사의 주요출자자에 대한 신용공여에 관한 사항을 대통령령이 정하는 바에 따라 분기별로 컴퓨터통신 등을 이용하여 **공시**하여야 한다(^{제45조의2}_{제6항}).

---

220) 대통령령이 정하는 거래를 포함한다.

(3) 주요출자자 주식의 취득 제한

은행지주회사등은 자기자본의 순합계액의 **100분의 1**의 범위안에서 대통령령이 정하는 비율에 해당하는 금액을 초과하여 그 은행지주회사의 주요출자자가 발행한 주식221)을 취득222)하여서는 아니된다. 이 경우 금융위원회는 위 취득한도 이내에서 주식의 종류별로 취득한도를 따로 정할 수 있다(제45조의3 제1항).

은행지주회사의 주요출자자가 아닌 자가 새로 주요출자자가 됨에 따라 은행지주회사등이 위 한도를 초과하게 되는 경우 당해 은행지주회사등은 대통령령이 정하는 기간 이내에 그 한도를 초과한 주식을 처분하여야 한다(제45조의3 제2항).

은행지주회사등이 그 은행지주회사의 주요출자자가 발행한 주식을 대통령령이 정하는 금액 이상으로 취득하고자 하는 때에는 미리 **재적이사 전원의 찬성**으로 이사회의 의결을 거쳐야 한다(제45조의3 제3항).

은행지주회사등이 그 은행지주회사의 주요출자자가 발행한 주식을 대통령령이 정하는 금액 이상으로 취득한 때에는 지체없이 그 사실을 **금융위원회에 보고**하고 컴퓨터통신 등을 이용하여 **공시**하여야 한다(제45조의3 제4항). 은행지주회사등은 그 은행지주회사의 주요출자자가 발행한 주식의 취득에 관한 사항을

---

221) 출자지분을 포함한다.

222) 신탁업무에 의하여 취득하는 것을 포함한다.

대통령령이 정하는 바에 따라 분기별로 컴퓨터통신 등을 이용하여 **공시**하여야 한다(제45조의3 제5항).

은행지주회사등은 그 은행지주회사의 주요출자자가 발행한 주식의 의결권을 행사함에 있어 그 주요출자자 주주총회의 참석주식수에서 당해 은행지주회사등이 소유한 주식수를 차감한 주식수의 의결내용에 영향을 미치지 아니하도록 의결권을 행사하여야 한다(제45조의3 제6항 본문).

다만, 주요출자자의 합병, 영업의 양도·양수, 임원의 선임, 그 밖에 이에 준하는 사항으로서 당해 은행지주회사등에 손실을 초래할 것이 명백하게 예상되는 경우에는 그러하지 아니하다(제45조의3 제6항 단서).

(4) 주요출자자의 부당한 영향력 행사 금지

은행지주회사의 주요출자자는 당해 은행지주회사의 이익에 반하여 주요출자자 개인의 이익을 취할 목적으로 다음의 어느 하나에 해당하는 행위를 하여서는 아니된다(제45조의4).

① 부당한 영향력을 행사하기 위하여 당해 은행지주회사등에 대하여 외부에 공개되지 아니한 자료 또는 정보의 제공을 요구하는 행위[223]
② 경제적 이익 등 반대급부 제공을 조건으로 다른 주주와 담합하여 당해 은행지주회사등의 인사 또는 경영에 부당한 영향력을 행사하는 행위
③ 경쟁사업자의 사업활동을 방해할 목적으로 신용공여를 조기회수하도록 요구하는 등 은행지주회사등의 경영에 영향력을 행사하는 행위

---

223) 다만, 제42조 제5항의 규정에 해당되는 경우를 제외한다.

④ 그 밖에 위 ① 내지 ③에 준하는 행위로서 대통령령이 정하는 행위.

(5) 주요출자자에 대한 자료제출요구

금융위원회는 은행지주회사등 또는 그 은행지주회사의 주요출자자가 위 규정을 위반한 혐의가 있다고 인정할 때에는 은행지주회사등 또는 그 은행지주회사의 주요출자자에 대하여 필요한 **자료의 제출**을 요구할 수 있다(제45조의5 제1항).

금융위원회는 은행지주회사의 **주요출자자**(회사에 한한다)의 부채가 자산을 초과하는 등 **재무구조의 부실화**로 인하여 당해 은행지주회사등의 경영건전성을 현저히 저해할 우려가 있는 경우로서 대통령령이 정하는 경우에는 은행지주회사등에 대하여 그 은행지주회사의 주요출자자에 대한 신용공여의 제한을 명하는 등 대통령령이 정하는 **조치**를 할 수 있다(제45조의5 제2항).

라. 주식소유의 제한

(1) 비금융회사 주식소유 제한

금융지주회사는 금융지주회사법에 특별한 규정이 없는 한 **비금융회사의 주식**을 소유하여서는 아니 된다(제6조의3). 다만, 금융지주회사로 설립될 당시에 비금융회사의 주식을 소유하고 있는 때에는 금융지주회사로 설립된 날부터 2년간은 그 회사의 주식을 소유할 수 있다.

(2) 다른 회사 주식소유 제한

금융지주회사는 **자회사등이 아닌 회사**의 발행주식총수의 100분의5 이내에서 다른 회사의 주식을 소유할 수 있다 (제44조 제1항 본문). 다만, 당해 주식의 소유가 공정거래법 제8조의2 제2항 제3호 본문 또는 제4호에 해당하는 경우224)에는 그러하지 아니하다(제44조 제1항 단서).

금융지주회사가 다른 회사225)의 주식을 소유하는 경우 당해 금융지주회사는 그 다른 회사의 주주총회의 참석 주식수에서 금융지주회사가 소유한 주식수를 차감한 주식수의 의결내용에 영향을 미치지 아니하도록 의결권을 행사하여야 한다(제44조 제2항).

(3) 계열회사 주식소유 금지

금융지주회사는 자회사 외의 **계열회사의 주식**을 소유하여서는 아니 된다(제6조의4). 다만, 다음의 어느 하나에 해당하는 사유로 인하여 계열회사의 주식을 소유하고 있는 경우에는 그러하지 아니하다.

① 금융지주회사요건에 해당하게 된 당시에 계열회사의 주식을 소유하고 있는 경우로서 금융지주회사요건에 해당하게 된 날부터 2년 이내인 경우
② 주식을 소유하고 있지 아니한 계열회사를 자회사에 해당하게 하는

---

224) 은행지주회사가 동항 제4호에 해당하는 경우를 제외한다.

225) 금융기관 및 금융업과 밀접한 관련이 있는 회사를 제외한다.

과정에서 그 계열회사 주식을 소유하게 된 날부터 1년 이내인 경우(같은 기간 내에 자회사에 해당하게 된 경우에 한한다)
③ 자회사를 자회사에 해당하지 아니하게 하는 과정에서 당해 자회사가 자회사에 해당하지 아니하게 된 날부터 1년 이내인 경우.

마. 재무의 안정을 위한 조치

(1) 이익준비금의 적립

금융지주회사는 적립금이 자본금의 총액에 달할 때까지 결산순이익금을 배당할 때마다 그 **순이익금의 100분의 10 이상**을 적립하여야 한다(제53조).

(2) 영업실적의 공개

금융지주회사는 매 사업연도 개시일부터 3월간 · 6월간 · 9월간 및 12월간의 당해 금융지주회사등의 영업실적 및 재무상태 기타 대통령령이 정하는 사항을 기재한 업무보고서를 작성하여 각각 그 기간 경과후 1월 이내에[226) **금융감독원장에게 제출**하여야 한다(제54조제1항).

그리고 그 결산일부터 3월 이내에 금융위원회가 정하는 서식에 의하여 결산일 현재의 대차대조표, 당해 결산기의 손익계산서 및 외감법에 따른 연결재무제표 중 금융위원회가

---

226) 이 경우 금융감독원장은 부득이한 사유가 있다고 인정되는 때에는 업무보고서의 제출기한을 연장할 수 있다.

정하는 서류를 **공고**하여야 한다(제55조).227)

이상의 자료 제출과 공고는 금융감독원장 또는 금융위원회가 정하는 바에 따라 **전자문서**의 방법에 의할 수 있다(제55조의2). 그리고 자회사등의 예금자 및 투자자의 보호를 위하여 필요한 사항으로서 대통령령이 정하는 사항을 금융위원회가 정하는 바에 따라 **공시**하여야 한다(제56조).

(3) 금융위원회에 대한 보고

금융지주회사는 다음의 어느 하나에 해당하는 경우에는 지체없이 그 사실을 **금융위원회에 보고**하여야 한다(제61조).228)

① 임원이 변경된 경우
② 최대주주가 변경된 경우
③ 은행지주회사의 주요출자자가 변경된 경우
④ 대주주 또는 그의 특수관계인의 소유주식이 의결권 있는 발행주식 총수의 100분의 1 이상 변동된 경우
⑤ 상호를 변경한 경우
⑥ 해산사유가 발생한 경우
⑦ 금융지주회사 또는 그 자회사가 자회사 또는 손자회사를 지배하지 아니하게 된 경우
⑧ 기타 금융지주회사등의 경영의 건전성을 해할 우려가 있는 경우로서 대통령령이 정하는 경우.

---

227) 다만, 부득이한 사유로 3월 이내에 공고할 수 없는 서류에 대하여는 금융위원회의 승인을 얻어 그 공고를 연기할 수 있다.

228) 다만, 제8조 제2항에 따라 보고하는 경우에는 그러하지 아니하다.

바. 자회사의 경영부실에 대한 책임

(1) 문제의 제기

① 자회사가 파산 등 부실화되었을 때, **금융지주회사**의 책임 여부와 ② 자회사 등의 경영관리를 담당하였던 **금융지주회사 경영자**의 책임 여부가 문제된다.

현행 금융지주회사법상 금융지주회사는 순수지주회사로 규정되어 있는데, 이는 사업지주회사 형태의 금융지주회사를 허용할 경우 지주회사와 자회사 간의 이해상충 문제, 자회사의 경영부실이 금융지주회사의 경영부실로 직결되어 지주회사집단 전체의 안전을 해칠 수 있다는 점 등을 고려하여 사업지주회사를 배제한 것이다. 그런데 이와 같은 구조하에서 금융지주회사의 자회사 중 일부가 부실화한 경우 당해 지주회사는 어떤 책임을 부담할 것인가가 문제된다.

(2) 학설의 대립

금융지주회사는 자회사의 주주로서 상법상의 주주유한책임의 이익을 주장할 수 있으므로 자회사 부실화에 대하여 금융지주회사에게 소유주식의 가치상실 이외의 추가적 부담을 지우는 것은 주주유한책임의 원칙에 위배되는가의 문제인데, 이와 관련하여 **책임을 부정하는 입장**과 **책임을 긍정하는 입장**으로 견해가 나뉜다.

전자(前者)는 무한책임을 인정하면 주주들이 책임부담으로 인하여 경영자 감시에 과도한 감시비용을 지출해야 하므로 주주책임을 일정 한도로 제한해야 한다고 주장하고 있다.

현재 금융지주회사 경영진에 대하여는 상법상 업무집행지시자의 책임에 관한 규정의 적용이 가능한 경우 자회사 등의 부실화에 대한 책임을 물을 수 있다. 그러나 이 규정은 매우 일반적이어서 금융지주회사의 경영진에게 실제로 책임을 물을 수 있는 경우란 매우 적을 것이라고 생각된다.

금융지주회사의 경영진은 자회사에 대한 경영관리 및 그에 부수하는 업무를 수행함에 그치고 직접 사업을 행하는 것은 아니기 때문에, 일반 기업의 경우에 인정할 수 있는 업무집행지시자의 책임이라도 금융지주회사의 경영진에게 인정하기는 어려울 것이다.

이에 반하여 **후자**(後者)는 금융지주회사는 그러한 감시능력이 있고 지배권도 갖고 있으므로 반드시 유한책임에 그치는 것은 아니라고 주장한다. 특히 은행 자회사가 부실화된 경우에는 평소 은행의 지주회사는 예금보험제도의 혜택을 받고 있으므로 예금보험기금이 감소된 경우 이를 보완해야 할 책임이 있으며, 금융지주회사에게 자회사부실에 대하여 추가적인 책임을 부과하면, 자회사의 경영을 건전하게 유지하도록 하는 동인이 되며, 은행자회사가 획득한 자금을 지주회사가 과도하게 다른 계열회사에게 투입할 우려가 크므로, 이 폐해를 막기 위하여 금융지주회사에게 자회사 부실화의 책임을 부담시키는 것이 필요하다고 주장한다. 이 견해는 미국에서

정립된 **힘의 원천이론**(Source of Strength Doctrine)이 우리나라에서
도 이미 도입되었다고 주장하며 은행지주회사가 자회사 등의
채무에 대하여 책임을 부담하여야 한다고 주장하고 있다.229)

(3) 합리적 해석 방안

주주유한책임의 원칙을 기본으로 하고 극히 예외적으로만
법인격부인론에 의하여 주주의 책임을 인정하고 있는 우리
법제에서 해외에서 인정하고 있는 이론을 근거로 금융지주회
사의 책임을 확대할 수 있을 것인가에 대하여는 보다 신중한
접근이 필요하다.

미국의 힘의 원천이론 등에 기초하여 은행지주회사에 대
하여 너무 폭넓은 책임을 부과한다면 금융지주회사의 설립을
제약하는 요인으로 작용할 우려가 있다. 다만, 우리나라에서
금융지주회사는 순수지주회사이고 주된 업무가 자회사 등의
지배 등 경영관리 및 이에 부수하는 업무여서 자회사 등의
사업계획수립이나 영업전략 수립 등에 깊이 관여할 수 있고,
이에 대하여 경영평가 및 성과보상 등을 통하여 자회사 등의

---

229) 우리나라 금융지주회사의 경우 경영계획의 수립, 경영평가 및
성과보상 등을 통하여 은행경영진에 대한 영향력을 행사하고 있으
며, 수익이나 자산규모에 있어서 은행에 대한 의존도가 80~90%에
이르고 있어서 사실상 은행의 경영에 깊이 개입하고 있다. 이와 같
은 상황에서 무리한 경영목표를 자회사 등에 부여하고, 자회사 등의
경영진에 대하여 인사권 등을 이용하여 목표의 달성을 압박한다면,
2008년 9월 이후 우리나라 은행들이 처하였던 위기 상황이 다시 올
수 있으므로, 자회사 등에 대한 금융지주회사의 경영진의 권한만 있
고 책임은 없는 상황에 대한 대응책이 필요하다는 주장이다.

경영에 매우 큰 영향을 미치고 있는 현실을 감안한다면, 자회사 등의 부실화가 초래되었을 때 그 원인이 금융지주회사 및 그 경영진에 있다는 특별한 사정이 있는 경우에는 책임을 물을 수 있을 것이다. 그리고 현행 법체제하에서 독립된 법인에 대한 직접적인 책임을 인정하기는 어려울 것이므로, 상법상 인정하고 있는 업무집행지시자의 책임과 관련하여 금융지주회사의 특성을 감안하여 구체적이고 세부적인 내용을 규정할 필요가 있다.[230]

그러나 이를 확대 해석하는 것은 우리나라 금융지주회사법은 순수지주회사만 인정하고 사업지주회사는 허용하지 않는 법의 취지에 어긋나게 된다. 현실이 지주회사가 자회사에 대하여 무리한 경영목표를 제시하는 등 문제가 있으면 이러한 잘못된 관행을 개선하여야 하며, 부당한 현실을 인정하고 금융지주회사에 대하여 책임을 부과하게 되면 지주회사는 사업지주회사로 변모하게 되어 금융의 자율성을 통하여 국제경쟁력을 확보하고자 하는 정신에 위배하게 된다.

---

230) 김동훈, "금융지주회사의 규제와 책임"(2002), 340면; 백정웅, "우리나라 금융지주회사법의 규제법리에 관한 비교법적 연구"(2008), 375~382면; 원동욱, "한국 금융지주회사의 법제 현황"(2010), 27~40면; 김주일, 『우리나라 금융지주회사 제도의 법제현황과 발전방향』(2013), 138~139면.

제3절 금융지주회사의 노동관계

1. 금융지주회사에서의 노동문제

가. 금융지주회사 체제하의 노동자

지주회사는 기존 회사를 토대로 주식의 양도, 주식의 포괄적 이전이나 교환, 영업의 양도 등을 통하여 설립하므로 그 설립과정에서 노동자의 승계 등의 문제가 발생하고,[231] 그 운영에 있어서도 채용, 배치전환, 해고 등의 문제가 발생하여 노동법상 많은 쟁점이 제기된다.

특히, 금융지주회사의 경영에 있어서 인사정책과 이에 관련된 노동법상의 문제점이 새로운 관심사항이 되고 있다. 예

---

231) 지주회사의 설립 및 자회사의 편입을 위하여 행해지는 거래, 즉 주식의 대량 양도, 주식의 포괄적 교환이나 이전, 영업양도 및 회사의 물적 분할과 이에 따른 합병 등과 관련한 근로관계의 승계 등이 주로 문제된다; 차두희·기영석·장경수, "지주회사와 노동법"(2018), 417면.

를 들면, 금융지주회사는 산하 자회사를 포함한 금융그룹 전
체의 직원을 대상으로 인사권을 행사할 수 있다. 따라서 직
원도 지주회사가 직접 채용하여 자회사에 배치시킬 수도 있
고, 자회사 상호간 및 지주회사와 자회사간에 인사를 교류시
킬 수도 있다. 이 경우 근로기준법, 단체협약, 취업규칙 그리
고 근로계약의 측면에서 문제된다.

금융지주회사는 자회사의 지배와 관리를 목적으로 한다.
이러한 목적을 수행하기 위하여는 자금의 조달과 공급 등 재
무관리뿐 아니라 채용, 이동, 배치, 승진 등 인사관리도 체계
적이고 효율적으로 이루어져야 한다.

그러나 금융지주회사법에는 금융지주회사의 임직원은 당
해 금융지주회사의 자회사 및 손자회사의 임원이 될 수 있도
록 하여 임원의 겸직을 허용하고 있을 뿐 금융지주회사의 인
사에 관한 규정은 전혀 없다.

따라서 금융지주회사의 인사관리와 임금, 복지 등 직원에
대한 근로조건의 설정과 실행 등 전반적인 사항은 노동법의
적용을 받을 수밖에 없는데, 노동법에도 이에 관한 구체적인
규정이 없으므로 노동법의 이념과 공정거래법과 금융지주회
사법에서 금융지주회사의 설립을 허용한 취지 등을 고려하여
해석할 수밖에 없다.[232]

---

232) 이하의 내용은 주로 박승두, "금융지주회사의 인사정책과 노동
법상의 문제점 고찰"(2000) 참조.

나. 금융지주회사의 주요 인사정책

(1) 채용, 승진, 해고

금융지주회사는 지주회사 자체의 직원은 직접 채용하는 것은 당연한 것이다. 그리고 자회사의 직원은 자회사가 직접 채용할 수도 있고, 주요 인사 등은 필요에 따라 지주회사가 채용하여 자회사에 배치할 수도 있다.[233]

최근에는 ① 자회사중 핵심기업이 채용하여 각회사에 배치하는 방법 ② 핵심기업과 각회사가 채용을 병행하는 방법 ③ 그룹채용과 각회사의 채용을 병행하는 방법 등 다양한 형태가 운용되고 있다.[234]

그리고 승진은 지주회사와 자회사에서 각각 실시하는 것이 원칙이다. 또한 해고는 근로계약에 특별한 약정이 있거나 전적 등의 경우를 제외하고 채용자가 행하는 것이 원칙이므로, 채용자인 금융지주회사 혹은 자회사가 행한다.

(2) 인사 교류

금융지주회사는 경영의 효율성 제고와 전문인력의 활용을

---

233) 사업회사별로 직원의 채용을 별도로 하게 되면 침체에 빠진 자회사의 경우 유능한 인재를 모집하는데 어려움이 있을 수도 있다고 본다; 삼성금융연구소, 『지주회사의 경영에 관한 연구』(1998), 68면.

234) 土田道夫, "純粹持株會社と勞動法上の諸問題"(1997), 10면.

위하여 그룹내 자회사간 인사교류를 행할 수 있다.

그리고 금융지주회사 산하의 자회사는 회사내 자체 인사 이동을 행할 수 있고, 타자회사와의 인사교류 필요성이 있는 경우 이러한 사항을 지주회사앞 요청하면 지주회사는 그 타당성을 검토한 후 행할 수 있다.

또한 근로자파견법[235)]에서 정하는 바에 의하여 파견근로를 행할 수도 있고, 출장근무 등을 행할 수도 있다.

(3) 연수 및 교육

금융지주회사는 그룹 차원의 연수 및 교육을 실시할 수도 있으며, 자회사는 자체 연수 및 교육을 실시할 수도 있다.

(4) 급여 및 복지

금융지주회사는 자회사별 급여 및 복지 가이드라인 설정하고, 자회사는 이 범위내에서 직원에 대한 급여 및 복지제도를 시행할 수 있다고 보아야 할 것이다.

이상의 내용을 요약하여 보면, 다음 〈표 19〉와 같다.

---

235) 이는 「파견근로자의 보호등에 관한 법률」을 말하며, 이하 "근로자파견법"이라 한다.

<표 19> 금융지주회사의 인사정책

구 분	금융지주회사	자회사
인사 원칙	그룹 인사정책의 수립, 자회사 정원관리	지주회사의 인사정책 및 정원 범위내에서 자체인사 실시
채용, 승진	지주회사의 직원 채용 및 주요 인사 채용후 자회사 배치가능, 승진은 자회사에서 실시	일반직원의 채용 및 배치, 승진 등
인사 교류	그룹내 인사 교류(지주회사와 자회사간, 자회사간)	자회사내 인사이동, 타자회사와의 인사교류 필요시 지주회사앞 요청
연수 교육	그룹 차원의 연수 및 교육	자회사내 연수 및 교육 지주회사의 가이드라인
급여 복지	자회사별 급여 및 복지 가이드라인설정	범위내에서 실시

2. 직원의 채용

가. 주요 사항

금융지주회사의 직원채용과 관련하여 문제되는 점은 ① 금융지주회사를 영업양도나 현물출자방식으로 설립하는 경우의 고용승계 여부 ② 다른 회사를 매수하여 자회사화하는 경우의 고용승계 여부 ③ 금융지주회사가 설립후 스스로 직원을 채용하는 방법 등 세 가지의 점이다.

나. 영업양도 및 현물출자시 고용승계 여부

(1) 의 의

지주회사의 설립방법중 가장 일반적인 것은 기존회사의 사업부문을 분리하여 새로 설립된 자회사에 이관하고 기존회사는 지주회사로 전환하는 방법이다.[236] 이 경우 기존회사의 사업부문은 각각의 자회사에 영업양도 내지는 현물출자하게 된다.

이 밖에도 여러 개의 회사가 자회사를 설립하여 각각의 사업부문을 영업양도하거나 현물출자한 후에 이를 합병하는 방법도 있다. 이런 방법들은 모두 영업양도 내지는 현물출자가 이루어진다는 점에서 공통점이 있다.

이 경우 문제되는 점은 영업양도 내지는 현물출자와 함께 기존회사의 노동자들과의 근로계약관계도 양수회사앞으로 승계되느냐 하는 점이다.[237] 만약 근로계약이 승계되지 않는다고 하면 근로계약은 노동자와 양도회사간에 존속하게 되고,

---

[236] 구파리바은행은 자산을 주요 자회사에게 양도하고 자신은 순수지주회사(Compagnie Financiére de Paribas)로 전환하였으며, 파리바은행, 자산운용사 등을 자회사로 두고 있다.

[237] 근로계약관계의 승계라는 관점에서 보면 영업양도와 현물출자는 기본적으로 차이는 없다고 본다.

양도회사가 사업활동을 하지 않게 될 경우에는 정리해고의 문제가 발생한다.[238]

(2) 학 설

영업양도로 인한 근로계약의 승계 여부에 관한 학설은 **당연승계설**과 **동의필요설**이 대립되고 있다.

전자(前者)는 양도회사와 양수회사간에 특별한 합의가 없더라도 근로계약은 당연히 승계된다는 견해이고, 후자(後者)는 근로계약을 승계하기 위해서는 그런 취지의 합의가 필요하다는 견해이다.

전자의 견해는 현대 기업에 있어서는 물적 시설과 노무가 유기적 조직체를 이루고 있으므로 사용자가 변경되더라도 근로계약관계는 특별히 변화되지 않으며, 기업은 존립을 위하여 노무관계의 계속을 필요로 한다고 한다. 따라서 민법상 사용자 권리의 일신전속성은 적용되지 않고, 영업양도의 합의 속에는 원칙적으로 근로계약관계를 포괄적으로 양도하는 취지의 합의가 내포되어 있다고 한다.[239]

이 설에 따르더라도 양도회사와 양수회사의 합의에 따라 근로계약관계를 승계하지 않기로 하는 것은 가능하지만, 노

---

238) 이러한 사안에서는 노동자에게 양수회사로의 전적을 요구하고, 이를 거부당한 경우에 정리해고를 하게 되겠지만, 전적을 거부한 것 자체가 정리해고를 정당화하는 이유는 되지 않는다고 하고 있다; 千代田化工建設事件, 日東京高判, 1993. 3. 31.

239) 籾山錚吾, "企業讓渡と勞動關係"(1995), 74면.

동조합원만을 배제하는 것은 불가능하며, 노조법 제81조 제1
호의 부당노동행위240)에 해당하게 된다. 또한 일본의 학설은

240) 제81조(부당노동행위) ① 사용자는 다음 각 호의 어느 하나에
해당하는 행위(이하 "不當勞動行爲"라 한다)를 할 수 없다. 1. 근로
자가 노동조합에 가입 또는 가입하려고 하였거나 노동조합을 조직
하려고 하였거나 기타 노동조합의 업무를 위한 정당한 행위를 한
것을 이유로 그 근로자를 해고하거나 그 근로자에게 불이익을 주는
행위 2. 근로자가 어느 노동조합에 가입하지 아니할 것 또는 탈퇴할
것을 고용조건으로 하거나 특정한 노동조합의 조합원이 될 것을 고
용조건으로 하는 행위. 다만, 노동조합이 당해 사업장에 종사하는
근로자의 3분의 2 이상을 대표하고 있을 때에는 근로자가 그 노동
조합의 조합원이 될 것을 고용조건으로 하는 단체협약의 체결은 예
외로 하며, 이 경우 사용자는 근로자가 그 노동조합에서 제명된 것
또는 그 노동조합을 탈퇴하여 새로 노동조합을 조직하거나 다른 노
동조합에 가입한 것을 이유로 근로자에게 신분상 불이익한 행위를
할 수 없다. 3. 노동조합의 대표자 또는 노동조합으로부터 위임을
받은 자와의 단체협약체결 기타의 단체교섭을 정당한 이유없이 거
부하거나 해태하는 행위 4. 근로자가 노동조합을 조직 또는 운영하
는 것을 지배하거나 이에 개입하는 행위와 근로시간 면제한도를 초
과하여 급여를 지급하거나 노동조합의 운영비를 원조하는 행위. 다
만, 근로자가 근로시간 중에 제24조제2항에 따른 활동을 하는 것을
사용자가 허용함은 무방하며, 또한 근로자의 후생자금 또는 경제상
의 불행 그 밖에 재해의 방지와 구제 등을 위한 기금의 기부와 최
소한의 규모의 노동조합사무소의 제공 및 그 밖에 이에 준하여 노
동조합의 자주적인 운영 또는 활동을 침해할 위험이 없는 범위에서
의 운영비 원조행위는 예외로 한다. 5. 근로자가 정당한 단체행위에
참가한 것을 이유로 하거나 또는 노동위원회에 대하여 사용자가 이
조의 규정에 위반한 것을 신고하거나 그에 관한 증언을 하거나 기
타 행정관청에 증거를 제출한 것을 이유로 그 근로자를 해고하거나
그 근로자에게 불이익을 주는 행위 ② 제1항 제4호단서에 따른 "노
동조합의 자주적 운영 또는 활동을 침해할 위험" 여부를 판단할 때
에는 다음 각 호의 사항을 고려하여야 한다. 1. 운영비 원조의 목적
과 경위 2. 원조된 운영비 횟수와 기간 3. 원조된 운영비 금액과 원

여성만을 배제하는 등 사회적으로 정당한 이유가 없는 합의
도 일본 민법 제90조[241] 위반으로서 무효가 된다고 해석한
다.[242]

그리고 **후자**의 견해는 ① 상법상 회사의 합병시에는 권리
의무관계가 포괄승계된다는 규정[243]을 두고 있지만, 영업양
도에 관하여는 이러한 규정이 없다는 점 ② 노동자에게도 기
업을 선택할 자유가 있다는 점 등을 이유로 근로관계가 당연
히 승계되는 것은 아니고 승계에는 영업양도의 당사자간 뿐
만 아니라 노동자의 동의도 필요로 하다는 것이 일본의 통설
이다.[244]

이 설에 따르더라도 기업이 그 일부를 영업양도에 의하여
별개의 회사로 설립하는 경우에는 양자간에 노동자의 포괄승
계의 합의를 한 것으로 볼 수 있을 것이라고 한다.[245]

조방법 4. 원조된 운영비가 노동조합의 총수입에서 차지하는 비율
5. 원조된 운영비의 관리방법 및 사용처 등.

241) 이는 우리 민법 제103조(반사회질서의 법률행위)에 해당하는 규정
이다.

242) 양수회사와 해산한 양도회사간에 실질적인 동일성이 있는 경
우에는 법인격부인의 법리를 적용하는 편이 적절하다; 和田 肇, "企
業の組織變動と勞動關係"(1997), 113면.

243) 상법은 합명회사에 관하여 "합병후 존속한 회사 또는 합병으
로 인하여 설립된 회사는 합병으로 인하여 소멸된 회사의 권리의무
를 승계한다"(제235조)고 규정하고, 이를 주식회사(제530조)와 유한
회사(제603조)에 준용하고 있다.

244) 夏本信行, "企業變動·倒産と勞動契約"(1982), 41면; 菅野和夫,
『勞動法』(2013), 542면.

어떤 입장이든 영업양도로 인한 근로관계의 승계는 사용자의 변경을 수반한 것이므로 노동자의 동의가 필요하다. 그러나 모든 노동자들로부터 동의를 개별적으로 받는 것은 번잡하므로 영업양도에 의해 근로계약이 승계된다는 취지와 그 조건을 노동자측에 주지시키고 이에 대하여 특별한 이의가 없으면 동의한 것으로 간주하여도 무방하다 할 것이다.246)

(3) 판 례

이 점에 관한 일본 최고재판소의 판례는 없고 하급심 판례는 나뉘어져 있으나, 당연승계설을 지지하는 판례가 다수이다.247)

우리나라의 판례는 "영업이 포괄적으로 양도되면 반대의 특약이 없는 한 양도인과 노동자간의 근로관계도 원칙적으로 양수인에게 포괄적으로 승계된다" 는 원칙승계설을 취하고 있다.248)

---

245) 菅野和夫, 『勞動法』(2013), 545면.

246) 山川隆一, "持株會社と勞動法"(1998), 72면.

247) 潘磨鐵鋼事件, 日大阪高判, 1963.3.26.

248) 영업이 포괄적으로 양도되면 반대의 특약이 없는 한 양도인과 노동자간의 근로관계도 원칙적으로 양수인에게 포괄적으로 승계된다 할 것이고, 영업양도 당사자 사이에 근로관계의 일부를 승계의 대상에서 제외하기로 하는 특약이 있는 경우에는 그에 따라 근로관계의 승계가 이루어지지 않을 수 있으나, 그러한 특약은 실질적으로 해고나 다름이 없다 할 것이므로, 근로기준법 제27조 제1항 소정의 정당한 이유가 있어야 할 것이며, 영업양도 그 자체만을 사유로 삼아 노

우리나라의 판례를 보면, 기업이 영업의 일부를 출자하여 자회사를 설립하면서 그 출자된 영업에 속한 노동자뿐만 아니라 다른 영업 부문에 속한 노동자의 일부도 자회사에 전적시킨 경우, 출자된 영업이 아닌 다른 부분에 근무하는 노동자가 종전의 모기업에서 퇴직하여 퇴직금을 수령하고 자회사에 입사하는 형식을 취하였다면, 이는 기업그룹 내의 계열기업 사이의 전적과 같다고 할 것이어서, 당사자 사이에 종전의 근로관계를 승계하기로 하는 특약이 있거나 이적하게 될 자회사의 취업규칙 등에 종전의 기업에서의 근속기간을 통산하기로 하는 등의 특별한 사정이 없는 한, 당해 노동자의 종전 기업과의 근로관계는 단절되는 것이고, 이적하게 될 자회사가 당해 노동자의 종전 기업과의 근로관계를 승계하는 것이 아니라고 한다.[249]

따라서 기존 회사의 사업을 분사하여 새로운 자회사를 설립하고, 기존 회사의 직원이 새로운 자회사로 전적한 경우 기존에 발생한 퇴직금을 수령하였다면, 새로운 회사에서의 퇴직금 지급에 관한 근속기간은 재입사 시점부터 진행한다고 보아야 한다.[250]

동자를 해고하는 것은 정당한 이유가 있는 경우에 해당한다고 볼 수 없다; 대법원 1995. 9. 29 선고 94다54245 판결; 대법원 1994. 6. 28 선고 93다33173 판결; 대법원 1991. 11.12 선고 91다12806 판결.

249) 대법원 1997. 7. 8 선고 96다38438 판결.

250) 판례는 특히 회사가 이로 인하여 근로기준법을 잠탈할 목적이 있다든가 신의칙이나 사회정의 및 형평에 반한 것이라는 비난가능성이 인정되지 않는 이상, 위 퇴직의 의사표시는 자발적인 의사에서

그리고 회사분할의 경우에도 노동자의 이해와 협력을 구하는 절차를 거치는 등 절차적 정당성을 갖춘 경우에는 해당 노동자의 동의를 받지 않더라도 신설회사에 승계되는 것이 원칙이고 다만 해고의 제한 등 노동자 보호를 위한 법령 규정을 잠탈하기 위한 방편으로 이용하는 등 특별한 사정이 있는 경우에는 해당 노동자가 승계를 거부할 수 있다.[251]

그러나 노동자가 모회사로부터 자회사로, 다시 자회사로부터 모회사로 전출되는 경우에 노동자가 자의에 의하여 계속근로관계를 단절할 의사로써 모회사 또는 자회사에 사직서를 제출하고 퇴직금을 지급받은 다음 자회사 또는 모회사에 다시 입사하였다면 전자와의 근로관계는 일단 단절될 것이지만, 그것이 노동자의 자의에 의한 것이 아니라 모회사의 경영방침에 의한 일방적인 결정에 따라 퇴직과 재입사의 형식을 거친 것에 불과하다면 이러한 형식을 거쳐서 퇴직금을 지급받았더라도 노동자에게 근로관계를 단절할 의사가 있었다고 할 수 없고 따라서 계속근로관계도 단절되지 않는다.[252]

그리고 영업양도와 동시에 전적조치한 경우 이에 반대하는 노동자를 해고할 수 있느냐 하는 문제가 있는데, 이는 뒤 (186~197면)의 해고에 관한 사항에서 설명하기로 한다.

한 법률행위로 봄이 상당하므로 위 퇴직 및 재입사가 통정허위표시이거나 근로기준법 위반으로 무효로 볼 수 없다; 대법원 1993. 6. 11 선고 92다19316 판결.

251) 대법원 1997. 3. 28. 선고 95다51397 판결.

252) 대법원 2013. 12. 12. 선고 2012다102124 판결.

다. 사업자회사의 매수시 고용승계 여부

(1) 의 의

지주회사를 설립하는 또 하나의 방법은 다른 회사를 매수하여 자회사로 하고 그 회사에 모회사의 사업부문을 양도하는 방법이다. 이 경우 피매수회사 종업원의 근로관계가 어떠한 영향을 받는가 하는 문제가 발생한다.

(2) 해고 가능여부

회사의 매수는 회사 주식의 소유관계가 변하는 것뿐이므로 회사와 종업원과의 근로계약관계는 매수후에도 존속하게 된다. 미국 등지에서는 기업매수시 인원삭감이나 근로조건을 변경할 때가 있지만, 그렇다고 당연은 것은 아니다. 미국에서 사용자는 고용기간의 규정이 없는 노동자를 자유로 해고할 수 있다는 판례법을 유지하고 있는 주가 많으므로,[253] 인원삭감이나 근로조건을 변경하기 쉽다.[254]

그러나 우리나라에서 노동자의 해고는 사회적으로 타당한 이유가 없는 한 해고권의 남용으로서 무효가 된다. 해고의

---

253) 고용상 차별이나 부당노동행위는 엄격하게 금지되고 있다.

254) 미국에서는 해고가 자유롭기 때문에 근로조건의 변경에 따르지 않는 노동자는 해고할 수 있으므로 근로조건의 변경도 용이하게 된다.

타당한 이유란 종업원의 취업규칙위반 등의 경우나, 회사가 경영위기에 빠져 정리해고를 시키지 않으면 안되는 경우를 가리키므로 기업매수가 행해졌다는 것만으로는 해고가 타당한 이유가 되지 않는다고 여겨진다.[255]

라. 금융지주회사의 직원채용

(1) 의 의

금융지주회사와 자회사가 그룹을 형성하면, 종업원의 채용도 그룹차원에서 행해질 때가 있다. 이러한 그룹 채용시 종업원과 근로계약을 체결하는 당사자는 누구인가 하는 문제가 생길 수 있다.

(2) 금융지주회사가 고용주가 되는 경우

이는 지주회사가 그룹의 중추로서 종업원의 채용과 근로계약의 체결을 행하고, 지주회사가 일단 고용주가 된 후에 종업원을 각 개별자회사로 발령하여 근무하게 하는 형태이다.[256]

---

255) 매수한 회사에 대해서 지주회사가 영업을 양도하는 경우에는 양도후에 근로조건을 통일할 필요성이 생길 수 있다. 이에 관하여는 합병의 경우에 준하여 생각하면 될 것으로 본다.

256) 일본에서는 이러한 근무형태를 出向(しゅっこう)라 하는데 우리나라에서는 특별한 표현이 없어 일단 「배치근무」라 부르기로 한다. 일반적으로 배치란 회사에서 직원을 채용한 후 회사내의 특정부

그러나 이 경우에는 종업원의 동의 등 배치근무명령에 대한 근로계약상의 근거가 있어야 한다. 종업원 본인의 개별적인 동의를 얻을 수 없는 경우에는 취업규칙이나 단체협약상 배치근무명령의 근거규정에 따를 수 있는지의 여부가 문제된다.

이에 관하여 일본의 판례는 배치근무조건을 명시하고, 출장근무로 인하여 임금이나 퇴직금이 줄어들지 않도록 하는 등, 종업원의 이익을 배려하는 구조가 정비되어 있는 사안에서는 배치근무명령이 유효하다고 한다. 그러나 종업원을 전적시킬 경우에는 후술한 바와 같이 특별한 경우를 제외하고 본인의 개별적인 동의가 필요하다고 할 것이다.

일본의 경우에도 기존의 출향근무는 어느 회사에 근무하다가 동일 그룹내의 다른 회사로 옮겨서 근무하는 형태를 말하는 것이었으나, 이는 지주회사에서 채용후 즉시 특정의 자회사에서 근무하게 한다는 점에서 기존의 출향근무와 차이가 있다.

따라서 이 경우에도 직업안정법 제44조에서 말하는 「근로자공급」으로서 위법의 여부에 문제가 될 수 있지만,257) 직안법상 금지되는 것은 「직업으로서」 행해진 근로자공급이므로, 지주회사가 출장근무 자체를 업무로 하는 경우를 제외하

서에 발령하여 근무하게 하는 인사명령을 말하지만, 이 경우에도 그 범위가 한 회사내에 한정되는 것이 아니고 그룹전체의 회사로 확대된다는 점에서 차이가 있지만, 채용후 특정업무를 전담하게 한다는 점에서 기존의 배치와 동일하므로 「배치근무」라 부르기로 한다.

257) 安西 愈, "企業グループと人材移動"(1997), 110면.

면 위법은 아니라고 한다.258)

그러나 근무처가 고용주와 다른 점은 중요한 계약내용이
므로, 채용시 그 취지를 명시하는 것이 필요하다고 여겨진다.
아무튼 출향근무의 경우는 출향근무처가 최종적으로 고용주
로서의 책임을 지게 되므로 순수지주회사가 이 형태를 이용
하는 일은 그다지 많지는 않을 것이다.

(3) 자회사가 고용주가 되는 경우

금융지주회사가 그룹채용방식을 취하더라도 자회사가 필요
로 하는 모든 직원을 지주회사가 채용할 수는 없으므로, 각각
의 자회사가 종업원과 근로계약을 체결하는 경우가 있다. 이
경우는 일단 각 자회사가 종업원을 채용한 후에 지주회사가
세운 기본적인 인사방침 등에 따라 그룹내의 특정 회사에서
근무하게 하는 형태를 말한다.259)

지주회사체제에 있어서는 일반적으로 자회사가 직원을 채
용하더라도 지주회사의 인지도나 인적자원을 활용하기 위해
지주회사가 자회사의 근로자 모집을 대행한다고 여겨진다.
그러나 직안법상 근로자의 모집을 타인에게 위탁하려면 노동
부장관의 허가가 필요하다(직안 제37조 제1항).

---

258) 山川隆一, "持株會社と勞動法"(1998), 69면.

259) 이도 직안법상의 「직업소개」에 해당할 수 있지만, 이도 위의
지주회사가 채용하여 자회사에 배치근무시키는 경우와 마찬가지로
「직업으로서」의 요건이 결여되어 위법이라고 할 수는 없을 것이다.

3. 인사교류

가. 의 의

금융지주회사를 중추로 하는 그룹내에서 인재를 상호활용할 필요가 있을 경우에는 교류근무나 전적을 이용하게 된다. 앞(174~176면)에서 본 바와 같이 지주회사가 채용한 직원을 자회사에서 근무하게 하려면 종업원 본인의 개별적인 동의를 얻든지, 배치근무 조건을 명시하고 배치근무로 인해 임금이나 퇴직금이 줄어들지 않도록 하는 등 종업원의 이익을 배려하는 구조를 정비한 후에 취업규칙이나 단체협약상의 규정을 토대로 배치근무를 명령하는 방법을 이용할 수 있다.

또한 지주회사에서 자회사로의 교류근무[260]가 있는데 이에는 지주회사의 임원이나 직원이 자회사의 임원으로 취임하는 이른 바 임원교류근무가 빈번히 발생할 수 있다. 임원은 주주총회에서 선임되어 회사와 위임계약을 체결하는 것이지만,

---

[260] 일본에서는 처음 채용시 뿐만 아니라 지주회사에 근무하다가 자회사로 근무지를 이동하는 경우와 자회사에서 자회사로 이동하는 근무형태를 모두 출향(しゅっこう)라 한다. 그러나 여기서는 처음 채용후 자회사앞 인사발령하는 행위를 「배치」라 하고, 자신이 근무하는 회사에서 다른 회사로 이동시키는 행위를 「교류근무」라 한다. 그리고 이를 현근무회사의 입장에서는 「전출」이 되고, 새로운 근무처의 입장에서는 「전입」이라고 한다.

일반 직원의 교류근무는 현재 근무하는 회사와의 근로계약의 일부를 새로 근무하게 되는 회사로 양도하는 것이므로, 교류근무로 인해 위임계약이 성립한다고는 보지 않는다.[261]

나. 전출명령

금융지주회사 또는 자회사가 직원을 다른 회사로 전출시키기 위하여는 어떤 절차를 거쳐야 하느냐 하는 것이 문제된다. 이에 관하여는 ① 본인의 동의가 있거나 ② 취업규칙·단체협약 등에 규정이 있는 경우에는 전출이 허용된다는 것이 일본의 통설 및 판례의 입장이다.[262]

이에 관한 처음의 판례는 전출과 이동을 엄격히 구별하는 입장을 취하여 회사가 노동자를 전출시키기 위하여는 본인의 동의 혹은 법률상 정당화할 수 있는 특별한 사정이 있는 경우에 한하여 인정하였다. 그 후 이를 완화하여 취업규칙, 포괄적 합의 등도 인정되었다. 특히 회사가 분사화하여 자회사를 설립한 경우에는 분사전에 존재하였던 이동에 관한 취업규칙을 근거로 자회사로 전출시킬 수 있다고 본다.

---

261) 교류근무중에는 기존의 회사에서는 휴직으로 처리되고 새로 근무하는 회사의 업무지휘권에 복종하게 된다. 이 경우 기존회사와의 근로계약의 일부는 새로운 회사로 이전되고, 근로계약상의 사용자책임은 신구회사가 연대하여 부담하여야 한다. 지주회사체제에서는 자회사간의 빈번한 교류근무로 인하여 사용자책임이 복잡하게 될 가능성이 있다; 土田道夫, "純粹持株會社と勞動法上の諸問題", (1997), 12면.

262) 龍川誠男, 『勞動法講義』(1994), 91면.

그러나 아직도 이동규정을 근거로 전출시킬 수 있다는 판례는 예외적이고 대부분은 전출과 이동은 구분하고 있고, 전출시에는 취업규칙 등 명확한 근거를 요구하고 있다.

그리고 학설은 노동자 본인의 「개별적인 동의」가 필요하다는 것이 다수설이다.[263] 그러나 전출후 근무할 회사의 근로조건, 근무기간, 복귀절차 등이 불리하지 아니한 경우에는 「사전의 포괄적 규정 내지 포괄적 동의」가 있으면 가능하다는 견해가 유력하게 제기되고 있다.

또한 임원은 단순한 노동자와는 별도의 법적 책임을 지고 주주대표소송의 피고가 되는 일도 있으므로, 임원의 교류근무일 경우에는 교류근무자와 특정 자회사에 임원으로 취임한다는 취지의 개별적인 동의를 구할 필요가 있다고 해석된다.[264]

다. 전 적(轉籍)

(1) 의 의

전적이란 동일 그룹내의 자회사간에 근무지를 이동하지만, 사실상 현재 근무하고 있는 회사와 근로관계를 소멸시키고 새로운 회사에 새로 취업하는 형식을 취하는 경우를 말한다.

이의 법적 성질은 기존의 고용주와의 근로계약을 합의로

---

263) 高木紘一, "配轉・出向"(1982); 西谷敏, 『勞動法における個人と集團』(1992); 萬井隆令, 『勞動契約締結の法理』(1997) 등.
264) 山川降一, 『雇用關係法』(1996), 95면.

소멸시키고 새로운 고용주와 근로관계를 새롭게 성립시키는
것으로 해석하고 있다.[265] 따라서 특정한 약정이 없는 한 전
적후 전적전의 근로관계의 승계를 주장할 수 없다.[266]

(2) 전적명령의 요건

이에 관한 일본의 학설은 전적의 요건과 절차는 교류근무
에 비하여 더욱 엄격하게 하여야 할 것이므로 특별한 경우를
제외하고 본인의 「개별적 동의」를 얻어야 한다고 본다.[267]
이 경우에는 현재 근로관계의 합의해약과 새로운 근로계약의

---

265) 처음에 판례는 ① 종래에 종사하던 기업과 간의 근로계약을
합의해지하고 이적하게 될 기업과 간에 새로운 근로계약을 체결하
는 것이거나 ② 근로계약상의 사용자의 지위를 양도하는 것이라고
하여 법적 성질을 이중적으로 해석하였다; 대법원 1996. 4. 26. 선고
95누1972 판결. 그 후 학설과 판례는 모두 기존 계약의 합의해지와
새로운 계약의 체결로 해석한다; 이병태, 『최신노동법』(1997), 578
면; 대법원 1996. 12. 23 선고 95다29970 판결; 대법원 1996. 5. 10
선고 95다42270 판결.

266) 전적은 종전 기업과의 근로관계를 합의해지하고 이적하게 될
기업과 사이에 새로운 근로계약을 체결하는 것이므로, 유효한 전적
이 이루어진 경우에 있어서는 당사자 사이에 종전 기업과의 근로관
계를 승계하기로 하는 특약이 있거나 이적하게 될 기업의 취업규칙
등에 종전 기업에서의 근속기간을 통산하도록 하는 규정이 있는 등
의 특별한 사정이 없는 한 당해 노동자의 종전 기업과의 근로관계는
단절되는 것이고 이적하게 될 기업이 당해 노동자의 종전 기업과의
근로관계를 승계하는 것은 아니다; 대법원 1996.12.23. 95다29970.

267) 菅野和夫, 『勞動法』(2013), 518면; 土田道夫, "勞動市場の變容
と出向・轉籍の法理"(1996), 165면; 前田達男, "グループ經營と出向・
配轉"(1991), 43면; 和田 肇, "出向命令權の根據"(1984), 43면.

체결이 필요하고 양자 모두 해당 노동자의 동의가 필요하다.

그리고 동의는 취업규칙이나 단체협약에 「전적을 명할 수 있다」는 내용으로 포괄적으로 규정된 것으로는 안되고, 전적되는 회사의 명칭이 명시된 명확한 동의이어야 한다. 그리고 이러한 동의가 유효하기 위하여는 일정기간 근무후 복귀가 예정되어 있고 전적중의 대우도 현재의 근무조건보다 유리하여 실질적으로 노동자에게 불리하지 아니한 경우에 한하여 「사전의 동의」를 허용한다는 견해[268]도 있다.

그리고 우리나라의 학설도 대체로 이와 유사하며, 근기법상 사용자는 노동자의 동의와 정당한 사유가 없는 한 전적을 행할 수 없으며($^{제30조}_{제1항}$), 정당한 사유는 해고의 경우에 준하여 노동자에게 책임있는 사유가 있거나 부득이한 경영상의 사유가 있어야 한다. 그리고 노동자의 동의는 사전에 노동자와의 개별적인 합의가 있어야 하지만, 입사시 또는 근무하는 동안에 사전에 한 전적에 대한 포괄적인 동의는 예외적으로 유효하다고 한다.[269]

그리고 판례는 전적발령의 요건을 완화하여 해석하고 있다. 따라서 이 동의는 반드시 전적발령시에 개별적으로 얻어야 하는 것은 아니고, 노동자가 입사할 때 또는 근무하는 동안 노동자의 포괄적인 동의를 얻어 두어도 된다.[270]

---

268) 菅野和夫, 『勞動法』(2013), 521면.

269) 포괄적 동의가 유효하기 위하여는 전적할 기업을 특정하고, 그 기업에 종사하여야 할 업무에 관한 사항 등의 기본적 근로조건이 명시되어야 한다고 한다. 이병태, 『최신노동법』(1997), 578~579면.

또 노동자의 동의를 얻지 않더라도 노동자의 동의를 얻지 아니하고 다른 회사로 전적시키는 관행이 있거나271) 이것이 규범적 사실이나 사실상의 제도로 확립되어 있는 경우에는272) 허용된다고 한다. 그리고 회사의 경영사정이 악화되어 부득이 영업을 타회사에 양도함과 동시에 노동자들에 대하여 전적명령을 발하는 것도 허용된다.273)

---

270) 다양한 업종과 업태를 가진 계열기업들이 기업그룹을 형성하여 자본, 임원의 구성, 근로조건 및 영업 등에 관하여 일체성을 가지고 경제활동을 전개하고, 그 그룹내부에서 계열기업간의 인사교류가 일상적, 관행적으로 빈번하게 행하여져 온 경우, 실질적으로 업무지휘권의 주체가 변동된 것으로 보기 어려운 면이 있으므로, 사용자가 미리(노동자가 입사할 때 또는 근무하는 동안) 노동자의 포괄적인 동의를 얻어 두면 그때마다 노동자의 동의를 얻지 아니하더라도 노동자를 다른 계열기업으로 유효하게 전적시킬 수 있다. 포괄적인 사전동의를 받는 경우에는 전적할 기업을 특정하고 그 기업에서 종사하여야 할 업무에 관한 사항 등의 기본적인 근로조건을 명시하여 노동자의 동의를 얻어야 된다; 서울고판, 1993. 9. 14. 선고 93구4467 판결.

271) 사용자가 노동자의 동의를 얻지 아니하고 다른 회사로 전적시키는 관행이 있어서 그 관행이 근로계약의 내용을 이루고 있다는 등의 특별한 사정이 없는 한 노동자의 동의를 얻어야 한다; 대법원 1996. 4. 26. 선고 95누1972 판결.

272) 기업그룹 내에서 노동자의 동의를 얻지 아니하고 다른 계열기업으로 노동자를 규율하는 규범적 사실로 명확하게 승인되거나 기업의 구성원이 일반적으로 아무런 이의를 제기하지 아니한 채 당연한 것으로 받아들여 기업 내에서 사실상의 제도로 확립되어 있어 근로계약의 내용을 이루는 것으로 인정되는 경우처럼 특별한 사정이 있는 경우에 한하여 노동자의 구체적인 동의를 얻지 아니하더라도 노동자를 다른 계열기업으로 유효하게 전적시킬 수 있다; 대법원 1996. 12. 23. 선고 95다29970 판결; 대법원 1996. 5. 10. 선고 95다42270 판결.

그리고 영업양도로 인하여 기존 노동자를 전적시키는 경우에는 모든 노동자를 일괄적으로 양도하여야 하고 양도를 반대하는 노동자를 제외하고 나머지 노동자를 전적시키는 것은 부당해고에 해당한다.[274] 전적 당시 회사와 노동조합은 전적하게 되는 노동자들에게 전적으로 인하여 불이익이 없도록 합의하였고 양수하는 회사도 노동자의 경력을 모두 인정

---

273) 회사의 경영사정이 악화되어 영업을 타회사에 양도함과 동시에 노동자들에 대하여 전적명령을 발하고 반대하는 노동자는 사임한 것으로 간주하겠다고 한 것은 근로관계를 일방적으로 단절시키려는 의사를 표명하였다고 보기 어려우므로 정리해고에 해당하는 것으로 볼 수 없다; 대법원 1996. 5. 31. 선고 95다33238 판결.

274) 영업양도라 함은 일정한 영업목적에 의하여 조직화된 총체 즉 인적, 물적 조직을 그 동일성을 유지하면서 일체로서 이전하는 것을 말하고, 영업의 일부만이 양도도 가능하지만 이 경우에도 해당 영업부문의 인적, 물적 조직이 그 동일성을 유지한 채 일체로서 이전되어야 한다.
따라서 시내버스 회사가 그 소유 버스들을 다른 시내버스 회사에 양도하고 폐업하기로 결정하고 일부 버스에 승무하던 전속기사에 대하여 양수회사로의 전적명령을 내림과 동시에 그 일부 버스를 양도한 후, 나머지 대부분의 버스 및 당해 회사의 물적 시설과 좌석버스 노선의 면허권, 그리고 그 종업원 등 운영조직 일체를 다른 시내버스 회사에게 양도하면서 앞의 일부 버스 양도시의 전적명령에 불응한 기사들은 근로관계의 승계대상에서 제외하기로 약정한 사안에서, 먼저 이루어진 양도는 버스만을 양도한 것에 불과하여 영업을 일부 양도하였다고 할 수 없는데 반해 후에 이루어진 양도는 영업양도에 해당한다고 보아, 먼저 양도된 일부 버스에 승무하던 전속기사들은 여전히 종전회사와 근로관계를 유지하다가 후에 이루어진 영업양도에 의하여 근로관계의 승계대상에 포함되고 정당한 이유 없이 그들을 승계대상에서 제외한 것은 부당해고에 해당한다; 대법원 1997. 4. 25. 선고 96누19314 판결; 대법원 1996. 5. 31. 선고 95다33238 판결.

하기로 한 후, 근로계약서를 새로이 작성하여 해고한 것은 무효이다.[275)

라. 근로자파견

금융지주회사의 체제하에서는 그룹내의 노동력의 효율적인 활용을 위하여 파견근로를 이용할 수 있다. "근로자파견"이라 함은 파견사업주가 근로자를 고용한 후 그 고용관계를 유지하면서 근로자파견계약의 내용에 따라 사용사업주의 지휘·명령을 받아 사용사업주를 위한 근로에 종사하게 하는 것을 말한다(제2조). 이는 교류근무와는 달리 고용주로서의 책임은 파견회사가 진다.[276)

---

275) 전적 당시 갑 회사에서 정규사원으로 근무하던 병이 노동자 150여 명을 계열회사에 전적시키려는 회사의 방침에 따라 다른 노동자 10여 명과 함께 을 회사로 전적되었고, 전적 당시 갑 회사와 그 노동조합은 전적하게 되는 노동자들에게 전적으로 인하여 불이익이 없도록 합의하였고 을 회사도 병의 갑 회사에서의 경력을 모두 인정하기로 하였다면, 비록 병이 을 회사에 전적하면서 이력서를 새로이 제출하고 수습사원에 관한 조항이 있는 근로계약서를 새로이 작성하였다 하더라도 병은 전적한 을 회사에서도 수습사원이 아닌 정규사원으로서의 지위를 갖는다고 보아야 하고 전적하면서 새로이 작성한 근로계약서의 수습사원에 관한 조항은 부동문자로 인쇄된 예문에 불과하여 그 효력이 없다고 보는 것이 상당하고, 따라서 위와 같은 노동자에 대하여는 수습사원에 관한 취업규칙규정을 적용하여 해고하거나 채용결정을 취소할 수는 없다; 서울민지판, 1994.9.1. 94가합.

276) 근로시간이나 안전위생에 대해서는 근로자파견법 제44조 및 제45조에 의거 사용회사도 책임을 지는 경우가 있으며, 후에 기술하

근로자파견의 대상업무는 다음 〈표 20〉과 같다.

〈표 20〉 근로자파견대상업무

1	컴퓨터관련 전문가의 업무	17	사무 지원 종사자의 업무
2	행정, 경영 및 재정 전문가의 업무277)	18	도서, 우편 및 관련 사무 종사자의 업무
3	특허 전문가의 업무	19	수금 및 관련 사무 종사자의 업무
4	기록 보관원, 사서 및 관련 전문가의 업무278)	20	전화교환 및 번호안내 사무 종사자의 업무279)
5	번역가 및 통역가의 업무	21	고객 관련 사무 종사자의 업무
6	창작 및 공연예술가의 업무	22	개인보호 및 관련 종사자의 업무
7	영화, 연극 및 방송관련 전문가의 업무	23	음식 조리 종사자의 업무280)
8	컴퓨터관련 준전문가의 업무	24	여행안내 종사자의 업무
9	기타 전기공학 기술공의 업무	25	주유원의 업무
10	통신 기술공의 업무	26	기타 소매업체 판매원의 업무
11	제도 기술 종사자, 캐드 포함의 업무	27	전화통신 판매 종사자의 업무
12	광학 및 전자장비 기술 종사자의 업무281)	28	자동차 운전 종사자의 업무
13	정규교육이외 교육 준전문가의 업무	29	건물 청소 종사자의 업무
14	기타 교육 준전문가의 업무	30	수위 및 경비원의 업무282)
15	예술, 연예 및 경기 준전문가의 업무	31	주차장 관리원의 업무
16	관리 준전문가의 업무	32	배달, 운반 및 검침 관련 종사자의 업무

는 바와 같이 노조법상의 사용자책임이 인정되는 경우도 있다.

277) 행정 전문가(161)의 업무는 제외한다.

278) 사서(18120)의 업무는 제외한다.

279) 전화교환 및 번호안내 사무 종사자의 업무가 해당 사업의 핵심 업무인 경우는 제외한다.

280) 관광진흥법 제3조에 따른 관광 숙박업에서의 조리사 업무는 제외한다.

이와 같은 근로자파견제를 이용하면 지주회사가 필요에 따라 유연하게 노동력의 수급을 조절할 수 있다. 그러나 지주회사가 직접 파견회사를 설립하여 동 파견회사가 사업회사로 근로자를 파견하는 경우에는 특정 기업에만 파견하는 것으로서 노동부 장관의 개선명령이 내려질 우려가 있다.

따라서 그룹내에 파견회사를 설립하는 경우에도 그룹외 고객인 사용회사가 예정되어 있을 필요가 있다. 그리고 지주회사가 외부의 파견회사로부터 근로자를 파견받아 지주회사내 필요한 업무를 담당하게 할 수도 있다.

4. 해 고

가. 의 의

(1) 정리해고의 요건

지주회사체제하에서는 특정 자회사의 경영실적이 악화된 경우나 영업양도가 행해진 경우에는 직원에 대한 정리해고의 문제가 발생할 수 있다.[283]

---

281) 보조업무에 한정한다. 임상병리사(23531), 방사선사(23532), 기타 의료장비 기사(23539)의 업무는 제외한다.

282) 경비업법 제2조 제1호에 따른 경비업무는 제외한다.

283) 이런 사태에 이르기 전에 자회사의 매각이나 합병 등으로 대처하는 일도 많을 것이다.

그리고 근로기준법상 정리해고가 유효하게 되기 위해서는 ① 인원정리의 필요성이 존재할 것 ② 해고회피 노력을 할 것 ③ 정리대상자를 선정하는 기준과 구체적인 인선이 합리적이고 공정할 것 ④ 노동조합(노동조합이 없는 경우 근로자대표)에 대한 통보와 협의, ⑤ 일정수 이상의 경우 노동부장관앞 신고 등의 요건을 충족하여야 한다.

(2) 금융지주회사의 특수성

금융지주회사의 경우 직원의 해고와 관련하여 여러 가지 문제가 발생한다. 첫째, 위의 정리해고의 요건 중 인원정리의 필요성, 즉 "정리해고사유"에 관한 것이다. 근로기준법은 이에 관하여 "사용자는 경영상 이유에 의하여 노동자를 해고하고자 하는 경우에는 긴박한 경영상의 필요가 있어야 한다. 이 경우 경영악화를 방지하기 위한 사업의 양도·인수·합병은 긴박한 경영상의 필요가 있는 것으로 본다"(제31조제1항)고 규정하고 있다.

나. 금융지주회사체제 도입시 해고 가능여부

만약 한 회사가 경영상의 어려움을 극복하기 위해 지주회사체제를 도입하기로 하고, 기존 회사의 유망사업은 자회사를 설립하여 이에 양도하고 부실부문은 사업을 포기하기로 하였다. 이 경우에도 근로기준법상 경영악화를 방지하기 위한 사업의 양도로 인정하여 정리해고가 합법적이라 할 수 있느냐 아니면 이 경우의 양도는 제3자에 대한 양도가 아니고 동일한 그룹내로 행한 양도이므로 근로기준법상의 양도에 해당하지 않으므로 정리해고도 행할 수 없다고 보아야 할 것인가가 문제된다.

이 경우에는 사업의 양도에 대한 해석보다는 지주회사체제를 도입하기로 한 시점의 회사의 경영상태, 사업의 존속부문과 폐지부문 결정의 타당성, 정리해고 대상자 선정기준의 적법성 등을 종합적으로 판단하여야 할 것이다.

다. 정리해고 가능여부

금융지주회사의 경영도중에 정리해고를 행할 필요가 있는 경우 그 적법요건을 어떻게 판단하는가가 문제가 된다. 즉, 자회사 자신은 경영부진에 빠지더라도 지주회사나 다른 자회사의 경영은 양호한 경우가 있으므로 그룹 전체의 경영상황을 고려할 필요가 있을까 하는 문제이다.

참고로, 한 회사내에서 각부문별로 독립채산제를 취하고 있는 회사의 정리해고에 관하여, **일본의 판례**는 ① 경영이 부진한 사업부 단위로 인원정리의 필요성을 판단하고 있는 판례와 ② 다른 사업부의 경영상황도 고려하고 있는 판례가 있다.[284]

이러한 사업부 체제와 달리 지주회사체제에서는 각자회사가 모두 별도의 법인격을 가지고 있으므로 그룹 전체의 경영

---

284) 山川隆一, "持株會社と勞動法"(1998), 75면.

상황을 토대로 인원정리의 필요성을 판단하는 것은 사업의 취사선택이라는 지주회사의 본질에 반하고 실무적으로도 곤란하다고 할 것이다. 그러나 지주회사체제하에서도 해고회피를 위하여 그룹내의 다른 자회사로의 교류근무나 파견 등의 조치를 취했는지의 여부도 고려하여 판단하여야 할 것이다.[285]

이와 관련하여 **독일에서의 통설과 판례**는 콘체른내의 한 기업을 폐쇄하는 경우 직원을 해고할 수 있느냐에 관하여 원칙적으로 해고회피를 위하여 해당 노동자를 콘체른내의 다른 기업으로 이동시킬 의무는 없는 것으로 해석한다. 다만, 콘체른내의 복수의 기업에 근무하는 것이 합의되어 있다든가 실제 노동자를 다른 회사로 이동시켜온 경우에는 예외적으로 다른 기업에서 계속 근무하도록 할 의무가 있는 것으로 해석되고 있다.

그러나 단체협약이나 취업규칙에 정리해고시 다른 자회사로의 전적 등의 규정되어 있는 경우에는 이에 따라야 할 것이다. 특히 순수지주회사의 경우에는 각자회사는 한 회사의 각사업부문에 해당한다고 볼 수 있고, 지주회사가 간접적인 지배를 통하여 이익을 취한다는 점에서 볼 때, 이 원칙을 강조할 필요가 있다고 본다.[286]

---

285) 土田道夫, "純粹持株會社と勞動法上の諸問題"(1997), 10면.

286) 土田道夫, "純粹持株會社と勞動法上の諸問題"(1997), 11면.

라. 사업 및 조직변동시 해고 가능여부

(1) 자회사의 매각

순수지주회사가 지배하는 그룹에서는 지주회사의 경영판단에 따라 자회사를 재편할 가능성이 예전에 비해 증가한다.

이때 자회사의 조직변동이 종업원의 지위에 어떠한 영향을 미치는지가 문제된다. 우선 생각할 수 있는 것이 채산이 맞지 않는 **자회사를 외부에 매각**하는 사례이지만, 앞(173~174면)에서 본 바와 같이 기업매수는 주식의 소유관계가 변할 뿐이므로 매각·매수 그 자체로는 근로계약관계에 변동이 발생하는 일은 없다.

(2) 자회사의 합병

(가) 의 의

그룹내에서 또는 그룹을 떠나 자회사간에 합병이 이루어지는 것을 생각할 수 있다. 합병의 경우, 법인격에 변동이 발생하지만 합병에 따른 권리의무의 이전은 당연승계이므로 합병으로 인해 소멸하는 회사의 근로계약관계는 존속하는 회사로 승계된다고 해석하는 입장이 일반적이다.

(나) 취업규칙의 조정

합병으로 인하여 근로계약관계가 승계되면 한 기업내에

서로 다른 근로조건을 가진 이질적 종업원 집단이 존속하는 사태가 발생할 수 있다. 이 경우 근로조건을 어떻게 통일하는가가 문제가 된다. 노동조합의 동의를 얻어 단체협약을 체결할 수 있다면, 조합원간의 관계에서는 근로조건의 통일은 실현가능하지만, 비조합원이나 소수조합이 반대할 경우에는 다른 수단을 검토해 볼 필요가 있다.[287) 이런 경우에는 취업규칙의 변경에 의해 근로조건을 통일하는 것도 고려해 볼 수 있다. 일본의 최고재판소 판례는 사용자가 취업규칙을 개정하여 근로조건을 불리하게 변경하는 것은 원칙적으로 허용되지 않지만, 취업규칙의 변경이 합리적일 경우에는 이에 반대하는 노동자도 구속된다고 하였기 때문이다.[288)

그런데 문제는 취업규칙의 변경의 기준이 되는 「합리성」의 개념이 문제된다. 이 점은 ① 취업규칙을 변경할 필요성의 정도 ② 변경으로 인해 노동자가 받는 불이익의 내용·정도[289) ③ 변경후의 근로조건의 사회적 타당성[290) ④ 변경절차의 타당성[291) 등을 종합적으로 고려하여 판단한다.[292)

---

287) 노조법 제35조에 의한 단체협약의 확대적용도 고려해 볼 수 있지만, 타조합원으로의 확대에는 소극적인 견해가 많다.

288) 秋北バス事件, 日最判, 1968. 12. 25.

289) 변경에 따라 실시된 대가조치 또는 기타 근로조건의 개선도 고려하여야 한다.

290) "사회통념"과도 비교하여야 한다.

291) 노동조합과 어느 정도 협의를 했는지, 다수조합이 변경에 동의하였는지 등을 고려하여야 한다.

292) 第四銀行事件, 日最判, 1997. 2. 28.

이상에서 본 합리성에 대한 판단은 경우에 따라 이루어져야 하겠지만, 합병에 따른 근로조건 통일의 필요성은 취업규칙을 변경하기 위한 고도의 필요성에 해당한다고 하는 판례가 있다.[293] 또한 판례는 새로운 취업규칙 내용의 합리성에 관해 종업원이 다수를 구성하고 있는 노동조합의 동의를 얻으면 노사간의 이해는 조정이 완료되는 것으로 추정하고 있으므로,[294] 다수 노동조합의 동의는 중요한 요소가 된다고 보여진다.[295]

(3) 자회사의 해산

(가) 법인격 남용의 문제

근로관계에서 법인격의 남용이 문제가 된 전형적인 예는 모회사가 자회사 종업원들의 노동조합활동을 혐오하여, 자회사를 해산하고 종업원을 해고시킨 사례이다. 지금까지의 판례를 보면 자회사가 실질적으로 모회사(전기기계 제조업)의 제조부문이라고 할 수 있는 사안에서 **법인격의 남용**이 인정되어, 고용된 자회사의 종업원이 모회사에 대한 근로계약상의 지위를 주장할 수 있게 된 예가 있다.[296] 한편, 부동산업을 하는

---

293) 大曲市 農協事件, 日最判, 1988. 2. 16.

294) 第四銀行事件, 日最判, 1997. 2. 28.

295) 山川隆一, "持株會社と勞動法"(1998), 74면.

296) 船井電氣事件, 日德島地判, 1975. 7. 23.

모회사가 자동차운전학원을 영위하던 자회사를 해산한 사안에서는 모회사는 자회사 종업원에 대한 임금지급은 명령받았으나, 모회사와 자회사 종업원과의 근로계약관계를 인정할 수는 없다고 판결했다.[297)]

이러한 판례에서 보면, 노동조합활동을 혐오하여 행한 자회사의 해산이 법인격의 남용에 해당함으로써, 모회사와 자회사의 종업원간에 인정되는 근로계약관계는 자회사가 모회사의 사업부문으로서의 실태를 가질 경우가 중심이 된다.[298)] 사업지주회사는 별론으로 하고 순수지주회사에 대해서 법인격의 남용을 토대로 계약책임을 인정할 수 있는 사례가 많지는 않을 것으로 여겨진다.[299)]

(나) 진실해산과 위장해산

지주회사가 노동조합을 약화시킬 목적으로 그룹내의 자회사를 해산하고 종업원을 해고한 경우에는 부당노동행위 해당여부가 문제가 된다. 이에 관하여 일본의 학설과 판례는 다음과 같은 이유로 **진실해산**의 경우에는 부당노동행위가 성립되지 않는다고 한다.

이 경우 회사에 대하여는 헌법상 직업선택의 자유가 있으

---

297) 布施自動車運轉學園·長尾商社事件, 日大阪高判, 1984. 3. 30.

298) 모·자회사간의 관계, 위법성의 정도 등을 감안하여 모회사로의 고용관계 승계를 인정해야 한다고 한다; 荒木尙志, "持株會社をめぐる勞動法上の諸問題"(1966), 34면.

299) 馬渡淳一郎, "親子會社·持株會社と勞動法"(1997), 103면.

며, 부당노동행위제도는 기업의 존재를 전제로 하는데 자회사의 해산은 자회사 입장에서만 본다면 회사자체가 소멸해버리는 것이므로, 해산의 동기가 비록 노동조합을 해산시키는데 있다하더라도 부당노동행위는 성립하지 않는다는 견해가 유력하다.300) 그리고 부당노동행위를 금지하더라도 사업폐지의 자유까지 제한하는 것은 아니므로 사업의 해산결의 등 절차에 의하여 실제 폐지되는 경우에는 만약 그것이 노동조합을 혐오하거나 조직을 와해시키기 위하여 행해진 경우에도 사업의 재개명령은 할 수 없고 노동위원회는 청산절차중 원직복귀나 임금의 소급지급(back pay)을 명할 수 없다.301)

그러나 이에 반하여 ① 사업폐지의 표명이나 해산결의가 행해진 경우에도 실무상 동일한 사업이 같은 자본과 경영자에 의하여 계속되고 있거나,302) ② 실제 회사를 해산하였더라도 다시 신설회사를 설립하여 동일한 사업활동을 계속하는 경우라면 이른 바 **위장해산**으로서 부당노동행위가 성립한다. 따라서 이러한 경우 행정적 구제를 담당하는 노동위원회는 사실상의 동일기업에 대하여 임금지급명령을 내릴 수 있으며,303) 해산회사의 종업원을 신설회사에 근무시키도록 명령

300) 香山 忠志, "解散・營業讓渡と法人格否認の法理"(1997), 122면; 山川隆一, "持株會社と勞動法"(1998), 76~77면.

301) 菅野和夫, 『勞動法』(2013), 786면; 石川吉右衛門, 『勞動組合法』(1978), 332면; 外尾健一, 『勞動團體法』, (1975), 263면; 池本興業事件, 日高知地判, 1991. 3. 29.

302) 菅野和夫, 『勞動法』(2013), 786면.

303) 菅野和夫, 『勞動法』(2013), 786면; 佐藤香, "救濟命令の內容の

하는 것도 가능하다.[304] 그리고 법원에 의한 사법적 구제에 있어서는 신설회사와 해산회사의 종업원간에 근로계약을 체결하는 것은 곤란하지만, 법인격부인의 법리와 마찬가지로 신설회사와 해산회사를 동일시하는 구제방법을 취하는 것은 가능하다.[305]

(다) 금융지주회사의 책임여부

모회사인 지주회사가 압력을 가해서 자회사를 해산시킨 경우, 모회사가 부당노동행위의 책임을 지느냐 하는 것이 문제된다. 이 경우 현행법상 "제3자에 의한 부당노동행위"는 인정하지 않으므로 지주회사가 자회사의 종업원에 대해서 노조법 제81조에서 말하는 "사용자"에 해당하는가가 우선 전제가 된다. 즉, 지주회사가 자회사 종업원의 임금이나 근로시간 등의 근로조건을 실질적으로 결정하는 경우에 부당노동행위 문제가 발생한다. 위에서 설명한 바와 같이, 일본과 우리나라의 학설은 위장해산 여부에 초점이 모아지고 있다. 위장해산이 아니고 실제 자회사를 해산하는 경우라면 설령 자회사 노동조합을 와해시키기 위하여 자회사를 해산시킨 경우에도 부당노동행위 책임을 지지 않는다고 한다. 그러나 진실해산인 경우에도 지주회사가 **부당노동행위의사**에 의하여 자회사를 해산

限界"(1985), 461면.

304) 山川隆一, "持株會社と勞動法"(1998), 77면.

305) 日新關西 通信システムズ事件, 日大阪地決, 1994. 8. 5.

한 경우에는 부당노동행위의 주체인 지주회사는 계속 존속하고 있기 때문에 위장해산에 준하여 부당노동행위 책임을 인정할 수 있다.[306] 모회사가 노동조합을 약화시킬 의도를 가지고 자회사를 해산하고 그 종업원을 해고한 경우, 법인격부인의 법리를 이용하면 모회사의 부당노동행위에 대한 책임추궁이 가능하다.

이 점에 대해서는, 모회사의 일부 사업부문을 자회사가 가진 경우라면 모회사가 자회사 종업원에 대한 근로계약상의 책임을 질 수 있다. 노동위원회에 의한 부당노동행위의 행정구제에 있어서 법인격부인의 법리가 직접 이용되는 것은 아니지만, 실제 이런 종류의 사안에서 노동위원회는 종업원에게 복직을 명령하는 것을 보면 모회사가 부당노동행위책임을 지는 사안은 법인격부인의 법리에 따른 계약책임을 지는 사안과 거의 마찬가지라고 여겨진다.[307]

단지, 이러한 요건이 충족되지 않은 경우라도 모회사가 해산한 자회사의 사업을 실질적으로 승계한 경우에는 전술한 위장해산과 마찬가지로 보아, 모회사의 책임을 인정할 수 있을 것이다. 또한, 자회사의 노동조합이 모회사에 대하여 자회사를 해산시켜 노동조합에 타격을 준 것을 이유로 단결권침

---

306) 다만 이 경우에도 기업폐지의 자유와 관련하여 자회사의 근로관계에 대한 개입이나 지배의 정도, 그리고 그 자회사가 일반 사업회사의 한 부문과 동시할 수 있을 정도인지 여부 등이 종합적으로 검토되어야 할 것이다; 이동원, 『지주회사』(2000), 371면.

307) 山川隆一, "持株會社と勞動法"(1998), 77~78면.

해행위에 따른 손해배상을 요구할 경우에는 불법행위에 따른 손해배상책임이 인정될 가능성이 있다. 단결권침해에 따른 불법행위에 대해서는 사용자에 의한 침해에 한정되지 않기 때문이다.[308]

5. 금융지주회사의 사용자성

가. 금융지주회사체제하의 노동자의 지위

금융지주회사는 산하에 있는 여러 개의 금융기관을 통할하는 그룹 인사정책을 수립하고, 각 자회사별 정원관리를 행하고, 자회사가 수립한 인사계획을 심사하여 결정하는 역할을 한다. 그리고 각 자회사는 금융지주회사가 수립한 기본적인 인사정책과 정원 범위내에서 실제 인사를 실시한다.

이러한 측면에서 볼 때, 자회사의 노동자의 지위에 영향력을 행사하는 금융지주회사도 사용자로서의 지위에 있느냐 하는 것이 문제된다. 노동법은 이러한 지주회사 체제를 염두에 둔 것이 아니기 때문에, 이에 관한 구체적인 규정을 두고 있지 않다. 그리고 금융지주회사법에도 이에 관한 규정이 없다.

---

308) 노동조합의 타노동조합에 대한 단결권침해에 따른 손해배상책임을 인정하고 있다; 全基勞大阪支部 事件, 日大阪地判, 1978. 2. 27.

나. 금융지주회사의 사용자성

금융지주회사는 자회사 노동자의 개별 근로관계나 자회사 노동조합의 단체교섭이나 노사협의와 관련하여 사용자로서의 지위를 인정할 수 있느냐 하는 것도 문제된다. 이에 관하여 아직 학설이 정립되지 못하고 있으며, 현행법상 금융지주회사의 사용자성을 인정하는 견해는 없다.

그러나 ① 원칙적으로 지주회사에 대하여 사용자성을 인정할 필요가 있고 이에 대한 **대책이 필요하다**는 견해309)와 ② 예외적으로 자회사의 **법인격이 형해화**된 것으로 인정할 수 있는 정도에 이른 경우 등에 지주회사의 사용자성을 인정할 수 있다는 견해310)가 있다. 우리나라 금융지주회사법은 **순수지주회사**만 인정하고 사업지주회사는 허용하지 않는 법의 취지에서 볼 때 지주회사의 사용자성은 원칙적으로 인정하기 어렵다고 보아야 한다.

---

309) 금융지주회사, 기업집단의 실질적인 사용자, 근로관계의 의사결정자에 대해서 자회사 노동자 및 노동조합이 직접 교섭을 요구할 수 있는 제도적 장치들이 필요하다; 강다연, "금융지주회사 지배구조의 한계점과 사용자성 확보"(2018), 29~30면.

310) 자회사가 노무대행기관과 같고 그 근로관계가 명목적, 형식적인 것에 불과하거나 자회사의 법인격이 형해화된 것으로 인정할 수 있는 정도에 이르거나 지주회사가 근로조건의 결정을 포함한 인사문제를 사실상 독자적으로 결정하고 자회사는 이에 대한 실질적인 권한이 전혀 없거나 무의미하다고 인정할 수 있는 정도에 이른 경우에 지주회사에게 사용자로서의 책임을 부담시키는 것이 타당할 것이다; 기영석, "지주회사에서 발생하는 근로관계에 관한 문제"(2023), 269면.

제3장 자회사의 경영관리

제1절 자회사 및 손자회사의 편입

1. 자회사의 편입

가. 자회사등의 편입승인 신청

　새로이 자회사를 편입하거나 자회사가 새로이 손자회사를 편입하고자 하는 금융지주회사311)는 다음의 요건을 갖추어 _(제17조 제1항) 신청서를 금융위원회에 제출하여 승인을 얻어야 한다 _(제16조 제1·2항).

　① 자회사등으로 편입되는 회사의 사업계획이 타당하고 건전할 것
　② 금융지주회사 및 자회사등의 재무상태와 경영관리상태가 건전할 것
　③ 주식교환에 의하여 자회사등으로 편입하는 경우에는 주식의 교환비율이 적정할 것.

---

311) 다른 금융지주회사에 의하여 지배받는 금융지주회사를 제외한다. 이하 이 장에서 같다.

나. 금융위원회의 편입 승인

금융위원회는 승인을 함에 있어서는 당해 자회사등의 편입이 관련시장에서의 경쟁을 실질적으로 제한하는 지의 여부에 관하여 미리 **공정거래위원회와 협의**하여야 한다(제17조제3항).

금융위원회는 승인에 조건을 붙일 수 있으며, 금융지주회사의 부채를 통한 자회사의 주식소유 등으로 해당 금융지주회사의 경영건전성 등을 현저히 저해할 우려가 있다고 인정되는 경우 승인에 경영건전성 등의 개선을 위한 조건을 붙여야 한다(제16조제3항).

다. 자회사등의 편입신고 등

업무의 종류·특성 등을 감안하여 대통령령이 정하는 회사(이하 "신고대상회사"라 한다)를 자회사등으로 편입한 금융지주회사는 대통령령이 정하는 바에 의하여 **금융위원회에 신고**하여야 한다(제18조제1항).

금융위원회는 위 신고를 받은 때에는 당해 자회사등의 편입이 관련시장에서의 경쟁을 실질적으로 제한하는지의 여부에 관하여 **공정거래위원회와 협의**하여야 한다(제18조제2항).

금융위원회는 편입한 자회사등이 신고대상회사에 해당하지 아니하거나 당해 자회사등의 편입이 관련시장에서의 경쟁을 실질적으로 제한한다고 인정되는 때에는 6월 이내의 기간을 정하여 금융지주회사 또는 자회사에 대하여 새로이 편입한 자회사등의 **주식을 처분**할 것을 명할 수 있다(제18조 제3항).

금융지주회사 또는 그 자회사가 주식처분명령을 받은 때에는 당해 명령을 받은 날부터 그 처분명령을 받은 주식에 대하여는 **의결권을 행사할 수 없다**(제18조 제4항).

금융지주회사 또는 그 자회사가 신고대상회사를 자회사등으로 편입하는 경우에는 금산법 제24조의 규정을 적용하지 아니한다(제18조 제5항).

라. 자회사주식의 소유의무

금융지주회사는 원칙적으로 자회사의 주식을 해당 자회사의 발행주식 총수의 **100분의 50**[312] **이상 소유**하여야 하지만, 다음의 어느 하나에 해당하는 사유로 인하여 주식소유기준에 미달하게 된 경우에는 그러하지 아니하다(제43조의2 제1항).

① 금융지주회사요건에 해당하게 된 당시에 자회사의 주식을 주식소유기준 미만으로 소유하고 있는 경우로서 금융지주회사요건에 해당하게 된 날부터 2년 이내인 경우
② 자본시장법에 따른 주권상장법인이었던 자회사가 그에 해당하지 아니하게 되어 주식소유기준에 미달하게 된 경우로서 그 해당하지 아니하게 된 날부터 1년 이내인 경우
③ 자회사가 주식을 모집하거나 매출하면서 자본시장법 제165조의7에

---

312) 자회사가 자본시장법에 따른 주권상장법인인 경우에는 100분의 30으로 하며, 이하 이 조에서 "주식소유기준"이라 한다.

따라 우리사주조합에 우선배정하거나 해당 자회사가 「상법」 제513조 또는 제516조의2에 따라 발행한 전환사채 또는 신주인수권부사채의 전환이 청구되거나 신주인수권이 행사되어 주식소유기준에 미달하게 된 경우로서 그 미달하게 된 날부터 1년 이내인 경우

④ 자회사가 아닌 회사가 자회사에 해당하게 되고 주식소유기준에는 미달하는 경우로서 해당 회사가 자회사에 해당하게 된 날부터 1년 이내인 경우

⑤ 자회사를 자회사에 해당하지 아니하게 하는 과정에서 주식소유기준에 미달하게 된 경우로서 그 미달하게 된 날부터 1년 이내인 경우(주식소유기준에 미달하게 된 날부터 1년 이내에 자회사에 해당하지 아니하게 된 경우에 한한다).

마. 외국법인인 자회사 등

자회사가 주식을 **해외에서 발행**하여 해외시장에서 상장·등록한 경우에도 그 해외시장의 안정성·유동성·투명성, 외국의 거래소의 공시수준·자율규제체계 등을 고려하여 금융위원회가 인정하는 때에는 주식소유기준의 적용에 있어 주권상장법인으로 본다(제43조의2 제2항).

금융위원회는 금융지주회사가 **외국법인인 자회사**[313)]에 대하여 대통령령으로 정하는 사실상의 지배력을 확보할 수 있음을 충분히 소명한 경우에는 해당 외국 자회사의 주식에 대한 소유기준을 위 주식소유기준과 달리 완화하여 정할 수 있다(제43조의2 제3항).[314)]

---

313) 이하 이 항에서 "외국 자회사"라 한다.

2. 손자회사의 편입

금융지주회사의 자회사는 원칙적으로 **손자회사**로 지배하
할 수 없는데, 다음의 경우에는 예외로 허용된다(제19조),315) 그
리고 금융지주회사의 손자회사는 다른 회사를 **증손자회사**로
지배하는 금지된다(제19조),316)

① 당해 자회사의 **업무와 연관성**이 있는 금융기관으로서 대통령령이 정하
는 금융기관
② 금융업의 영위와 **밀접한 관련**이 있는 회사로서 대통령령이 정하는 회사.

3. 해외 자회사 등

국내 금융지주회사가 해외로 진출하는 경우는 ① 해외의
금융기관을 **자회사**로 두거나 ② 자회사를 통하여 **손자회사**를
두는 경우, ③ 자회사와 **공동**으로 지분을 소유하여 손자회사

---

314) 이 경우 금융지주회사는 금융위원회가 인정하는 소유기준 이
상으로 외국 자회사의 주식을 소유하여야 한다.

315) 다만, 자회사가 될 당시에 지배하고 있던 회사의 경우에는 당
해 자회사가 된 날부터 2년간은 그러하지 아니하다.

316) 다만, 손자회사가 될 당시에 지배하고 있던 회사의 경우에는
당해 손자회사가 된 날부터 2년간은 그러하지 아니하다.

를 두는 경우를 생각할 수 있다.

이 경우 자회사나 손자회사로 두려고 하는 금융기관의 준 거법에 의하여 국내 금융지주회사가 해외의 금융기관을 인수 하거나 신설하는데 장애가 없어야 한다. 그 후 국내 관련 법 령상의 문제점이나 규제 등을 검토하여야 한다.

제2절 자회사의 지배구조

1. 대주주의 건전성 유지

이에 관한 내용은 앞(92면 이하)의 금융지주회사에서의 설명 과 동일하여, 여기서는 생략한다.

2. 이사회

앞(92면 이하)에서 설명한 바와 같이, 임원 등에 관하여는 금 융지주회사와 금융회사인 자회사가 모두 금융지배법의 적용을 받으므로, 이에 관한 내용은 앞에서 설명한 금융지주회사의 임 원 등에 관한 설명을 참조하고, 여기서는 설명을 생략한다.

3. 경영협의체의 운영

가. 협의체의 의의

경영협의체는 실무적으로 금융지주회사의 효율적인 운용을 위하여 해당 금융그룹의 구성원인 그룹사(자회사 및 손자회사)들이 개별적인 법률적인 실체를 유지하면서, 그룹사의 사업계획을 협의하고 각 사업부문을 고객별, 시장별, 상품별, 지역별 또는 기능별로 통합하여 운영하기 위하여 구성하는 임의적인 조직체이다.

이는 독립적인 법인격을 갖고 있는 참가회사가 금융지주그룹 산하의 관계사와의 시너지를 극대화하기 위하여 참가회사의 대표가 협의체에 참가하는 부문장에게 그 특정 사업과 관련한 일체의 권한을 위임하고 그 결정에 따를 것을 서면 합의함으로써 성립하는 **경영위임 계약**의 일종이라 할 수 있다.[317]

여기서 문제되는 것은, 자회사가 금융지주회사에게 경영을 위임하는 계약을 체결할 수 있느냐 하는 것이 문제된다. 이 경우 경영위임계약을 체결하는 것은 현실적으로 어려운 점도 있겠지만 설령 가능하다고 하더라도 이는 지주회사와 자회사의 경영분리를 통한 효율적 자원배분이라는 지주회사 본래의 취

---

317) 나승성, 『금융지주회사법』(2007), 148면.

지에 반하고,[318] 지주회사의 이사들에게 그룹 전체의 경영통제 기관으로서의 본연의 업무 외에 부담을 가중시키게 된다.[319]

그리고 우리나라의 금융지주회사는 사업을 직접 행하지 않는 **순수지주회사 모델**이므로, 그 한계를 어디까지 인정할 것인지의 문제가 있다.

나. 협의체의 법적 지위

협의체는 법적으로 독립하여 권한을 행사할 수 있는 것은 아니며 금융지주회사 그룹 내의 특정 사업부문에 대하여 협의하는 기관으로서, 일시적 또는 장기적으로 참가회사나 금융지주회사의 대표권을 갖지 않으면서 협의체의 결정이 참가회사나 금융지주회사를 사실상 구속할 수는 있지만 법률적으로 구속할 수 있는 것은 아니다. 다만 경영위임계약 등의 계약서를 작성하여 경영위임의 형태로 운영되는 경우에는 그 범위내에서 구속될 수도 있다.

각 참가회사의 부문장은 각 회사의 내규 등에 따르며, 그 부문장으로 구성된 협의체는 그룹지주회사의 이사회 내 위원회의 역할을 한다고 할 것이다. 다만 구성원이 이사들이 아니기 때문에 이사회 내 위원회가 아니라 하나의 특별 작업반(T/F)의 역할을 한다.

---

318) 송옥렬, "지주회사 이사의 권한과 의무"(2023), 83면.

319) 김현태·김학훈, "자회사에 대한 실효적 지배를 위한 법적 수단"(2018), 340~341면.

따라서 협의체의 결정은 경영전략협의회에서 번복될 수 있고, 금융지주회사의 합의를 얻지 못하는 경우에는 그 뜻이 관철될 수 없으며 각 참가회사는 그 협의체의 결정에 따라 업무를 집행할 수 없다. 최종적으로 금융지주회사가 합의를 하는 경우에는 그 협의체의 결정은 각 참가회사의 의사결정에 영향을 미치며, **사실상 이에 구속**된다.[320] 그럼에도 불구하고 자회사 경영의 결정권은 이사회가 가지고, 경영위임계약이 이사회를 구속하지 못하므로[321] **임의적 기관**이다.

다. 부문장에 대한 대표권의 위임

참가회사의 대표가 부문장에게 특정 부문에 대하여 협의체에서 결정하도록 권한을 위임하였고, 그 위임에 따라서 한 의사결정은 대표의 의사로 볼 수 있으므로 법리적으로 문제는 없어 보인다. 특히, 그 참가회사의 대표 권한도 금융지주회사는 1인 법인이사의 지시에 순응할 수밖에 없는 관계에서는 더욱 그러하다.[322]

라. 협의체 결정의 효력

협의체에 상정된 안건이 의결되고, 경영전략협의회의 승인

---

320) 나승성, 『금융지주회사법』(2007), 155면.

321) 김현태·이승환, "지주회사의 자회사 지배수단"(2023), 37~41면.

322) 나승성, 『금융지주회사법』(2007), 155~156면.

과 금융지주회사의 합의를 받은 경우, 참가회사는 독립된 법인이므로 참가회사의 대표이사는 이를 거부할 수는 있다.

그러나 금융지주회사라는 특수한 관계상 금융지주회사의 이사회의 결정이 자회사의 주주총회의 역할을 하는 것과 동일한 효력이 있는 환경하에서는, 금융지주회사 이사회는 언제든지 자회사의 대표이사를 포함한 이사를 해임할 수 있다고 해석되므로 **사실상 구속하는 효과**가 있다.[323]

마. 협의체의 운영 방안

협의체의 운영 및 의사결정을 현행대로 유지하면서 금융지주회사에서 승인하면 문제가 없다. 따라서 금융지주회사의 "합의"를 명시적으로 "승인"으로 바꾸거나 협의체에 직접 참여하여 개입할 대표를 선임하는 것도 하나의 방법이다.

각 참가회사의 대표가 참가회사의 부문장에게 협의체에서의 일체의 권한을 위임하였고 그것이 금융지주회사의 그룹차원에서 결정되는 이상 그 협의체가 법적 실체를 인정할 수 없는 조직이어서 책임을 묻기에는 부적당하지만 그렇다고 그것이 법적으로 금지되는 조직은 아니다.

독립된 법인의 경영위임도 부분적 포괄대리권을 수여하는 경우에는 그 의사표시에 의해 부문장의 결정은 대표이사의 결정으로 의제될 수 있는 것이고, 그에 대한 책임 역시 대표

---

323) 나승성, 『금융지주회사법』(2007), 156면.

이사가 진다는 점에서 경영위임이 불가하다고 해석할 수는 없는 것이다.

그것이 금융지주회사라는 구조에서는 더욱 그렇다. 각 참가회사의 부문장으로 구성된 협의체의 결정이 참가회사의 대표의 뜻과 상반되더라도 협의체의 결정이 금융지주회사그룹의 계열사가 참여하는 경영전략협의회에 안건이 상정되어 승인을 받고 금융지주회사와 합의를 받게 되기 때문에 그룹사의 총괄적인 책임을 지는 금융지주회사의 합의에 의한 효력이 개별금융 계열사의 의사보다 우선하는 효력이 있다.

개별회사가 협의체의 결정과 반대되는 결정 내지 집행을 하는 경우에는 금융지주회사는 언제든지 자회사의 경영진을 해임할 수 있기 때문에, 강제적으로도 금융지주회사의 결정이 집행될 수밖에 없다.

참가회사의 대표는 단지 스스로의 책임으로 협의체 참가를 거부할 수 있고 그에 대한 책임은 일반 상법 및 금융지주회사법제의 법리에 따라 금융지주회사의 경영진이 판단하게 될 것이다.324)

---

324) 나승성, 『금융지주회사법』(2007), 157~158면.

제3절 자회사의 업무

1. 자회사의 업무 범위

금융지주회사는 ① 금융업을 영위하는 회사(금융기관)와 ② 금융업의 영위와 밀접한 관련이 있는 회사만 지배할 수 있다. 따라서 금융지주회사의 자회사는 ① **금융업**과 ② **금융업의 영위와 밀접한 관련이 있는 업무**를 수행할 수 있다.

「금융산업의 구조개선에 관한 법률」(이하 "금산법"이라 한다)은 **금융기관**을 ① 은행법에 따라 설립된 은행 ② 중소기업은행법에 따른 중소기업은행 ③ 자본시장법에 따른 투자매매업자·투자중개업자 ④ 자본시장법에 따른 집합투자업자, 투자자문업자 또는 투자일임업자 ⑤ 보험업법에 따른 보험회사 ⑥ 상호저축은행법에 따른 상호저축은행 ⑦ 자본시장법에 따른 신탁업자 ⑧ 자본시장법에 따른 종합금융회사 ⑨ 금융지주회사법에 따른 금융지주회사 ⑩ 그 밖의 법률에 따라 금융업무를 하는 기관으로서 대통령령으로 정하는 기관으로 규정하고 있다.

그리고 금융지배법은 **금융회사**를 ① 은행법에 따른 인가를 받아 설립된 은행 ② 자본시장법에 따른 금융투자업자 및 종합금융회사 ③ 보험업법에 따른 보험회사 ④ 상호저축은행법에 따른 상호저축은행 ⑤ 여신전문금융업법에 따른 여신전문금융회사 ⑥ 금융지주회사법에 따른 금융지주회사 ⑦ 그 밖의 법률에 따라 금융업무를 하는 회사로서 대통령령으로 정하는 회사로 규정하고 있다(제2조).

2. 내부통제 및 위험관리 등

가. 내부통제기준의 마련

금융회사는 법령을 준수하고, 경영을 건전하게 하며, 주주 및 이해관계자 등을 보호하기 위하여 금융회사의 임직원이 직무를 수행할 때 준수하여야 할 기준 및 절차(내부통제기준)를 마련하여야 한다(제24조제1항). 그러나 **금융지주회사**가 금융회사인 자회사등의 내부통제기준을 마련하는 경우 그 자회사등은 내부통제기준을 마련하지 아니할 수 있다(제24조제2항).

은행지주회사의 경우, ① 이사회와 고위경영진의 책임을 명확화하고, ② 그룹차원의 삼선방어체계를 구축하도록 지도해야 하며, ③ 그룹 차원의 내부통제 정보공유와 의사소통체계를 확립하고, ④ 충분한 내부통제인력 지원과 역할 조정도 필요하다. ⑤ 그룹 내부통제에 대한 외부감시체계를 구축하고, ⑥ 그룹 내부통제기준 정합성을 제고하여야 한다.[325]

나. 준법감시인의 선임

(1) 준법감시인제도의 도입

준법감시인제도는 처음 **2000년 1월 21일 개정된 은행법**은 은행에 준법감시인을 두도록 하였으며, 증권회사, 보험회사, 증권투자신탁회사(이후 자산운용회사), 증권 투자회사, 종합금융회사 등도 관련법을 개정하여 준법감시인의 설치를 의무화하였다. 이는 영미법상의 Compliance Officer 제도를 IMF 이후 기업지배구조를 개선하고 기업경영의 투명성을 제고하기 위한 제도의 하나로 우리나라 **금융기관의 필요적 상설기구**로 도입된 제도이다.

도입 배경을 보면, 1997년 외환위기의 원인에 대한 분석결과 금융기관에 대한 효과적인 감독체계의 정립이 필요하고, 특히 전 세계적인 금융규제의 완화, 개방화와 관련하여 금융기관의 내부통제 강화를 위한 선진국의 준법감시(compliance)제도의 도입이 필요하다는 견해가 제기되었다.

특히, 금융산업은 고객의 자산을 위탁받아 운용·관리하므로 산업의 속성상 고객의 자산을 유용하거나 고객의 이익을 침해할

---

325) 이성복, "은행지주회사의 그룹 내부통제체계 실태와 개선 방향"(2021), 204~213면.

가능성이 상존하고 있으므로, 금융인의 높은 신뢰성과 도덕성이 요구되며 이를 위하여 상시적인 통제·감독장치로서 법규준수제도의 도입이 요청되었다.

그러나, 준법감시인은 금융관련법에서 제정을 의무화하고 있는 내부통제기준에 따른 업무를 담당하는 필요적 기구로 명시하면서 준법감시인의 법적 지위, 권한 및 의무 등과 관련하여 규정하고 있지만, 준법감시의 개념은 명확히 정립되지 못하였다.

(2) 금융지주회사에서의 도입

위에서 본 바와 같이, 금융기관은 준법감시인제도를 도입하였으나, 금융기관을 자회사로 지배하는 금융지주회사에는 이를 의무화하지 않았다.

그 이유는 우리나라 금융지주회사제도가 은행지주회사 중심으로 운영되도록 제도화되었었고, 이에 대한 규제도 비교적 엄격하였기 때문에 자회사인 금융기관에 준법감시인의 선임이 의무화된 이상 금융지주회사에 또 다시 준법감시인을 설치할 필요성을 느끼지 못하였기 때문이다.

그러나 금융지주회사법의 개정을 통하여 ① 은행지주회사 중심에서 보험지주회사, 금융투자지주회사 등의 설립을 용이하도록 하고, ② 비금융자회사, 손자회사 이하의 지배를 확대하는 등 금융지주회사와 관련된 많은 규제를 완화하게 되는 상황에서 자회사 등의 경영관리를 통할하는 금융지주회사의 업무처리절차의 적정성 및 적법성 준수에 대한 필요성, 이해상충 및 금융소비자 보호 등의 부작용을 방지하여야 할 필요성이 제기되었다.

이를 반영하여 **2009년 7월 31일 개정된 금융지주회사법**은 금융지주회사 내부적으로 내부통제체계를 갖추고 준법감시인을 선임하도록 하였다. 그러나 모든 금융지주회사에서 선임하여야 하는 것은 아니고, 임직원을 금융지주회사 및 자회사 등 간에 겸직하거나 자회사 등 사이에 업무위탁을 하는 경우에 내부통제기준을 정하여야 하고, 내부통제기준의 준수여부를 조사하고 보고하는 준법감시인을 선임하도록 하였다(제41조의5 제1-2항).

그 후 **2015년 7월 31일 제정된 금융지배법**은 금융지주회사를 포함한 금융회사326)는 준법감시인을 1명 이상 두도록 하였다 (제25조 제1항).

(3) 준법감시인의 임무

준법감시인은 내부통제기준의 준수 여부를 점검하고 내부통제기준을 위반하는 경우 이를 조사하는 등 **내부통제 관련 업무를 총괄**하여야 하고, 필요하다고 판단하는 경우 조사결과를 감사위원회 또는 감사에게 보고할 수 있다(제25조 제1항).

(4) 준법감시인의 자격요건

준법감시인은 다음의 요건을 모두 충족한 사람이어야 한

---

326) 자산규모 등을 고려하여 대통령령으로 정하는 투자자문업자 및 투자일임업자는 제외한다.

다(제26조). 준법감시인이 된 사람이 다음 어느 하나의 요건을 충족하지 못하게 된 경우에는 그 직을 잃는다(제26조).

① 최근 5년간 금융지배법 또는 금융관계법령을 위반하여 금융위원회 또는 금융감독원의 원장, 그 밖에 대통령령으로 정하는 기관으로부터 제35조 제1항 각 호 및 제2항 각 호에 규정된 조치 중 문책경고 또는 감봉요구 이상에 해당하는 조치를 받은 사실이 없을 것

② 다음의 어느 하나에 해당하는 사람. 다만, 다음[327]의 어느 하나에 해당하는 사람으로서 (라)의 전단에서 규정한 기관에서 퇴임하거나 퇴직한 후 5년이 지나지 아니한 사람은 제외한다.

(가) 「금융위원회의 설치 등에 관한 법률」 제38조에 따른 검사 대상 기관(이에 상당하는 외국금융회사를 포함한다)에서 10년 이상 근무한 사람

(나) 금융 관련 분야의 석사학위 이상의 학위소지자로서 연구기관 또는 대학에서 연구원 또는 조교수 이상의 직에 5년 이상 종사한 사람

(다) 변호사 또는 공인회계사의 자격을 가진 사람으로서 그 자격과 관련된 업무에 5년 이상 종사한 사람

(라) 기획재정부, 금융위원회, 「금융위원회의 설치 등에 관한 법률」 제19조에 따른 증권선물위원회, 감사원, 금융감독원, 한국은행, 「예금자보호법」 제3조에 따라 설립된 예금보험공사, 그 밖에 금융위원회가 정하여 고시하는 금융 관련 기관에서 7년 이상 근무한 사람. 이 경우 예금보험공사의 직원으로서 예금자보호법 제2조 제5호에 따른 부실금융회사 또는 같은 조 제6호에 따른 부실우려금융회사와 같은 법 제36조의3에 따른 정리금융회사의 업무 수행을 위하여 필요한 경우에는 7년 이상 근무 중인 사람을 포함한다.

(마) 그 밖에 위 (가)부터 (라)까지의 규정에 준하는 자격이 있다고 인정되는 사람으로서 대통령령으로 정하는 사람.

---

327) (라) 후단의 경우는 제외한다.

(5) 준법감시인의 임면 의무

준법감시인은 **사내이사 또는 업무집행책임자 중에서** (제25조 제2항 본문) 선임하는 것이 원칙이지만, 자산규모, 영위하는 금융 업무 등을 고려하여 대통령령으로 정하는 금융회사 또는 외 국금융회사의 국내지점은 **사내이사 또는 업무집행책임자가 아닌 직원 중에서**328) 선임할 수 있다(제25조 제2항 단서). 금융회사329)가 준법감시인을 임면하려는 경우에는 **이사회의 의결**을 거쳐야 하며, 해임할 경우에는 이사 총수의 3분의 2 이상의 찬성으 로 의결한다(제25조 제3항).

(6) 준법감시인의 대우

준법감시인의 **임기는 2년 이상**으로 한다(제25조 제4항). 금융회사는 준법감시인에 대하여 회사의 재무적 경영성과와 연동하지 아 니하는 별도의 보수지급 및 평가 기준을 마련하여 운영하여 야 한다(제25조 제6항).

(7) 준법감시인에 대한 독립성 보장

금융회사는 준법감시인이 그 직무를 **독립적으로 수행**할

---

328) 금융회사는 준법감시인을 제2항 단서에 따라 직원 중에서 선 임하는 경우 「기간제 및 단시간근로자 보호 등에 관한 법률」에 따른 기간제근로자 또는 단시간근로자를 준법감시인으로 선임하여 서는 아니 된다(제25조 제5항).

329) 외국금융회사의 국내지점은 제외한다.

수 있도록 하여야 한다(제30조제1항). 그리고 준법감시인을 임면하였을 때에는 대통령령으로 정하는 바에 따라 그 사실을 금융위원회에 보고하여야 하고(제30조제2항), 준법감시인이었던 사람에 대하여 그 직무수행과 관련된 사유로 부당한 인사상의 불이익을 주어서는 아니 된다(제30조제4항). 금융회사 및 그 임직원은 준법감시인이 그 직무를 수행할 때 필요한 **자료나 정보의 제출**을 요구하는 경우 이에 성실히 응하여야 한다(제30조제3항).

다. 위험관리기준

(1) 위험관리기준의 마련

금융회사는 자산의 운용이나 업무의 수행, 그 밖의 각종 거래에서 발생하는 위험을 제때에 인식·평가·감시·통제하는 등 위험관리를 위한 기준 및 절차(위험관리기준)를 마련하여야 한다(제27조제1항). 그러나 **금융지주회사**가 금융회사인 자회사등의 위험관리기준을 마련하는 경우 그 자회사등은 위험관리기준을 마련하지 아니할 수 있다(제27조제2항).

(2) 위험관리책임자의 임면

금융회사[330]는 **사내이사 또는 업무집행책임자 중에서** (제25조제2항 본문) 자산의 운용이나 업무의 수행, 그 밖의 각종 거래에

---

330) 자산규모 및 영위하는 업무 등을 고려하여 대통령령으로 정하는 투자자문업자 및 투자일임업자는 제외한다.

서 발생하는 위험을 점검하고 관리하는 위험관리책임자를 1
명 이상 두어야 한다($\binom{제27조}{제1항}$). 그러나 자산규모, 영위하는 금융
업무 등을 고려하여 대통령령으로 정하는 금융회사 또는 외
국금융회사의 국내지점은 **사내이사 또는 업무집행책임자가
아닌 직원 중에서**[331] 위험관리책임자를 선임할 수 있다
($\binom{제25조}{제2항 단서}$)($\binom{제27조}{제2항}$).

금융회사[332]가 위험관리책임자를 임면하려는 경우에는 **이
사회의 의결**을 거쳐야 하며, 해임할 경우에는 이사 총수의 3
분의 2 이상의 찬성으로 의결한다($\binom{제25조}{제3항}$)($\binom{제27조}{제2항}$).

위험관리책임자의 임기는 **2년 이상**으로 한다($\binom{제25조}{제4항}$)($\binom{제27조}{제2항}$).
금융회사는 위험관리책임자에 대하여 회사의 재무적 경영성
과와 연동하지 아니하는 별도의 보수지급 및 평가 기준을 마
련하여 운영하여야 한다($\binom{제25조}{제6항}$)($\binom{제27조}{제2항}$).

그리고 위험관리책임자를 임면하였을 때에는 대통령령으로
정하는 바에 따라 그 사실을 **금융위원회에 보고**하여야 하고
($\binom{제30조}{제2항}$).

(3) 위험관리책임자의 자격요건

위험관리책임자는 위험관리에 대한 전문적인 지식과 실무

---

331) 금융회사는 준법감시인을 제2항 단서에 따라 직원 중에서 선
임하는 경우 「기간제 및 단시간근로자 보호 등에 관한 법률」에
따른 기간제근로자 또는 단시간근로자를 준법감시인으로 선임하여
서는 아니 된다(제25조 제5항).

332) 외국금융회사의 국내지점은 제외한다.

경험을 갖춘 사람으로서 다음의 요건을 모두 충족한 사람이어야 한다(제27조 제3항). 위험관리책임자가 된 사람이 아래 ①의 요건을 충족하지 못하게 된 경우에는 그 직을 잃는다(제27조 제3항).

① 최근 5년간 금융지배법 또는 금융관계법령을 위반하여 금융위원회 또는 금융감독원장, 그 밖에 대통령령으로 정하는 기관으로부터 제35조 제1항 각 호 및 제2항 각 호에 규정된 조치 중 문책경고 또는 감봉요구 이상에 해당하는 조치를 받은 사실이 없을 것

② 다음의 어느 하나에 해당하는 사람일 것. 다만, 다음의 어느 하나에 해당하는 사람으로서 (다)에서 규정한 기관에서 퇴임하거나 퇴직한 후 5년이 지나지 아니한 사람은 제외한다.

(가) 「금융위원회의 설치 등에 관한 법률」 제38조에 따른 검사 대상 기관(이에 상당하는 외국금융회사를 포함한다)에서 10년 이상 근무한 사람

(나) 금융 관련 분야의 석사학위 이상의 학위소지자로서 연구기관 또는 대학에서 위험관리와 관련하여 연구원 또는 조교수 이상의 직에 5년 이상 종사한 사람

(다) 금융감독원, 한국은행, 예금보험공사, 그 밖에 금융위원회가 정하는 금융 관련 기관에서 위험관리 관련 업무에 7년 이상 종사한 사람

(라) 그 밖에 가목부터 다목까지의 규정에 준하는 자격이 있다고 인정되는 사람으로서 대통령령으로 정하는 사람.

(4) 위험관리책임자의 겸직 금지

준법감시인 및 위험관리책임자는 선량한 관리자의 주의로 그 직무를 수행하여야 하며, 다음의 업무를 수행하는 직무를 담당해서는 아니 된다(제29조).

① 자산 운용에 관한 업무

② 해당 금융회사의 본질적 업무(해당 금융회사가 인가를 받거나 등록을 한 업무와 직접적으로 관련된 필수업무로서 대통령령으로 정하는 업무를 말한다) 및 그 부수업무

③ 해당 금융회사의 겸영(兼營)업무

④ 금융지주회사의 경우에는 자회사등의 업무[333]

⑤ 그 밖에 이해가 상충할 우려가 있거나 내부통제 및 위험관리업무에 전념하기 어려운 경우로서 대통령령으로 정하는 업무.

(5) 위험관리책임자에 대한 독립성 보장

금융회사는 위험관리책임자가 그 직무를 **독립적으로 수행**할 수 있도록 하여야 하고(제30조제1항), 위험관리책임자였던 사람에 대하여 그 직무수행과 관련된 사유로 부당한 **인사상의 불이익**을 주어서는 아니 된다(제30조제4항). 그리고 금융회사 및 그 임직원은 위험관리책임자가 그 직무를 수행할 때 필요한 **자료나 정보의 제출**을 요구하는 경우 이에 성실히 응하여야 한다(제30조제3항).

3. 자회사등 사이의 업무위탁

가. 업무 위탁의 범위

금융지주회사의 자회사등은 금융업 또는 금융업의 영위와

---

333) 금융지주회사의 위험관리책임자가 그 소속 자회사등의 위험관리업무를 담당하는 경우는 제외한다.

밀접한 관련이 있는 업무에 관하여 그 자회사등이 영위하는 업무의 일부를 다른 자회사등에게 **위탁**할 수 있다(제47조 제1항).334)

나. 금융위원회의 사전 승인

금융지주회사는 그 자회사등 사이에 업무위탁이 이루어지는 경우에는 내부통제기준의 적절성 등 대통령령으로 정하는 기준을 갖추어 미리 **금융위원회의 승인**을 얻어야 한다(제47조 제2항 본문).

그러나 위험전이, 이해상충 또는 금융회사의 건전성 저해의 우려가 적은 경우로서 대통령령으로 정하는 경우에는 다음 각 호의 사항을 대통령령으로 정하는 방법 및 절차에 따라 금융위원회에 **보고**하여야 한다(제47조 제2항 단서).

① 위탁하는 업무의 범위
② 수탁자의 행위제한에 관한 사항
③ 위탁하는 업무의 처리에 대한 기록유지에 관한 사항
④ 그 밖에 자회사등 사이의 위험의 전이 방지, 고객과의 이해상충 방지 또는 건전한 거래질서를 위하여 필요한 사항으로서 대통령령으로 정하는 사항.

금융위원회는 위 보고내용이 다음의 어느 하나에 해당하

---

334) 다만, 자회사등 사이의 위험의 전이, 고객과의 이해상충 또는 건전한 거래질서를 해할 우려가 있는 것으로서 대통령령으로 정하는 업무를 위탁하여서는 아니 된다.

는 경우에는 해당 업무의 위탁을 **제한하거나 시정**할 것을 명
할 수 있다(제47조 제3항).

① 금융기관의 경영건전성을 저해하는 경우
② 고객과의 이해상충을 초래하는 경우
③ 금융시장의 안정성을 저해하는 경우
④ 금융거래질서를 문란하게 하는 경우.

다. 본질적 업무의 위탁

위탁받는 업무가 **본질적 업무**[335]인 경우 그 본질적 업무를
위탁받는 자회사등은 그 업무 수행에 필요한 **인가를 받거나**
등록을 한 자이어야 한다(제47조 제4항).[336]

업무를 위탁받은 자회사등이 그 위탁받은 업무를 영위하
는 과정에서 고객에게 손해를 끼친 경우에는 민법상 손해배
상의 책임이 있으며(제756조), 이 경우 금융지주회사와 업무를
위탁한 자회사등은 연대하여 그 **손해를 배상할 책임**이 있다
(제47조 제5항).

---

335) 해당 금융기관 또는 금융업의 영위와 밀접한 관련이 있는 회
사가 인가를 받거나 등록을 한 업무와 직접적으로 관련된 필수업무
로서 대통령령으로 정하는 업무를 말한다. 이하 이 항에서 같다.

336) 이 경우 그 업무를 위탁받는 자회사등이 외국 자회사등으로서
대통령령으로 정하는 요건을 갖춘 경우에는 그 업무수행에 필요한
인가를 받거나 등록을 한 것으로 본다.

4. 지주회사와 자회사의 공동영업

가. 고객정보의 제공 및 관리

(1) 입법 취지

금융지주회사 및 자회사 등 간에 **시너지 효과를 극대화**하기 위해서는 비용을 최소화하면서 수익은 최대화하는 방향으로 업무 협조관계가 효율적으로 이루어져야 한다. 그 중 하나로 금융지주회사에 소속된 은행, 증권사, 보험사 등이 고객정보를 공동으로 사용할 수 있도록 규정하고 있다.

(2) 정보공유의 방법

금융지주회사등은 「금융실명거래 및 비밀보장에 관한 법률」[337] 및 「신용정보의 이용 및 보호에 관한 법률」[338] 에 불구하고 ① **금융거래의 내용에 관한 정보 또는 자료**[339] 및 ② **개인신용정보**를 다음의 사항에 관하여 금융위원회가 정하는 방법과 절차에 따라 그가 속하는 금융지주회사등에게 신

---

337) 이하 "금융실명법"이라 한다.
338) 이하 "신용정보법"이라 한다.
339) 이하 "금융거래정보"라 한다.

용위험관리 등 대통령령으로 정하는 내부 경영관리상 이용하게 할 목적으로 제공할 수 있다(제48조의2 제1항).

① 제공할 수 있는 정보의 범위
② 고객정보의 암호화 등 처리방법
③ 고객정보의 분리 보관
④ 고객정보의 이용기간 및 이용목적
⑤ 이용기간 경과 시 고객정보의 삭제
⑥ 그 밖에 고객정보의 엄격한 관리를 위하여 대통령령으로 정하는 사항.

그리고 금융지주회사의 자회사등인 자본시장법에 따른 투자매매업자 또는 투자중개업자는 해당 투자매매업자 또는 투자중개업자를 통하여 증권을 매매하거나 매매하고자 하는 위탁자가 **예탁한 금전 또는 증권에 관한 정보** 중 다음의 어느 하나에 해당하는 정보340)를 고객정보제공절차에 따라 그가 속하는 금융지주회사등에게 신용위험관리 등 대통령령으로 정하는 내부 경영관리상 이용하게 할 목적으로 제공할 수 있다(제48조의2 제2항). 이에 따라 자회사등이 이상의 금융거래정보·개인신용정보 및 증권총액정보등341)을 제공하는 경우에는 신용정보법 제32조 제10항을 적용하지 아니한다(제48조의2 제3항).

① 예탁한 금전의 총액
② 예탁한 증권의 총액

---

340) 이하 "증권총액정보등"이라 한다.
341) 이하 "고객정보"라 한다.

③ 예탁한 증권의 종류별 총액

④ 그 밖에 위 ①부터 ③까지에 준하는 것으로서 금융위원회가 정하여 고시하는 정보.

(3) 고객의 보호

고객정보를 그가 속하는 금융지주회사등에게 제공하는 경우에는 그 제공내역을 **고객에게 통지**하여야 한다(제48조의2 제4항).342)

금융지주회사등은 고객정보의 엄격한 관리를 위하여 그 임원 중에 1인 이상을 고객정보를 관리할 자343)로 선임하여야 하며(제48조의2 제6항), **고객정보관리인**은 고객정보의 엄격한 관리를 위하여 금융위원회가 정하는 바에 따라 업무지침서를 작성하고, 그 내용을 금융위원회에 보고하여야 한다(제48조의2 제7항).

그리고 금융지주회사등은 대통령령이 정하는 바에 따라 **고객정보의 취급방침**을 정하여야 하며, 이를 당해 금융지주회사등의 거래상대방에게 통지하거나 공고하고 영업점에 게시하여야 한다(제48조의2 제8항).

(4) 공유 가능한 정보의 범위

2002년 4월 27일 개정시 이 규정이 신설되었는데, 당시에는 ① **개인에 관한 신용정보** ② 위탁자가 예탁한 **금전 또는**

---

342) 다만, 연락처 등 통지할 수 있는 개인정보를 수집하지 아니한 경우에는 그러하지 아니하다.

343) 이하 "고객정보관리인"이라 한다.

유가증권의 총액에 관한 정보에 한정하였으나, 2009년 7월 31일 개정시 **금융거래정보**를 추가하였다.

따라서 법인의 예·적금 등 수신, 환업무 관련 금융거래정보까지 공유할 수 있도록 하였다. 또한 자회사인 증권회사가 보유하고 있는 예탁유가증권 정보의 제공범위를 현행 개인·법인의 예탁 금전 및 유가증권 총액뿐만 아니라 유가증권 종류별 총액 정보의 제공도 가능하도록 하였다.

(5) 개선 방안

① 공유 가능한 **정보를 더욱 확대**할 필요가 있다. 증권의 종류별 총액정보를 제공하는 것만으로는 고객정보를 영업적으로 활용하기는 매우 어려우며, 최소한 **계좌별 총액정보** 정도는 제공할 수 있도록 하는 것이 금융지주회사 그룹차원에서 고객정보를 활용하여 시너지 효과를 제고할 수 있다. 즉, 고객이 투자한 펀드의 종류에 따라 고객의 투자성향을 알 수 있고, 이와 같은 고객 성향에 대한 분석결과를 바탕으로 금융그룹 내의 영업에 활용함으로써 시너지 효과가 높아질 수 있다.

② 그리고 일정한 고객정보에 대하여 **실시간으로 정보**를 제공할 수 있는 방안을 모색할 필요가 있다. 개정법은 업무위탁의 범위를 확대하여 **그룹 통합콜센타** 등의 운영이 가능해졌는데, 고객정보의 제공 및 이용이 실시간으로 이루어지지 않는다면, 고객의 성향분석결과를 활용한 상담이나 영업이 곤란하고, 시너지 효과를 제고하기 위하여 업무위탁범위

확대 또는 고객정보 제공범위확대를 추진한 법개정의 취지가 반감될 것이다.

③ 자본시장법상 **정보교류차단장치(chinese wall)**[344] **규정**[345] **의 적용을 배제**하여야 한다. 금융지주회사 및 자회사 등 간의 고객정보 제공과 관련하여 금융투자업자와 계열회사간에

---

344) 이는 이해상충 가능성이 있는 업부 또는 계열회사 간의 정보의 교류를 차단하는 장치이며, 금융투자업자의 이해상충은 결국 그 내부의 다른 업무수행자 또는 다른 계열회사로부터 취득한 특정 투자자에 대한 업무상 정보를 활용하여 자신이나 다른 투자자의 이익을 위하여 활용하는 형식으로 나타난다; 정순섭, 『자본시장법』 (2023), 843면.

345) 제45조(정보교류의 차단) ① 금융투자업자는 금융투자업, 제40조 제1항 각 호의 업무, 제41조 제1항에 따른 부수업무 및 제77조의3에서 종합금융투자사업자에 허용된 업무(이하 이 조에서 "금융투자업등"이라 한다)를 영위하는 경우 내부통제기준이 정하는 방법 및 절차에 따라 제174조 제1항 각 호 외의 부분에 따른 미공개중요정보 등 대통령령으로 정하는 **정보의 교류를 적절히 차단**하여야 한다. ② 금융투자업자는 금융투자업등을 영위하는 경우 계열회사를 포함한 제삼자에게 정보를 제공할 때에는 내부통제기준이 정하는 방법 및 절차에 따라 제174조 제1항 각 호 외의 부분에 따른 미공개중요정보 등 대통령령으로 정하는 정보의 교류를 적절히 차단하여야 한다. ③ 제1항 및 제2항의 내부통제기준은 다음 각 호의 사항을 반드시 포함하여야 한다. 1. 정보교류 차단을 위해 필요한 기준 및 절차 2. 정보교류 차단의 대상이 되는 정보의 예외적 교류를 위한 요건 및 절차 3. 그 밖에 정보교류 차단의 대상이 되는 정보를 활용한 이해상충 발생을 방지하기 위하여 대통령령으로 정하는 사항 ④ 금융투자업자는 제1항 및 제2항에 따른 정보교류 차단을 위하여 다음 각 호의 사항을 준수하여야 한다. 1. 정보교류 차단을 위한 내부통제기준의 적정성에 대한 정기적 점검 2. 정보교류 차단과 관련되는 법령 및 내부통제기준에 대한 임직원 교육 3. 그 밖에 정보교류 차단을 위하여 대통령령으로 정하는 사항.

자본시장법상 교류금지정보를 교류하기 위해서는 일정한 요건을 준수하여야 한다. 금융지주회사 및 자회사 등은 개인신용정보를 자회사 등에게 제공할 수 있고, 여기에는 자본시장법상 금융투자상품의 매매·소유현황에 관한 정보 등이 포함된다. 따라서 자본시장법에서 교류를 금지하고 있는 정보는 이 요건을 준수하여야 하는가 하는 문제가 있다.

금융지주회사 및 자회사 등 간에 정보를 교류하는 경우라도 신용정보관리인을 선임하고, 업무지침서를 작성하여 정하여진 절차에 따라 정보를 공유하고 있으며, 고객정보의 취급방침을 정하여 이를 거래상대방에게 통지하거나 공고하고 영업점에 게시하는 등 매우 엄격한 절차적인 통제가 이루어지고 있으므로, 자본시장법상 관련 규정의 적용은 배제하여야 한다.[346]

나. 공동광고 및 공동영업장의 이용

금융지주회사등은 다른 법령에도 불구하고 **공동광고**를 하거나 전산시스템, 사무공간, 영업점, 그 밖에 대통령령으로 정하는 **시설을 공동사용**할 수 있다(제48조 제4항).

금융지주회사등은 비용을 절감하고 공동영업을 통한 시너지 효과를 제고하기 위하여 공동영업장을 이용하는 경우가 많다. 금융플라자 또는 출장소 형태로 은행 및 증권영업을

---

346) 원동욱, "한국 금융지주회사의 법제 현황"(2010), 38면.

위하여 복합점포를 이용한다. 이와 같은 복합점포의 이점은 고객에게 One-Stop 금융서비스의 제공이 가능하다는 점이다. 그 동안 고객들은 금융서비스를 제공받기 위해서는 은행, 증권사, 보험사의 지점을 필요시에 각각 방문하여 업무를 처리하였지만, 복합점포를 방문하면 한번 방문하여 필요한 금융업무를 일괄하여 처리할 수 있어 많은 편의를 받게 된다.

그러나 여러 종류의 금융업무를 동일한 영업장에서 처리하다가 보면 고객의 경우 각 금융상품의 특성이나 내재된 금융리스크에 대한 정확한 이해 없이 금융거래를 할 우려가 있고, 실적에 급급한 일부 금융기관 직원의 경우에는 고객들의 금융상품에 대한 이해 부족을 이용하여 금융상품에 대한 정확한 설명없이 가입을 유도할 우려가 있다.

따라서 금융당국은 이와 같은 문제를 미연에 방지하기 위하여 **금융권역별 창구분리**를 실시하고 있다. 이는 고객의 혼선을 방지하기 위하여 동일한 은행 내에서 예·수신, 보험, 펀드판매 창구를 각각 분리하여 운영하도록 한 것과 동일한 취지이다.[347]

그동안 복합점포의 운영에 대해서는 그 법적 근거가 없어서 금융당국의 가이드라인 등 유권해석에 의존하였는데, 2009년 7월 31일 개정시 이에 대한 명확한 법적 근거를 명시하였다[348] 그러나 자본시장법에 의하면 금융투자업자와 계열

---

347) 원동욱, "한국 금융지주회사의 법제 현황"(2010), 36면.

348) 제48조(자회사등의 행위제한) ① 금융지주회사의 자회사등은 다음 각호의 행위를 하여서는 아니된다. 다만, 당해 자회사등이 새로이

회사 간에 사무공간, 전산설비의 공동사용이 금지되고 있어서 서로 상충되고 있는데, 금융지주회사법이 우선 적용되는 것으로 보아야 한다고 생각한다.

업무위탁이나 공동점포 운영 등을 통하여 업무제휴가 이루어지면, 이로 인하여 발생하는 수수료의 분배가 문제된다. 자본시장법상 국내·외에서 금융투자업을 영위하지 아니하는 자에 대하여 거래대금, 거래량 등 투자자의 매매거래규모 또는 금융투자업자의 수수료 수입에 연동하여 직접 또는 간접의 대가를 지급하는 행위를 하지 못한다.

따라서 수수료 수입의 일정 비율을 대가로 지급하는 방식은 위법의 가능성이 있으므로 피하여야 한다. 금융기관이 업무제휴에 따라 업무를 수행하고 대가를 받을 때 고객이 아닌 상대 금융기관으로부터 직접 지급받게 되면, 제휴 금융기관의 업무를 수탁받거나 보조한 것으로 해석될 여지가 있으므로 객관적으로 명확한 자료가 있을 경우에는 가능하지만 그

금융지주회사에 편입되는 등 대통령령이 정하는 경우에는 그러하지 아니하다. ~ ③ (생략) ④ 금융지주회사등은 다른 법령에도 불구하고 **공동광고를 하거나 전산시스템, 사무공간, 영업점, 그 밖에 대통령령으로 정하는 시설**을 공동사용할 수 있다. 이 경우 대통령령으로 정하는 기준을 준수하여야 한다. 영 제27조 ⑨법 제48조 제4항에 따라 금융지주회사등은 공동광고를 하거나 전산시스템, 사무공간, 영업점 및 제8항 각 호의 시설을 공동사용하는 경우 다음 각 호의 사항에 관하여 금융위원회가 정하여 고시하는 기준을 준수하여야 한다. 1. **예금자 또는 투자자의 보호**에 관한 사항 2. 금융지주회사등 상호간의 **이익상충의 방지**에 관한 사항 3. 기타 건전한 금융질서를 유지하기 위하여 필요한 사항으로서 **금융위원회**가 정하는 사항.

외의 경우에는 가능한 한 피하고, 공정거래법상 부당공동행위의 규제 조항을 준수하여야 한다.

여기서 문제되는 것은 동일한 금융지주회사에 소속된 금융기관들은 공유하는 고객정보를 활용하고, 금융지주회사의 경영전략의 일환으로 수립된 동일한 영업전략을 수행하기 위하여 **공동상품을 개발하고 공동마케팅** 등을 수행하여야 하는데, 이것이 부당공동행위에 해당하느냐 하는 점이다. 이는 시너지 효과의 제고라는 금융지주회사제도를 도입한 취지를 생각할 때 위반되지 않는 것으로 해석하는 것이 타당하다.[349]

5. 자회사등의 행위제한

가. 금융그룹내 차단벽의 설치

금융지주회사의 그룹내 부실이 전염되는 것을 막기 위하여 출자, 신용공여 등의 행위를 제한하도록 엄격한 **차단벽** (fire wall)[350]을 설치하고 있다.[351]

---

349) 원동욱, "한국 금융지주회사의 법제 현황"(2010), 36~37면.

350) 이를 "방화벽" 또는 "보호벽"이라고도 하며, 미국에서는 주로 은행업과 증권업의 겸업을 금지하는 법률을 말하며, 최근에는 ① 은행업과 증권업의 겸업에 따른 장점을 훼손하고 ② 증권회사 경영의 안정성을 저해한다는 문제점을 지적하고 있다; 조흥은행, *Fire Wall*(1989), 49~52면.

나. 당해 금융지주회사의 주식 소유 등의 제한

금융지주회사의 자회사등은 **당해 금융지주회사의 주식**을 소유하여서는 아니된다(제48조제5항).352)

그리고 금융지주회사의 자회사등이 **당해 금융지주회사** 또는 당해 금융지주회사의 **다른 자회사등**353)의 주식을 소유하는 경우에는 그 주식에 대하여 의결권을 행사할 수 없다(제48조제7항).354)

주식교환 또는 주식이전에 의하여 자회사가 금융지주회사의 주식을 취득하거나 손자회사가 자회사의 주식을 취득한 때에는 당해 주식중 다음의 어느 하나에 해당하는 자기주식의 교환대가로 배정받은 금융지주회사 또는 자회사의 주식에 대하여 상법 제342조의2의 규정을 적용함에 있어서 동조 제2항중 "6월"은 "3년"으로 본다(제62조의2제1항).

---

351) 이에 관한 규정은 은행법, 공정거래법, 상법 등에서의 중복규 병을 종합·정리할 필요가 있다; 전삼현, 『금융지주회사법의 문제와 대안』(2002), 120~121면.

352) 다만, 금융지주회사의 자회사가 제62조의2 제1항 또는 상법 제 342조의2의 규정에 의하여 당해 금융지주회사의 주식을 취득하는 경우에는 그러하지 아니하다.

353) 해당 자회사등으로부터 직접 지배받는 회사를 제외한다.

354) 다만, 제1항 제2호 각 목의 어느 하나에 해당하는 경우에는 그 러하지 아니하다.

① 주식교환 또는 주식이전에 반대하는 주주의 주식매수청구권 행사로 인하여 취득한 자기주식

② 증권거래법 제189조의2제1항 및 제2항의 규정에 의하여 취득한 자기주식으로서 주식교환계약서의 승인에 관한 이사회 결의일 또는 주식이전승인에 관한 이사회 결의일부터 주식매수청구권 행사만료일까지 매입한 자기주식.

다. 동일 금융그룹 내의 신용공여 등의 제한

자회사등은 자신이 속하는 **금융지주회사에 대한 신용공여 등** 다음의 행위를 하여서는 아니된다(제48조 제1항).[355]

① 당해 자회사등이 속하는 금융지주회사에 대한 신용공여

② 다음의 어느 하나에 해당하는 경우 이외에 해당 자회사등이 속하는 금융지주회사의 다른 자회사등의 주식을 소유하는 행위

㉮ 해당 자회사등에 의하여 직접 지배받는 회사의 주식을 소유하는 경우

㉯ 다른 자회사등이 지배하는 외국법인의 주식을 소유하는 경우로서 위험전이 방지 등을 위하여 대통령령으로 정하는 기준을 초과하지 아니하는 범위 내에서 해당 외국 법인의 주식을 소유하는 경우

③ 당해 자회사등이 속하는 금융지주회사의 다른 자회사등에 대한 신용공여로서 대통령령이 정하는 기준을 초과하는 신용공여.

동일한 금융지주회사에 속하는 자회사등 상호간에 신용공여를 하는 경우에는 대통령령이 정하는 기준에 따라 적정한

---

355) 다만, 당해 자회사등이 새로이 금융지주회사에 편입되는 등 대통령령이 정하는 경우에는 그러하지 아니하다.

담보를 확보하여야 한다(^{제48조}_{제2항}).356)

은행, 보험회사 및 그 밖에 이에 준하는 금융기관으로서 대통령령으로 정하는 자회사등은 해당 자회사등이 속하는 금융지주회사 및 자회사등357)으로부터 대통령령으로 정하는 **불량자산을 매입**하여서는 아니 되며, 금융지주회사와 자회사등 간 또는 자회사등 상호간에 불량자산을 거래하는 경우에는 그 외의 자를 상대방으로 하여 거래하는 경우 등 통상적인 거래조건과 비교하여 해당 금융지주회사 또는 자회사등에 현저하게 불리한 조건으로 해당 **불량자산을 매매**하여서는 아니 된다(^{제48조}_{제3항}).358)

---

356) 다만, 자회사등의 구조조정에 필요한 신용공여 등 금융위원회가 정하는 요건에 해당하는 경우에는 그러하지 아니하다.

357) 이하 "금융지주회사등"이라 한다.

358) 다만, 자회사등의 구조조정에 필요한 거래 등 금융위원회가 정하는 요건에 해당하는 경우에는 그러하지 아니하다.

제4장 감독 및 벌칙

제1절 금융지주회사에 대한 감독

1. 금융위원회

　금융위원회는 금융지주회사등의 건전한 경영을 위하여 **감독상 필요한 명령**을 할 수 있다($\frac{제49조}{제1항}$).359) 금융지주회사는 경영의 건전성을 유지하기 위하여 다음 의 사항에 관하여 대통령령이 정하는 바에 의하여 금융위원회가 정하는 **경영지도기준**을 준수하여야 한다($\frac{제50조}{제1항}$).

① 금융지주회사와 그 자회사등의 재무상태에 관한 사항
② 금융지주회사와 그 자회사등의 경영관리상태에 관한 사항
③ 기타 경영의 건전성 확보를 위하여 필요한 사항

　금융위원회는 금융지주회사가 경영지도기준을 준수하지 아니하는 등 경영의 건전성을 크게 해할 우려가 있다고 인정

---

359) 제40조(권한의 위탁) 금융위원회는 이 법에 따른 권한의 일부를 대통령령으로 정하는 바에 따라 **금융감독원장에게 위탁**할 수 있다.

되는 때에는 경영개선계획의 제출, 자본금의 증액, 이익배당의 제한, 자회사 주식의 처분 등 **경영개선을 위하여 필요한 조치**를 명할 수 있다(제50조 제2항).

금융위원회는 다음의 1에 해당하는 경우에는 금융감독원장으로 하여금 그 목적에 필요한 최소한의 범위안에서 전환대상자의 업무 및 재산상황을 **검사**하게 할 수 있다(제51조의2 제1항).

① 제8조의3 제2항의 규정에 의한 점검결과를 확인하기 위하여 필요한 경우
② 전환대상자가 차입금의 급격한 증가, 거액의 손실발생 등 재무상황의 부실화로 인하여 은행지주회사등과 불법거래를 할 가능성이 크다고 인정되는 경우.

2. 금융감독원

금융감독원은 금융위원회의 규정과 지시가 정하는 바에 의하여 금융지배법, 기타 금융관련법령, 금융위원회의 규정·명령 및 지시에 대한 금융지주회사등의 준수여부를 **감독**하여야 한다(제49조 제2항).

금융감독원장은 검사를 한 때에는 그 보고서를 금융위원회에 제출하여야 하고, 이 경우 당해 보고서에는 이 법 기타 금융관련법령, 이 법에 의한 처분 또는 금융위원회규정에 위반한 사실이 있는 때에는 그 처리에 관한 의견서를 첨부하여야 한다(제51조 제5항).

금융지주회사 및 그 자회사등은 그 업무와 재산에 관하여 금융감독원의 원장의 **검사**를 받아야 한다(제51조제1항). 검사를 하는 자는 그 권한을 표시하는 증표를 휴대하여 이를 관계인에게 내보여야 한다(제51조제3항). 금융감독원의 검사를 받는 금융지주회사는 검사비용에 충당하기 위한 분담금을 금융감독원에 납부하여야 한다(제52조제1항).

그리고 금융감독원장은 검사상 필요하다고 인정하는 때에는 금융지주회사 및 그 자회사등에 대하여 **업무 또는 재산에 관한 보고, 자료의 제출, 관계자의 출석 및 진술**을 요구할 수 있다(제51조제2항).

금융감독원장은 외감법에 의하여 금융지주회사 또는 그 자회사등이 선임한 감사인에 대하여 당해 금융지주회사 또는 그 자회사등을 감사한 결과 알게 된 정보 기타 경영의 건전성에 관련되는 **자료의 제출을 요구**할 수 있다(제51조제4항).

제2절 제재조치

1. 금융지주회사법 위반에 따른 제재조치

가. 영업정지 등의 처분

금융위원회는 금융지주회사등이 다음의 1에 해당하는 경우에는 당해 금융지주회사등에 대하여 6월 이내의 **영업의 전부정지** 또는 그 **자회사등의 주식의 처분**을 명하거나 당해 금융지주회사의 **인가를 취소**할 수 있다($_{제2항}^{제57조}$).360)

① 허위 기타 부정한 방법으로 인가를 받은 경우
② 제1항 제2호의 규정에 의한 시정명령을 이행하지 아니한 경우
③ 제1항 제5호의 영업의 정지기간중에 그 영업을 한 경우
④ 제1호 내지 제3호외의 경우로서 금융지주회사법 또는 이 법에 의한

---

360) 금융위원회는 금융지주회사의 인가를 취소하고자 하는 경우에는 청문을 실시하여야 한다(제59조).

명령이나 처분에 위반하여 자회사등의 예금자 또는 투자자의 이익을 크게 해할 우려가 있는 경우

⑤ 금융지주회사가 사업연도중에 소유주식의 감소, 자산의 증감 등의 사유로 제2조 제1항 제1호의 규정에 해당하지 아니하게 되는 경우

⑥ 금융지배법 별표 각 호의 어느 하나에 해당하는 경우.361)

금융지주회사는 그 인가가 취소된 때에는 3개월 이내에 금융지주회사요건에 해당되지 아니하도록 하여야 한다(제57조).

나. 임직원에 대한 문책 등

금융위원회는 금융지주회사등362)이 금융지주회사법 또는 이 법에 따른 명령을 위반하여 금융지주회사등의 경영의 건전성을 해할 우려가 있다고 인정되거나 금융지배법 별표 각 호의 어느 하나에 해당하는 경우363)에는 다음의 어느 하나에 해당하는 조치를 할 수 있다(제57조).

금융지주회사364)가 자회사등365)에 대한 영향력을 이용하여 자회사등으로 하여금 대통령령으로 정하는 금융관련법령 또는 그 법령에 따른 명령을 위반하게 한 경우에도 또한 같다(제57조).

---

361) 영업의 전부정지를 명하는 경우로 한정한다.

362) 그 소속 임직원을 포함한다.

363) ⑤에 해당하는 조치로 한정한다.

364) 그 소속 임직원을 포함한다.

365) 그 소속 임직원을 포함한다. 이하 이 항에서 같다.

① 금융지주회사등에 대한 주의 · 경고 또는 그 임직원에 대한 주의 · 경고 · 문책 요구

② 당해 위반행위에 대한 시정명령

③ 임원366)의 해임권고 · 직무정지 또는 임원의 직무를 대행하는 관리인의 선임

④ 직원367)에 대한 면직요구

⑤ 위반행위를 한 자회사등에 대한 6월 이내의 영업의 일부정지.

금융위원회는 금융지주회사의 퇴임한 임원 또는 퇴직한 직원이 재임 또는 재직 중이었더라면 제57조 제1항 제4호 또는 제4호의2에 해당하는 조치를 받았을 것으로 인정되는 경우에는 그 받았을 것으로 인정되는 조치의 내용을 금융감독원장으로 하여금 해당 금융지주회사의 장에게 통보하도록 할 수 있다(제57조의2).

위 통보를 받은 **금융지주회사의 장**은 이를 해당 임원 또는 직원에게 통보하고 기록 · 유지하여야 한다(제57조의2 제2항).

다. 기관전용 사모집합투자기구등에 대한 제재 등

기관전용 사모집합투자기구등368) 또는 기관전용 사모집합

---

366) 금융지배법 제2조 제5호에 따른 업무집행책임자는 제외한다. 이하 이 호, 제57조의2 및 제57조의3에서 같다.

367) 금융지배법 제2조 제5호에 따른 업무집행책임자를 포함한다. 이하 제57조의2 및 제57조의3에서 같다.

368) 제8조 제3항에 따른 승인을 받아 은행지주회사의 주식을 보유한 기관전용 사모집합투자기구등만을 말한다. 이하 제4항까지에서 같다.

투자기구등의 주주·사원이 제8조의7을 위반하는 경우 해당 기관전용 사모집합투자기구등은 초과보유한 주식에 대하여 의결권을 행사할 수 없으며, 초과보유한 주식은 지체 없이 처분하여야 한다(제57조의3).

금융위원회는 기관전용 사모집합투자기구등이 제1항을 준수하지 아니하는 경우에는 1개월 이내의 기간을 정하여 초과보유 주식을 처분할 것을 명할 수 있다(제57조의3 제2항).

금융위원회는 기관전용 사모집합투자기구등이 제8조의7 각 호의 어느 하나에 해당하는 경우에는 다음의 어느 하나에 해당하는 조치를 할 수 있다(제57조의3 제3항).

① 해당 행위의 시정명령 또는 중지명령
② 해당 행위로 인하여 조치를 받았다는 사실의 공표명령 또는 게시명령
③ 기관경고
④ 기관주의
⑤ 그 밖에 해당 행위를 시정하거나 방지하기 위하여 필요한 조치로서 대통령령으로 정하는 조치.

금융위원회는 기관전용 사모집합투자기구등의 재산운용 등을 담당하는 업무집행사원이 제8조의7 각 호의 어느 하나에 해당하는 경우에는 다음의 구분에 따른 조치를 할 수 있다(제57조의3 제4항).

① 그 업무집행사원에 대한 다음의 어느 하나에 해당하는 조치
㈎ 해임요구 ㈏ 6개월 이내의 직무정지 ㈐ 기관경고 ㈑ 기관주의
㈒ 그 밖에 해당 행위를 시정하거나 방지하기 위하여 필요한 조치로서

대통령령으로 정하는 조치

② 그 업무집행사원의 임원에 대한 다음의 어느 하나에 해당하는 조치

㈎ 해임요구 ㈏ 6개월 이내의 직무정지 ㈐ 문책경고 ㈑ 견책 ㈒ 그 밖에 해당 행위를 시정하거나 방지하기 위하여 필요한 조치로서 대통령령으로 정하는 조치

③ 그 업무집행사원의 직원에 대한 다음의 어느 하나에 해당하는 조치의 요구

㈎ 면직 ㈏ 6개월 이내의 정직 ㈐ 감봉 ㈑ 주의적 경고 ㈒ 주의

㈓ 그 밖에 해당 행위를 시정하거나 방지하기 위하여 필요한 조치로서 대통령령으로 정하는 조치.

다음의 어느 하나에 해당하는 기관전용 사모집합투자기구 등369)에 대하여는 제2항부터 제4항까지의 규정을 준용한다 (제57조의3).370)

① 제8조 제1항·제3항에 따른 주식의 보유한도를 초과하여 은행지주회사의 주식을 보유하는 경우371)

② 제10조의2 제5항에 따라 주식처분 명령을 받은 경우

라. 시정조치 등

금융위원회는 제3조 제1항, 제5조의2 제2항, 제7조 또는

---

369) 그 주주 또는 사원을 포함한다.

370) 이 경우 업무집행사원이 개인인 경우에는 제4항 제2호를 준용한다.

371) 기관전용 사모집합투자기구등에 대하여는 제10조 제3항을 적용하지 아니한다.

제57조 제3항을 위반한 자에 대하여 다음의 어느 하나에 해당하는 시정조치를 명할 수 있다($\frac{제58조}{제1항}$).

① 법 위반상태를 시정하기 위한 계획의 제출 또는 그 계획의 수정
② 위반행위에 관련된 회사에 대한 주의·경고
③ 위반행위에 관련된 회사의 임원 또는 직원에 대한 주의, 경고 또는 문책의 요구
④ 주식의 전부 또는 일부의 처분372)
⑤ 그 밖에 법 위반상태를 시정하기 위하여 필요한 조치.

마. 과징금

(1) 과징금 부과 사유

금융위원회는 **금융지주회사 또는 자회사등**이 제43조 내지 제45조, 제45조의2, 제45조의3, 제46조, 제48조 또는 제62조의2 제1항의 규정을 위반하는 경우에는 다음의 구분에 따라 과징금을 부과할 수 있다(제64조).

금융위원회는 이 법의 규정을 위반한 회사가 합병을 하는 경우 당해 회사가 행한 위반행위는 **합병후 존속하거나 합병에 의하여 신설된 회사**가 행한 행위로 보아 과징금을 부과·징수할 수 있다($\frac{제65조}{제2항}$).

---

372) 주식처분명령을 받은 자는 해당 명령을 받은 날부터 그 처분명령을 받은 주식에 대하여는 의결권을 행사할 수 없다.

① 제43조 제1항 또는 제3항의 규정을 위반하여 증권의 투자한도를 초과하여 투자하거나 1년 이내에 해당 한도에 적합하도록 조치하지 아니한 경우 : 초과투자액의 100분의 10 이하

② 제44조의 규정에 의한 주식소유한도를 초과한 경우 : 초과소유한 주식의 장부가액합계액의 100분의 10 이하

③ 제45조 제1항 내지 제3항의 규정에 의한 신용공여한도를 초과한 경우 : 초과한 신용공여액의 100분의 10 이하

④ 제45조의2 제1항 및 제2항의 규정에 의한 신용공여한도를 초과한 경우 : 초과한 신용공여액의 100분의 20 이하

⑤ 제45조의3 제1항의 규정에 의한 주식취득한도를 초과한 경우 : 초과취득한 주식의 장부가액 합계액의 100분의 20 이하

⑥ 제46조의 규정에 의한 주식소유한도를 초과한 경우 : 초과소유한 주식의 장부가액합계액의 100분의 10 이하

⑦ 제48조 제1항 제1호를 위반하여 자회사등이 금융지주회사에게 신용을 공여한 경우 : 신용공여액의 100분의 10 이하

⑧ 제48조 제1항 제2호를 위반하여 자회사등의 주식을 소유한 경우 : 소유한 주식의 장부가액합계액의 100분의 10 이하

⑨ 제48조 제1항 제3호를 위반하여 자회사등 상호간의 신용공여한도를 초과한 경우 : 초과한 신용공여액의 100분의 10 이하

⑩ 제48조 제2항을 위반하여 적정한 담보를 확보하지 아니하고 신용을 공여한 경우 : 신용공여액의 100분의 10 이하

⑪ 제48조 제3항을 위반하여 불량자산을 거래한 경우 : 자산의 장부가액의 100분의 10 이하

⑫ 제48조 제5항의 규정을 위반하여 주식을 소유하는 경우 : 소유한 주식의 장부가액 합계액의 100분의 2 이하

⑬ 제62조의2 제1항을 위반하여 주식을 소유하는 경우 : 소유한 주식의 장부가액 합계액의 100분의 2 이하.

(2) 과징금 부과 절차

금융위원회는 과징금을 부과하는 경우에는 다음의 사항을 참작하여야 한다(제65조제1항).

① 위반행위의 내용 및 정도
② 위반행위의 기간 및 횟수
③ 위반행위로 인하여 취득한 이익의 규모.

금융위원회는 과징금을 부과하기 전에 미리 당사자 또는 이해관계인 등에게 **의견을 제출할 기회**를 주어야 한다(제66조제1항). 이 경우 당사자 또는 이해관계인 등은 금융위원회의 회의에 출석하여 의견을 진술하거나 필요한 자료를 제출할 수 있다(제66조제2항).

(3) 납부기한의 연장 및 분할납부

금융위원회는 과징금을 부과받은 자373)가 다음호의 1에 해당하는 사유로 과징금의 전액을 **일시에 납부하기 어렵다고 인정되는 때**에는 그 납부기한을 연장하거나 분할납부하게 할 수 있다(제68조제1항).374)

---

373) 이하 "과징금납부의무자"라 한다.
374) 이 경우 필요하다고 인정하는 때에는 담보를 제공하게 할 수 있다.

① 재해 등으로 인하여 재산에 현저한 손실을 입은 경우

② 사업여건의 악화로 사업이 중대한 위기에 처한 경우

③ 과징금의 일시납부에 따라 자금사정에 현저한 어려움이 예상되는 경우

④ 기타 위 ① 내지 ③에 준하는 사유가 있는 경우.

    과징금납부의무자가 과징금납부기한의 연장을 받거나 분할납부를 하고자 하는 경우에는 그 납부기한의 10일전까지 **금융위원회에 신청**하여야 한다(제68조 제2항).

    금융위원회는 납부기한이 연장되거나 분할납부가 허용된 과징금납부의무자가 다음의 1에 해당하게 된 때에는 그 납부기한의 연장 또는 분할납부결정을 **취소**하고 과징금을 일시에 징수할 수 있다(제68조 제3항).

① 분할납부결정된 과징금을 그 납부기한내에 납부하지 아니한 때

② 담보의 변경 기타 담보보전에 필요한 금융위원회의 명령을 이행하지 아니한 때

③ 강제집행, 경매의 개시, 파산선고, 법인의 해산, 국세 또는 지방세의 체납처분을 받는 등 과징금의 전부 또는 잔여분을 징수할 수 없다고 인정되는 때

④ 기타 위 ① 내지 ③에 준하는 사유가 있는 때.

(4) 이의신청

    과징금 부과처분에 대하여 불복이 있는 금융지주회사등은 그 처분의 고지를 받은 날부터 30일 이내에 그 사유를 갖추어 **금융위원회에 이의를 신청**할 수 있다(제67조 제1항).

금융위원회는 이의신청에 대하여 30일 이내에 결정을 하여야 한다(제67조제2항).[375)]

(5) 행정심판

금융위원회의 이의신청결정에 대하여 불복이 있는 자는 행정심판을 청구할 수 있다(제67조제3항).

(6) 과징금 징수 및 체납처분

금융위원회는 과징금납부의무자가 납부기한내에 과징금을 납부하지 아니한 경우에는 납부기한의 다음날부터 납부한 날의 전일까지의 기간에 대하여 대통령령이 정하는 가산금을 징수할 수 있다(제69조제1항).

금융위원회는 과징금납부의무자가 납부기한내에 과징금을 납부하지 아니한 때에는 기간을 정하여 독촉을 하고, 그 지정한 기간내에 과징금 및 가산금을 납부하지 아니한 때에는 **국세체납처분의 예**에 따라 이를 징수할 수 있다(제69조제2항). 금융위원회는 과징금 및 가산금의 징수 또는 체납처분에 관한 업무를 **국세청장**에게 위탁할 수 있다(제69조제3항).

(7) 이행강제금

금융위원회는 주식처분명령을 받은 자가 그 정한 기간 이

---

375) 다만, 부득이한 사정으로 그 기간내에 결정을 할 수 없을 경우에는 30일의 범위내에서 그 기간을 연장할 수 있다.

내에 당해 명령을 이행하지 아니하는 때에는 매 1일당 그 처분하여야 하는 주식의 장부가액에 **1만분의 3을 곱한 금액**을 초과하지 아니하는 범위안에서 이행강제금을 부과할 수 있다(제69조의2 제1항). 이행강제금은 주식처분명령에서 정한 이행기간의 종료일의 다음날부터 주식처분을 이행하는 날376)까지의 기간에 대하여 이를 부과한다(제69조의2 제2항).

금융위원회는 이행강제금을 징수함에 있어서 주식처분명령에서 정한 이행기간의 종료일부터 90일을 경과하고서도 이행이 이루어지지 아니하는 경우에는 그 종료일부터 기산하여 매 90일이 경과하는 날을 기준으로 하여 이행강제금을 징수한다(제69조의2 제3항).

2. 금융지배법 위반에 따른 제재조치

가. 금융회사에 대한 조치

금융위원회는 금융회사가 다음 〈표 21〉의 조치대상의 어느 하나에 해당하는 경우에는 다음의 어느 하나에 해당하는 조치를 할 수 있다(제34조 제1항).

① 위법행위의 시정명령

---

376) 주권교부일을 말한다.

② 위법행위의 중지명령

③ 금융회사에 대한 경고

④ 금융회사에 대한 주의

⑤ 그 밖에 위법행위를 시정하거나 방지하기 위하여 필요한 조치로서 대통령령으로 정하는 조치.

〈표 21〉 금융회사 및 임직원에 대한 조치 대상

1. 제5조를 위반하여 임원 선임과 관련된 의무를 이행하지 아니하는 경우

2. 제6조를 위반하여 사외이사 선임과 관련된 의무를 이행하지 아니하는 경우

3. 제7조 제1항을 위반하여 임원의 자격요건 적합 여부를 확인하지 아니한 경우

4. 제7조 제2항을 위반하여 공시 또는 보고를 하지 아니하거나 거짓으로 공시 또는 보고를 한 경우

5. 제7조 제3항을 위반하여 해임(사임을 포함한다)사실을 공시 또는 보고를 하지 아니하거나 거짓으로 공시 또는 보고를 한 경우

6. 제8조 제1항을 위반하여 이사회의 의결을 거치지 아니하고 주요업무집행책임자를 임면한 경우

7. 제10조를 위반하여 겸직하는 경우

8. 제11조 제1항 및 제2항을 위반하여 겸직 승인을 받지 아니한 경우 또는 겸직 보고를 하지 아니하거나 거짓으로 보고하는 경우

9. 제11조 제3항에 따른 금융위원회의 명령을 따르지 아니한 경우

10. 제12조를 위반하여 이사회의 구성과 관련된 의무를 이행하지 아니하는 경우

11. 제13조 제2항을 위반하여 공시를 하지 아니하거나 거짓으로 공시를 한 경우 또는 선임사외이사를 선임하지 아니하는 경우

12. 제13조 제4항을 위반하여 선임사외이사의 업무를 방해하거나 협조를 거부하는 경우

13. 제14조를 위반하여 지배구조내부규범과 관련된 의무를 이행하지 아니하는 경우

14. 제15조 제1항 및 제2항을 위반하여 이사회의 심의·의결에 관한 의무를 이행

하지 아니하는 경우

15. 제16조를 위반하여 이사회내 위원회 설치 및 구성과 관련된 의무를 이행하지 아니하는 경우

16. 제17조를 위반하여 임원 선임과 관련된 의무를 이행하지 아니하는 경우

17. 제18조를 위반하여 사외이사에게 자료나 정보를 제공하지 아니하거나 거짓으로 제공하는 경우

18. 제19조를 위반하여 감사위원회의 구성 및 감사위원의 선임 등과 관련된 의무를 이행하지 아니하는 경우

19. 제20조를 위반하여 감사위원회 또는 감사에 대한 지원 등과 관련된 의무를 이행하지 아니하는 경우

20. 제21조를 위반하여 위험관리위원회의 심의·의결에 관한 의무를 이행하지 아니하는 경우

21. 제22조 제1항을 위반하여 보수위원회의 심의·의결에 관한 의무를 이행하지 아니하는 경우

22. 제22조 제2항 및 제3항을 위반하여 보수체계 등에 관한 의무를 이행하지 아니하는 경우

23. 제22조 제4항 및 제5항을 위반하여 연차보고서를 작성하지 아니한 경우 또는 공시를 하지 아니하거나 거짓으로 공시하는 경우

23의2. 제22조의2 제1항을 위반하여 내부통제위원회의 심의·의결에 관한 의무를 이행하지 아니하는 경우

24. 제23조 제2항 및 제3항을 위반하여 상근감사를 선임하지 아니하거나 자격요건을 갖추지 못한 상근감사를 선임하는 경우

25. 제24조를 위반하여 내부통제기준과 관련된 의무를 이행하지 아니하는 경우

26. 제25조 제1항을 위반하여 준법감시인을 두지 아니하는 경우

27. 제25조 제2항부터 제6항까지(제28조 제2항에서 준용하는 경우를 포함한다)를 위반하여 준법감시인 임면 및 보수지급과 평가기준 운영에 관련된 의무를 이행하지 아니하는 경우

28. 제26조에 따른 자격요건을 갖추지 못한 준법감시인을 선임하는 경우

29. 제27조를 위반하여 위험관리기준과 관련된 의무를 이행하지 아니하는 경우

30. 제28조 제1항을 위반하여 위험관리책임자를 두지 아니하는 경우

31. 제28조 제3항 및 제4항에 따른 자격요건을 갖추지 못한 위험관리책임자를 선임하는 경우

32. 제29조를 위반하여 준법감시인 또는 위험관리책임자가 같은 조 각 호의 어느 하나에 해당하는 업무를 수행하는 직무를 담당하거나 준법감시인 또는 위험관리책임자에게 이를 담당하게 하는 경우

33. 제30조 제2항을 위반하여 준법감시인 및 위험관리책임자의 임면사실을 보고하지 아니하거나 거짓 보고하는 경우

34. 제30조 제3항을 위반하여 준법감시인 및 위험관리책임자에 자료나 정보를 제공하지 아니하거나 거짓으로 제공하는 경우

35. 제30조 제4항을 위반하여 준법감시인 및 위험관리책임자에 대하여 인사상의 불이익을 주는 경우

35의2. 제30조의3 제1항부터 제6항까지(제5항은 제외한다)를 위반하여 책무구조도 마련·제출 또는 변경 관련 의무를 이행하지 아니한 경우

36. 제32조 제2항을 위반하여 적격성 유지요건을 충족하지 못함을 보고하지 아니하는 경우

37. 제32조 제3항에 따른 금융위원회의 자료제출 또는 정보제공 요구에 따르지 아니하거나 거짓 자료 또는 정보를 제공하는 경우

38. 제33조에 따른 소수주주권의 행사를 부당한 방법으로 방해한 경우

39. 제38조제2항을 위반하여 조치한 내용을 기록하지 아니하거나 이를 유지·관리하지 아니하는 경우

40. 제41조 제1항을 위반하여 주주총회와 관련한 공시를 하지 아니하거나 거짓으로 공시한 경우

41. 제41조 제2항을 위반하여 주주가 주주의 권리를 행사한 내용을 공시하지 아니하거나 거짓으로 공시한 경우.

위 규정에 불구하고 제2조 제1호 가목, 다목 및 마목에 따른 금융회사가 앞 〈표 19〉의 어느 하나에 해당하는 경우에는

다음에서 정하는 바에 따른다($\frac{제34조}{제2항}$).

① 금융위원회는 제2조 제1호 가목에 따른 금융회사에 대해서는 금융감독원장의 건의에 따라 제1항 제1호 및 제5호의 어느 하나에 해당하는 조치를 하거나, 금융감독원장으로 하여금 제1항 제2호부터 제4호까지의 어느 하나에 해당하는 조치를 하게 할 수 있다.

② 금융위원회는 제2조 제1호 다목 또는 마목에 따른 금융회사에 대해서는 금융감독원장의 건의에 따라 제1항 각 호의 어느 하나에 해당하는 조치를 하거나, 금융감독원장으로 하여금 제1항 제3호 또는 제4호의 어느 하나에 해당하는 조치를 하게 할 수 있다.

나. 임직원에 대한 조치

금융위원회는 **금융회사의 임원**[377]이 앞 〈표 19〉의 어느 하나에 해당하는 경우에는 다음의 어느 하나에 해당하는 조치를 할 수 있다($\frac{제35조}{제1항}$).

① 해임요구
② 6개월 이내의 직무정지 또는 임원의 직무를 대행하는 관리인의 선임
③ 문책경고   ④ 주의적 경고   ⑤ 주의.

금융위원회는 **금융회사의 직원**[378]이 앞 〈표 19〉의 어느 하나에 해당하는 경우에는 다음의 어느 하나에 해당하는 조치

---

377) 업무집행책임자는 제외한다. 이하 이 조에서 같다.
378) 업무집행책임자를 포함한다. 이하 이 조에서 같다.

를 할 것을 그 금융회사에 요구할 수 있다($\frac{제35조}{제2항}$).

① 면직   ② 6개월 이내의 정직   ③ 감봉   ④ 견책   ⑤ 주의.

위 규정에 불구하고 제2조 제1호 가목, 다목 및 마목에 따른 **금융회사의 임원**에 대해서는 다음에서 정하는 바에 따른다($\frac{제35조}{제3항}$).

① 금융위원회는 제2조 제1호 가목에 따른 금융회사의 임원에 대해서는 금융감독원장의 건의에 따라 제1항 제1호 또는 제2호의 어느 하나에 해당하는 조치를 할 수 있으며, 금융감독원장으로 하여금 제1항 제3호부터 제5호까지의 어느 하나에 해당하는 조치를 하게 할 수 있다.
② 금융위원회는 제2조 제1호 다목 또는 마목에 따른 금융회사의 임원에 대해서는 금융감독원장의 건의에 따라 제1항 각 호의 어느 하나에 해당하는 조치를 하거나, 금융감독원장으로 하여금 제1항 제3호부터 제5호까지의 어느 하나에 해당하는 조치를 하게 할 수 있다.

위 규정에 불구하고 제2조 제1호 가목, 다목 및 마목에 따른 **금융회사의 직원**에 대해서는 다음에서 정하는 바에 따른다($\frac{제35조}{제4항}$).

① 금융감독원장은 제2조 제1호 가목에 따른 금융회사의 직원에 대해서는 제2항 각 호의 어느 하나에 해당하는 조치를 할 것을 그 금융회사에 요구할 수 있다.
② 금융위원회는 제2조 제1호 다목 또는 마목에 따른 금융회사의 직원에 대해서는 제2항 각 호의 어느 하나에 해당하는 조치를 할 것을 금

융감독원장의 건의에 따라 그 금융회사에 요구하거나, 금융감독원장으로 하여금 요구하게 할 수 있다.

금융위원회는 **금융회사의 임직원**에 대하여 조치를 하거나 해당 조치를 하도록 요구하는 경우 그 임직원에 대한 관리·감독의 책임이 있는 임직원에 대한 조치를 함께 하거나, 해당 조치를 하도록 요구할 수 있다(제35조 제5항).379) 금융위원회380)는 금융회사의 **퇴임한 임원 또는 퇴직한 직원**이 재임 또는 재직 중이었더라면 이상의 조치를 받았을 것으로 인정되는 경우에는 그 조치의 내용을 해당 금융회사의 장에게 통보할 수 있다(제35조 제6항).381)

금융위원회는 임원이 제30조의2를 위반하거나 대표이사등이 제30조의4를 위반하는 경우에는 제35조에 따른 조치382)를 할 수 있다(제35조의2 제1항).383) 금융위원회는 이러한 조치를 하는 경우에는 다음의 사항을 고려하여 제재조치를 감경하거나 면제할

---

379) 다만, 관리·감독의 책임이 있는 사람이 그 임직원의 관리·감독에 상당한 주의를 다한 경우에는 조치를 감경하거나 면제할 수 있다.

380) 제3항 또는 제4항에 따라 조치를 하거나 조치를 할 것을 요구할 수 있는 금융감독원장을 포함한다.

381) 이 경우 통보를 받은 금융회사의 장은 이를 퇴임·퇴직한 해당 임직원에게 통보하여야 한다.

382) 같은 조 제5항에 따른 조치는 제외한다.

383) 이는 2024년 1월 2일 개정시 신설되었으며, 2024년 7월 3일 시행한다.

수 있다(제35조의2).

① 임직원의 법령 또는 내부통제기준등 위반행위의 발생 경위, 정도와 그 결과
② 제1호에 따른 위반행위의 발생을 방지하기 위하여 상당한 주의를 다하여 제30조의2 또는 제30조의4에 따른 관리의무를 수행하였는지 여부.

금융위원회는 **임원 또는 대표이사등**에 대하여 제재조치를 하는 경우 해당 금융회사에 대하여 제34조 제1항 각 호의 조치를 할 수 있다(제35조의2).[384]

금융위원회는 제35조 제1항부터 제5항까지 및 제35조의2[385]에 따른 조치 중 임원의 해임요구 또는 직원의 면직요구의 조치를 할 경우 청문을 하여야 한다.

제34조, 제35조 제1항부터 제5항까지 및 제35조의2[386]에 따른 조치[387]에 대하여 불복하는 자는 그 조치를 고지받은 날부터 30일 이내에 그 사유를 갖추어 금융위원회에 **이의를 신청**할 수 있다(제37조).

금융위원회는 이의신청에 대하여 **60일 이내**에 결정을 하

---

384) 이 경우 제2조 제1호가목, 다목 및 마목에 따른 금융회사에 대한 조치는 제34조 제2항 각 호에서 정하는 바에 따른다.

385) 이는 2024년 1월 2일 개정시 신설되었으며, 2024년 7월 3일 시행한다.

386) 이는 2024년 1월 2일 개정시 신설되었으며, 2024년 7월 3일 시행한다.

387) 해임요구 또는 면직요구의 조치는 제외한다.

여야 한다(제37조제2항).388) 처분에 대한 이의신청에 관한 사항은 행정기본법 제36조에 따른다(제37조제3항).

다. 기록 및 조회 등

금융위원회는 제34조, 제35조 및 제35조의2389)에 따라 조치한 경우에는 그 내용을 기록하고 이를 유지·관리하여야 한다(제38조제1항). **금융회사**는 금융위원회의 조치 요구에 따라 그 임직원을 조치한 경우 및 제35조 제6항에 따라 통보를 받은 경우에는 그 내용을 기록하고 이를 유지·관리하여야 한다(제38조제2항). **금융회사 또는 그 임직원**390)은 금융위원회 또는 금융회사에 자기에 대한 제34조, 제35조 및 제35조의2391)에 따른 조치 여부 및 그 내용을 조회할 수 있다(제38조제3항).

금융위원회 또는 금융회사는 조회를 요청받은 경우에는 정당한 사유가 없으면 조치 여부 및 그 내용을 그 조회요청자에게 통보하여야 한다(제38조제4항).

---

388) 다만, 부득이한 사정으로 그 기간 이내에 결정을 할 수 없는 경우에는 30일의 범위에서 그 기간을 연장할 수 있다.

389) 이는 2024년 1월 2일 개정시 신설되었으며, 2024년 7월 3일 시행한다.

390) 임직원이었던 사람을 포함한다.

391) 이는 2024년 1월 2일 개정시 신설되었으며, 2024년 7월 3일 시행한다.

라. 이행강제금

금융위원회는 제31조 제3항에 따른 **주식처분명령**을 받은 자가 그 정한 기간 이내에 그 명령을 이행하지 아니하면 이 행기간이 지난 날부터 1일당 그 처분하여야 하는 주식의 장 부가액에 **1만분의 3을 곱한 금액**을 초과하지 아니하는 범위 에서 이행강제금을 부과할 수 있다($^{제39조}_{제1항}$).

이행강제금은 주식처분명령에서 정한 이행기간의 종료일 의 다음 날부터 주식처분명령을 이행하는 날392)까지의 기간 에 대하여 이를 부과한다($^{제39조}_{제2항}$).

금융위원회는 주식처분명령을 받은 자가 주식처분명령에 서 정한 이행기간의 종료일부터 90일이 지난 후에도 그 명령 을 이행하지 아니하면 그 종료일부터 매 90일이 지나는 날을 기준으로 하여 이행강제금을 징수한다($^{제39조}_{제3항}$).

이행강제금의 부과 및 징수에 관하여는 은행법 제65조의4 부터 제65조의8까지, 제65조의10 및 제65조의11을 준용한다 ($^{제39조}_{제4항}$).

---

392) 주권지급일을 말한다.

제3절 벌 칙

1. 금융지주회사법 위반

가. 징역 또는 벌금

(1) 5년 이하의 징역 또는 2억원 이하의 벌금

다음 각의 어느 하나에 해당하는 자는 5년 이하의 징역 또는 2억원 이하의 벌금에 처한다(제70조 제1항).

① 금융지주회사요건에 해당되는 자로서 제3조, 제5조의2 제2항 본문 또는 제57조 제3항을 위반하여 인가를 받지 아니하거나 금융지주회사 요건을 해소하지 아니한 자
② 제45조의2 제1항 내지 제3항의 규정을 위반하여 주요출자자에게 신용공여를 한 자와 그로부터 신용공여를 받은 주요출자자
③ 제45조의3 제1항의 규정을 위반하여 주요출자자가 발행한 주식을 취득한 자

④ 제45조의4의 규정을 위반한 자
⑤ 제48조의3 제1항의 규정을 위반한 자
⑥ 제48조의3 제2항의 규정을 위반하여 업무상 알게 된 정보를 누설하거나 업무목적외로 이용한 자
⑦ 금융지주회사등의 임·직원으로서 업무상 알게 된 개인신용정보등을 당해 금융지주회사등외의 자에게 제공 또는 누설하거나 개인신용정보등을 영업상의 목적외로 이용한 자.

(2) 3년 이하의 징역 또는 1억원 이하의 벌금

다음의 어느 하나에 해당하는 자는 3년 이하의 징역 또는 1억원 이하의 벌금에 처한다(제70조 제2항).

① 제7조 제1항 또는 제2항을 위반하여 금융지주회사와 지배관계에 있거나 금융지주회사와 지배관계를 해소하지 아니한 자
② 제43조의2 제1항 또는 제3항 후단을 위반하여 주식소유기준 또는 금융위원회가 완화하여 정한 소유기준 미만으로 자회사의 주식을 소유한 자
③ 제44조의 규정을 위반하여 주식소유한도를 초과하여 주식을 취득한 자
④ 제45조의 규정을 위반하여 신용공여한도를 초과하여 신용공여를 한 자.

(3) 1년 이하의 징역 또는 3천만원 이하의 벌금

다음의 1에 해당하는 자는 1년 이하의 징역 또는 3천만원 이하의 벌금에 처한다(제70조 제3항).

① 제15조의 규정을 위반한 자
② 제16조의 규정을 위반하여 승인을 받지 아니하고 자회사등을 편입한 자
③ 제19조의 규정을 위반하여 손자회사를 편입한 자
④ 제43조 제1항 또는 제3항의 규정을 위반하여 증권의 투자한도를 초과하

여 투자하거나 1년 이내에 해당 한도에 적합하도록 조치하지 아니한 자

⑤ 제46조의 규정을 위반하여 주식소유한도를 초과하여 주식을 취득한 자

⑥ 제48조의 규정을 위반한 자

⑦ 제60조의 규정에 의한 인가를 받지 아니하고 해산 또는 합병을 한 자.

(4) 6월 이하의 징역 또는 1천만원 이하의 벌금

제18조의 규정을 위반하여 신고를 하지 아니하고 자회사 등을 편입한 자는 6월 이하의 징역 또는 1천만원 이하의 벌금에 처한다(제70조 제4항).

(5) 양벌규정

법인의 대표자 또는 법인이나 개인의 대리인·사용인 기타 종업원이 그 법인 또는 개인의 업무에 관하여 제70조의 위반행위를 한 때에는 **행위자**를 벌하는 외에 그 **법인 또는 개인**에 대하여도 동조의 벌금형을 과한다(제71조).

나. 과태료

(1) 5천만원 이하의 과태료

다음의 어느 하나에 해당하는 자는 5천만원 이하의 과태료에 처한다(제72조 제1항).

① 제5조의2 제1항 또는 제8조 제2항을 위반하여 보고를 하지 아니하거

나 제6조의2 제1항을 위반하여 신고를 하지 아니한 자

② 제5조의3을 위반하여 금융지주회사임을 표시하는 문자를 사용한 자

③ 제10조 제2항에 의한 금융위원회의 명령을 위반한 자

④ 제10조의2 제2항 또는 제45조의5 제1항의 규정에 의한 자료제공 등의 요구에 응하지 아니한 자

⑤ 제45조의2 제4항 또는 제45조의3 제3항의 규정을 위반하여 이사회의 의결을 거치지 아니한 은행지주회사등

⑥ 제45조의2 제5항·제6항 또는 제45조의3 제4항·제5항의 규정을 위반하여 금융위원회에 대한 보고 또는 공시를 하지 아니한 은행지주회사등

⑦ 제48조의2 제4항 내지 제6항의 규정을 위반한 자

⑧ 제51조의2의 규정에 의한 검사를 거부·방해 또는 기피한 자

⑨ 그 밖에 이 법 또는 이 법에 의한 규정·명령 또는 지시를 위반한 금융지주회사.

(2) 1천만원 이하의 과태료

다음의 1에 해당하는 자는 1천만원 이하의 과태료에 처한다(제72조 제2항).

① 제39조의 규정에 위반한 자

② 제54조의 규정에 위반하여 업무보고서를 제출하지 아니하거나 허위로 작성한 자

③ 제55조의 규정에 위반하여 공고를 하지 아니하거나 허위로 공고한 자

④ 제56조의 규정에 위반하여 공시를 하지 아니하거나 허위로 공시한 자

⑤ 장부·서류의 은닉, 부실한 신고 기타의 방법에 의하여 이 법에 의한 검사를 기피 또는 방해한 자

⑥ 금융지주회사등의 임직원이 이 법에 의한 서류의 비치·제출·보고·공고 또는 공시를 게을리 한 자

⑦ 이 법 또는 이 법에 의한 규정·명령 또는 지시를 위반한 자.

(3) 과태료의 부과 및 징수

과태료는 대통령령이 정하는 바에 의하여 금융위원회가 부과·징수하며(제72조 제3항), 이에 불복이 있는 자는 그 처분의 고지를 받은 날부터 30일 이내에 **금융위원회에 이의를 제기할 수 있다**(제72조 제4항). 과태료처분을 받은 자가 이의를 제기한 때에는 금융위원회는 지체없이 관할법원에 그 사실을 통보하여야 하며, 그 통보를 받은 관할법원은 **비송사건절차법에 의한 과태료의 재판**을 한다(제72조 제5항).

과태료를 소정기간내에 이의를 제기하지 아니하고 또 납부하지 아니한 때에는 **국세체납처분의 예**에 의하여 이를 징수한다(제72조 제6항).

2. 금융지배법 위반

가. 징역 또는 벌금

(1) 1년 이하의 징역 또는 1천만원 이하의 벌금

다음의 어느 하나에 해당하는 자는 **1년 이하의 징역 또는 1천만원 이하의 벌금**에 처한다(제42조 제1항). 징역과 벌금은 이를 병과할 수 있다(제42조 제2항).

① 제31조 제1항 또는 제2항을 위반하여 승인을 받지 아니한 자 또는 승인신청을 하지 아니한 자

② 제31조 제3항에 따른 주식처분명령을 위반한 자.

(2) 양벌 규정

법인의 대표자나 법인 또는 개인의 대리인, 사용인, 그 밖의 종업원이 그 법인 또는 개인의 업무에 관하여 위반행위를 하면 그 **行爲者**를 벌하는 외에 그 **법인 또는 개인**에게도 해당 조문의 벌금형을 과(科)한다(제42조 제3항).393)

나. 과태료

다음의 어느 하나에 해당하는 자에게는 1억원 이하의 과태료를 부과한다(제43조 제1항).

① 제8조 제1항을 위반하여 이사회의 의결을 거치지 아니하고 주요업무집행책임자를 임면한 자

② 제12조 제1항 및 제2항을 위반하여 같은 항에 규정된 사외이사 선임의무를 이행하지 아니한 자

③ 제12조 제3항을 위반하여 같은 조 제1항 및 제2항의 이사회의 구성요건을 충족시키지 아니한 자

④ 제13조 제2항을 위반하여 선임사외이사를 선임하지 아니한 자

⑤ 제13조 제4항을 위반하여 선임사외이사의 업무를 방해하거나 협조를

---

393) 다만, 법인 또는 개인이 그 위반행위를 방지하기 위하여 해당 업무에 관하여 상당한 주의와 감독을 게을리하지 아니한 경우에는 그러하지 아니하다.

거부한 자

⑥ 제16조 제1항 및 같은 조 제2항 단서를 위반하여 이사회내 위원회를 설치하지 아니한 자

⑦ 제16조 제4항을 위반하여 위원회 위원의 과반수를 사외이사로 두지 아니한 자394)

⑧ 제17조 제1항을 위반하여 임원후보를 추천하지 아니한 자

⑨ 제17조 제2항을 위반하여 임원후보추천위원회를 구성한 자

⑩ 제17조 제3항에 따라 임원을 선임하지 아니한 자

⑪ 제17조 제4항을 위반하여 주주제안권을 행사할 수 있는 요건을 갖춘 주주가 추천한 사외이사 후보를 포함시키지 아니한 자

⑫ 제19조 제1항 및 제2항을 위반하여 같은 항에 규정된 요건을 모두 충족하는 감사위원회를 설치하지 아니한 자

⑬ 제19조 제3항을 위반하여 같은 조 제1항 및 제2항의 감사위원회의 구성요건을 충족시키지 아니한 자

⑭ 제19조 제4항부터 제7항까지의 규정을 위반하여 감사위원의 선임절차를 준수하지 아니한 자

⑮ 제19조 제8항을 위반하여 상근감사를 두지 아니한 자

⑯ 제24조 제1항을 위반하여 내부통제기준을 마련하지 아니한 자

⑰ 제25조 제1항을 위반하여 준법감시인을 두지 아니한 자

⑱ 제25조 제2항에 따라 준법감시인을 선임하지 아니한 자

⑲ 제25조 제3항에 따른 의결절차(제28조 제2항에서 준용하는 경우를 포함한다)를 거치지 아니하고 준법감시인을 임면한 자

⑳ 제25조 제5항을 위반하여 준법감시인을 선임한 자

(21) 제27조 제1항을 위반하여 위험관리기준을 마련하지 아니한 자

(22) 제28조 제1항을 위반하여 위험관리책임자를 두지 아니한 자

(23) 제30조의3 제3항에 따른 절차를 거치지 아니하고 책무구조도를 마련

---

394) 이는 2024년 1월 2일 개정시 신설되었으며, 2024년 7월 3일 시행한다.

한 자395)

(24) 제32조 제2항을 위반하여 보고를 하지 아니하거나 거짓으로 보고한 자

(25) 제32조 제3항에 따른 금융위원회의 자료 또는 정보의 제공 요구에 따르지 아니하거나 거짓 자료 또는 정보를 제공한 자

(26) 제34조에 따른 시정명령·중지명령 및 조치를 이행하지 아니한 자

(27) 제35조에 따른 임직원에 대한 조치요구를 이행하지 아니한 자.

다음의 어느 하나에 해당하는 자에게는 3천만원 이하의 과태료를 부과한다(제43조 제2항).

① 제7조 제1항을 위반하여 임원의 자격요건 적합 여부를 확인하지 아니한 자

② 제7조 제2항을 위반하여 그 사실 및 자격요건 적합 여부와 그 사유 등에 관한 공시 또는 보고를 하지 아니하거나 거짓으로 공시 또는 보고를 한 자396)

③ 제7조 제3항을 위반하여 임원의 해임(사임을 포함한다)에 관한 공시 또는 보고를 하지 아니하거나 거짓으로 공시 또는 보고를 한 자

④ 제10조를 위반하여 겸직하게 하거나 겸직한 자

⑤ 제11조 제1항 본문을 위반하여 겸직승인을 받지 아니한 자

⑥ 제11조 제1항 단서 및 같은 조 제2항을 위반하여 겸직보고를 하지 아니하거나 거짓으로 보고한 자

⑦ 제13조 제2항을 위반하여 사외이사가 아닌 자를 이사회 의장으로 선임하면서 그 사유를 공시하지 아니하거나 거짓으로 공시한 자

---

395) 이는 2024년 1월 2일 개정시 신설되었으며, 2024년 7월 3일 시행한다.

396) 이는 2024년 1월 2일 개정시 신설되었으며, 2024년 7월 3일 시행한다.

⑧ 제14조 제3항을 위반하여 공시를 하지 아니하거나 거짓으로 공시한 자

⑨ 제18조(제20조 제4항에서 준용하는 경우를 포함한다)를 위반하여 자료나 정보를 제공하지 아니하거나 거짓으로 제공한 자

⑩ 제20조 제2항을 위반하여 담당부서를 설치하지 아니한 자

⑪ 제20조 제3항을 위반하여 보고서를 제출하지 아니한 자

⑫ 제22조 제4항 및 제5항에 따른 연차보고서의 공시를 하지 아니하거나 거짓으로 공시한 자

⑬ 제25조 제6항(제28조 제2항에서 준용하는 경우를 포함한다)을 위반하여 준법감시인에 대한 별도의 보수지급 및 평가 기준을 운영하지 아니한 자

⑭ 제29조를 위반하여 준법감시인 또는 위험관리책임자가 같은 조 각 호의 어느 하나에 해당하는 업무를 수행하는 직무를 담당하거나 준법감시인 또는 위험관리책임자에게 이를 담당하게 한 자

⑮ 제30조 제2항을 위반하여 준법감시인 및 위험관리책임자의 임면사실을 보고하지 아니하거나 거짓으로 보고한 자

⑯ 제30조의3 제4항을 위반하여 책무구조도를 제출하지 아니한 자[397]

⑰ 제41조 제1항을 위반하여 주주총회와 관련한 공시를 하지 아니하거나 거짓으로 공시한 자

⑱ 제41조 제2항을 위반하여 주주가 주주의 권리를 행사한 내용을 공시하지 아니하거나 거짓으로 공시한 자.

금융회사의 임직원으로서 이 법에 따른 서류의 비치·제출·보고·공고 또는 공시를 게을리한 자에게는 2천만원 이하의 과태료를 부과한다(제43조 제3항). 이상의 과태료는 대통령령으로 정하는 바에 따라 금융위원회가 부과·징수한다(제43조 제4항).

---

397) 이는 2024년 1월 2일 개정시 신설되었으며, 2024년 7월 3일 시행한다.

참 고 문 헌

Ⅰ. 한국 문헌

1. 단행본

강병호·김대식·박경서, 『금융기관론』, 박영사, 2020.

권오승·홍명수, 『경제법』, 법문사, 2021.

_____·서 정, 『독점규제법 이론과 실무』, 법문사, 2023.

금융감독원, 『금융회사의 사외이사제도 운영실태 서베이 분석결과 보고』, 2004.

_____, 『금융지주회사 지배구조 운영실태 점검결과 및 향후 계획』, 2018.

금융위원회·예금보험공사, 『우리은행 민영화 성공, 과점주주 7개 사 선정』, 금융위원회, 2016. 11. 13.

김건식·노혁준, 『지주회사와 법』, 소화, 2018.

_____·_____·천경훈, 『회사법』, 박영사, 2023.

_____·정순섭, 『자본시장법』, 박영사, 2023.

김동원·노형식, 『금융지주회사의 CEO 리스크와 지배구조 개선방안』, 한국금융연구원, 2013.

김병연, 권재열, 양기진, 『자본시장법』, 박영사, 2019.

김우진·이건범, 『금융지주회사의 설립과 운영』, 한국금융연구원, 2002.

김주일, 『금융기관론』, 탑북스, 2020.

김주일, 『우리나라 금융지주회사 제도의 법제현황과 발전방향』,
　　　박사학위논문, 조선대학교 대학원, 2013. 8.

김홍기, 『자본시장법』, 박영사, 2021.

나승성, 『금융지주회사법』, 한국학술정보, 2007.

노혁준, 『지주회사와 법(상)』, 소화, 2023.

＿＿＿, 『지주회사와 법(하)』, 소화, 2023.

박　준·정순섭, 『자본시장법 기본 판례』, 소화, 2021.

＿＿＿·한 민·안종만·안상준, 『금융거래와 법』, 박영사, 2022.

변제호·홍성기·김종훈·김성진·엄세용·김유석, 『자본시장법』, 지원
　　　출판사, 2015.

삼성금융연구소, 『지주회사의 경영에 관한 연구』, 1998.

서윤수, 『지주회사의 허용과 관련법제의 정비에 관한 입법론적 고
　　　찰』, 법학석사 학위논문, 한양대학교 대학원, 1998. 2.

손준철, 『금융지주회사법 일부개정법률안 검토보고서』, 국회정무
　　　위원회, 2009.

신한금융지주회사, 『신한 40년사(1)(2)』, 2022.

심　영·반준성, 『금융그룹 감독제도의 이해』, 정독, 2022.

안용진, 『금융회사의 지배구조』, 진원사, 2017.

윤현석, 『지주회사제도의 법적 문제』, 행법사, 1998.

이건범·김우진, 『"금융지주회사의 효율적 운용을 위한 제도개선방
　　　안 연구』, 한국금융연구원, 2005.

이동원, 『지주회사』, 세창출판사, 2000.

이병윤·이시연, 『은행권 사외이사제도 개선방안』, 한국금융연구원,
　　　2009.

이병태, 『최신노동법』, 현암사, 1997.

이상복, 『자본시장법』, 박영사, 2021.

이철송, 『회사법』, 박영사, 2023.

이창희, 『세법강의』, 박영사, 2022.

임승순·김용택, 『조세법』, 박영사, 2022.

임재연, 『자본시장법』, 박영사, 2023.

전삼현, 『금융지주회사법의 문제와 대안』, 자유기업원, 2002.

정순섭, 『금융법』, 홍문사, 2023.

정용상·김성배, 『미국 금융지주회사법의 이해』, 부산외국어대학교 출판부, 2006.

정찬형. 최동준·김용재, 『로스쿨 금융법』, 박영사, 2009.

진동수, 『2010년 금융정책의 과제와 방향』, 금융위원회, 2010.

최준선, 『회사법』, 삼영사, 2023.

2. 논문

강다연, "금융지주회사 지배구조의 한계점과 사용자성 확보", 『금융정책연구』, 금융경제연구소, 2018.

강희철·김경연, "지주회사의 설립방안에 관한 법적 고찰", 김건식·노혁준, 『지주회사와 법』, 소화, 2018.

_____·_____, "지주회사의 설립·전환방식의 개관", 노혁준, 『지주회사와 법(상)』, 소화, 2023.

기영석, "지주회사에서 발생하는 근로관계에 관한 문제", 노혁준, 『지주회사와 법(하)』, 소화, 2023.

김건식·안수현, "준법감시인제도 조기정착을 위한 시론", 『증권법연구』, 제3권 제1호, 한국증권법학회, 2002.

_____·노혁준, "지주회사의 운영과 회사법: 총론적 고찰", 김건식·노혁준, 『지주회사와 법』, 소화, 2018.

김동수·소진수, "지주회사의 세법상 문제", 노혁준, 『지주회사와 법(하)』, 소화, 2023.

김동훈, "금융지주회사의 규제와 책임", 『상사법연구』, 제20권 제4호, 한국상사법학회, 2002.

김문재, "지주회사의 도입에 따른 회사법의 방향", 『상사법연구』, 제18권 제1호, 한국상사법학회, 1999.

김병연, "증권거래법상 준법감시인의 법적 책임에 관한 연구", 『기업법연구』, 제20권 제4호, 2007.

김성용, "지주회사와 도산", 노혁준, 『지주회사와 법(하)』, 소화, 2023.

김수련·이미지, "지주회사의 자회사 지원에 관한 법적 문제", 노혁준, 『지주회사와 법(하)』, 소화, 2023.

김신영, "기업집단에서 지배회사 이사의 의무와 책임: 지주회사 이사의 의무와 책임을 중심으로", 『상사법연구』, 제37권 제3호, 한국상사법학회, 2018. 11.

김종범, "기업집단과 자회사의 관계에 대한 고찰: 금융지주회사를 중심으로", 『경희법학』, 제53권 제2호, 경희법학연구소, 2018. 6.

김주영·이은정·이주영, "국내의 지주회사 설립사례", 김건식·노혁준, 『지주회사와 법』, 소화, 2018.

김주영·이은정, "대규모기업집단의 지주회사 전환사례", 노혁준, 『지주회사와 법(상)』, 소화, 2023.

김지평, "지주회사 이사 겸임의 실무상 쟁점", 노혁준, 『지주회사와 법(하)』, 소화, 2023.

김학현, "공정거래법상 지주회사 규제", 김건식·노혁준, 『지주회사와 법』, 소화, 2018.

김현태·김학훈, "자회사에 대한 실효적 지배를 위한 법적 수단", 김건식·노혁준, 『지주회사와 법』, 소화, 2018.

_____·이승환, "지주회사의 자회사 지배수단", 노혁준, 『지주회사와 법(하)』, 소화, 2023.

노혁준, "금융기관의 구조조정과 금융지주회사", 『BFL』, 제7호, 서울대학교 금융법센터, 2004.

_____, "주식교환·주식이전을 통한 지주회사의 설립", 김건식·노혁준, 『지주회사와 법』, 소화, 2018.

_____, "교환공개매수를 통한 지주회사의 설립", 김건식·노혁준, 『지주회사와 법』, 소화, 2018.

_____, "지주회사관계에서 이사의 의무와 겸임이사", 김건식·노혁준, 『지주회사와 법』, 소화, 2018.

_____, "인적분할 및 교환공개매수에 의한 지주회사 설립", 노혁준, 『지주회사와 법(상)』, 소화, 2023.

도건철, "공정거래법상 지주회사 규제의 쟁점과 개선방안", 김건식·노혁준, 『지주회사와 법』, 소화, 2018.

맹수석, "자은행의 경영부실과 은행지주회사의 책임", 『기업법연구』, 제20권 제1호, 한국기업법학회, 2006.

민세진, "보험지주회사의 법적 쟁점", 『BFL』, 제29호, 서울대학교 금융법센타, 2008.

박규찬, "법인격부인론의 새로운 대안", 『기업법연구』, 제28권 제 2호, 한국기업법학회, 2014. 6.

박상인·김주현, "지주회사 전환효과의 실증적 분석", 노혁준, 『지 주회사와 법(상)』, 소화, 2023.

박승두, "금융지주회사의 인사정책과 노동법상의 문제점 고찰", 『인천법학논총』, 제3집, 인천대학교 법과대학·법학연구소, 2000. 12.

백정웅, "우리나라 금융지주회사법의 규제법리에 관한 비교법적 연구", 『상사법연구』, 제26권 제4호, 한국상사법학회, 2008. 2.

서병호, "금융지주회사 설립과 금융산업 선진화 방안", 『금융』, 통권 649호, 전국은행연합회, 2008. 4.

서 정, "공정거래법상 지주회사 규제체제와 현황", 노혁준, 『지 주회사와 법(상)』, 소화, 2023.

서정호, "금융지주회사 시너지 제고를 위한 정보공유체계 개선방 안", 『금융』, 제24권 제22호, 한국금융연구원, 2015. 6.

송옥렬, "지주회사와 금산분리", 노혁준, 『지주회사와 법(상)』, 소 화, 2023.

＿＿＿, "지주회사 이사의 권한과 의무", 노혁준, 『지주회사와 법 (하)』, 소화, 2023.

송재만, "농협금융지주 출범의 의미", 『하나금융』, 제259호, 하나 금융경영연구소, 2012. 3.

신영수, "지주회사와 기업형 벤처캐피탈(CVC) 규제", 노혁준, 『지 주회사와 법(상)』, 소화, 2023.

오용석, "미국 투자은행의 성장과정", 『조사연구』, 제17호, 금융감독원, 2006.

원동욱, "미국 금융규제개혁과 금융기관 이사의 책임", 『기업법연구』, 제23권 제3호, 한국기업법학회, 2009. 9.

_____, "한국 금융지주회사의 법제 현황", 『기업법연구』, 제24권 제1호, 한국기업법학회, 2010. 3.

윤법렬·김지은, "금융지주회사법 소고", 『BFL』, 제34호, 서울대학교 금융법센타, 2009.

윤소연, "주식교환·이전에 의한 지주회사 설립", 김건식·노혁준, 『지주회사와 법(상)』, 소화, 2023.

윤현석, "회사법상 주식교환·주식이전제도의 도입에 관한 연구", 『인천법학논총』, 인천대학교법과대학·법학연구소, 2000. 12.

이기수, "한국의 기업지배구조개선을 위한 제언", 『고려법학』, 제41호, 고려대학교 법학연구원, 2003. 10.

이동원, "지주회사에 관한 비교법적 고찰", 김건식·노혁준, 『지주회사와 법』, 소화, 2018.

이성복, "은행지주회사의 그룹 내부통제체계 실태와 개선 방향", 『금융감독연구』, 제8권 제1호, 금융감독원, 2021. 4.

이효경, "사외이사제도의 쟁점과 과제: 사외이사후보추천위원회 위원과 사외이사 자격제한의 문제점", 『경영법률』, 제27집 제2호, 한국경영법률학회, 2017. 1.

정순섭, "금융회사의 조직규제 - 금융회사 지배구조의 금융규제법상 의미를 중심으로 - ", 『상사판례연구』, 제24집 제2권, 2011. 6.

_____, "금융회사의 지배구조와 금융규제", 『BFL』, 제79호, 서울대학교 금융법센타, 2016. 9.

정준혁, "지주회사 체제에서의 소액주주보호", 노혁준, 『지주회사와 법(하)』, 소화, 2023.

조현덕·이은영·김건우, "지주회사와 자회사 사이 계약의 법적 문제", 노혁준, 『지주회사와 법(하)』, 소화, 2023.

조흥은행, *Fire Wall*, 『조흥경제』, 제291호, 1989. 9.

차두희·기영석·장경수, "지주회사와 노동법", 김건식·노혁준, 『지주회사와 법』, 소화, 2018.

최성근, "지주회사의 도입과 대책", 『상장협』, 제36호, 1997. 11.

_____, "이사의 의무와 이사회의 책무에 관한 OECD 기업지배구조원칙과 상법관련규정 비교연구", 『증권법연구』, 제8권 제2호, 2007. 12.

최영주, "금융지주회사 CEO리스크의 법적 검토: KB금융사태를 계기로", 『금융법연구』, 제11권 제3호, 한국금융법학회, 2014. 12.

한만수, "지주회사의 과세문제에 대한 고찰", 김건식·노혁준, 『지주회사와 법』, 소화, 2018.

홍명수, "독점규제법상 재벌 규제의 문제점과 개선방안", 『경쟁법연구』, 제36권, 2017.

3. 인터넷 사이트

금융감독원 홈페이지/http://www.fss.or.kr/보도자료

금융위원회 홈페이지/https://www.fsc.go.kr/index/알림마당/보도자료.

II. 일본 문헌

1. 단행본

菅野 和夫,『勞動法』, 弘文堂, 2013.

岡 伸浩,『會社法』, 弘文堂, 2023.

馬淵紀壽,『金融持株會社』, 東洋經濟新報社, 1996.;

萬井隆令,『勞動契約締結の法理』, 有斐閣, 1997.

山川隆一,『勞動契約法入門』, 日本經濟新聞出版社, 2009.

_____,『雇用關係法』, 新世社, 2008.

相澤幸悅,『ユニバ-サル·バンクと金融持株會社』, 日本評論社, 1997.

西谷敏,『勞動法における個人と集團』, 有斐閣, 1992.

石川吉右衛門,『勞動組合法』, 有斐閣, 1978.

神田秀樹,『會社法』, 弘文堂, 2023.

鈴木祿弥·清水 誠,『金融法』, 有斐閣, 1980.

龍川誠男,『勞動法講義』, 中央經濟社, 1994.

外尾健一編,『不當勞動行爲の法理』, 有斐閣, 1985.

林 弘子,『勞動法』, 法律文化社, 2012.

荒木尙志,『勞動法』, 有斐閣, 2013.

_____,『勞動法学の展望』, 有斐閣, 2013.

2. 논문

高木紘一, "配轉·出向", 日本勞動法學會編,『現代勞動法講座(10): 勞動契約·就業規則』, 總合勞動研究所, 1982.

馬渡淳一郎, "親子會社·持株會社と勞動法",『ジュリスト』, 1104號, 1997.

籾山錚吾, "企業讓渡と勞動關係", 『ジュリスト: 勞動判例百選』, 134號, 1995.

山川隆一, "持株會社と勞動法", 川越憲治編, 『持株會社の法務と實務』, 金融財政事情研究會, 1998.

安西　愈, "企業グループと人材移動", 『ジュリスト』, 1104號, 1997.

前田達男, "グループ經營と出向·配轉", 『季刊勞動法』, 160號, 1991.

佐藤香, "救濟命令の內容の限界", 外尾健一編, 『不當勞動行爲の法理』, 有斐閣, 1985.

夏本信行, "企業變動·倒産と勞動契約", 日本勞動法學會編, 『現代勞動法講座(10):勞動契約·就業規則』, 總合勞動研究所, 1982.

香山　忠志, "解散·營業讓渡と法人格否認の法理", 『季刊勞動法』, 184號, 1997.

和田　肇, "出向命令權の根據", "出向命令權の根據", 『日本勞動法學會誌』, 63號, 1984.

＿＿＿, "企業の組織變動と勞動關係", 『ジュリスト』, 1104號, 1997.

荒木尚志, "持株會社をめぐる勞動法上の諸問題", 『商事法務』, 1431號, 1966.

3. 인터넷 사이트

일본 법원 홈페이지 https://www.courts.go.jp.

부 록: 금융지주회사 현황

1. 우리금융지주회사

구분	주요 내용
주소	서울특별시 중구 소공로 51
연혁	2001. 4. 2 우리금융지주 설립 2001. 12. 31 舊 평화은행 舊 한빛은행에 합병 2002. 5. 20 우리은행(舊 한빛은행)으로 상호 변경 2014. 11. 1 우리금융지주 해산 2019. 1. 11 우리금융지주 재설립 2019. 8. 1 우리자산운용(舊 동양자산운용) 자회사 편입 2019. 9. 10 우리카드, 우리종합금융 자회사 편입 2019. 12. 6 우리글로벌자산운용(舊 ABL글로벌자산운용) 자회사 편입 2019. 12. 30 우리자산신탁(舊 국제자산신탁) 자회사 편입 2020. 12. 10 우리금융캐피탈(舊 아주캐피탈) 자회사 편입 2021. 3. 12 우리금융저축은행 자회사 편입 2021. 12. 9 우리금융지주 완전 민영화 2022. 1. 7 우리금융에프앤아이 자회사 편입 2023. 3. 23 우리벤처파트너스(舊 다올인베스트먼트) 자회사 편입
임원	등기 : 임종룡, 정찬형, 윤인섭, 윤수영, 신요환, 지성배, 송수영 미등기 : 이성욱, 장광익, 옥일진, 박장근, 이정수, 정찬호, 송윤홍, 전재화, 정규황, 이해광
주요 주주	우리금융지주 우리사주조합, 국민연금공단, 노비스1호, Blackrock Fund Advisors
종속 회사	우리은행, 우리카드, 우리금융캐피탈, 우리종합금융, 우리자산신탁, 우리금융저축은행, 우리금융에프앤아이, 우리자산운용, 우리벤처파트너스, 우리글로벌자산운용, 우리프라이빗에퀴티자산운용, 우리신용정보, 우리펀드서비스, 우리에프아이에스, 우리금융경영연구소

2. 신한금융지주

구분	주요 내용	
주소	서울특별시 중구 세종대로9길 20	
연혁	2001. 9. 1	신한은행, 신한투자증권(舊 신한증권), 신한캐피탈, 신한자산운용(舊 신한bnp파리바투자신탁운용)의 주식이전의 방법으로 설립
	2002. 8. 5	통합 신한투자증권 출범(舊 굿모닝증권, 신한증권 합병)
	2006. 4. 1	통합 신한은행 출범(舊 조흥은행, 신한은행 합병)
	2007. 5. 10	제주은행 자회사 편입
	2007. 10. 1	통합 신한카드 출범(舊 LG카드 인수)
	2010. 1. 4	신한DS 자회사(구 신한데이타시스템) 편입
	2012. 11. 30	신한펀드파트너스(구 아이타스주식회사) 자회사 편입
	2013. 4. 1	통합 신한저축은행 출범 (舊 예한별저축은행 합병)
	2017. 10. 18	신한리츠운용 자회사 편입
	2019. 5. 2	신한자산신탁(구 아시아신탁) 자회사 편입
	2019. 8. 21	신한AI 자회사 편입
	2020. 9. 29	신한벤처투자(舊 네오플럭스) 자회사 편입
	2021. 7. 1	통합 신한라이프생명보험 출범 (신한생명보험, 舊 오렌지라이프 합병)
	2022. 1. 1	통합 신한자산운용 출범(신한자산운용, 신한대체투자운용 합병)
	2022. 6. 30	신한EZ손해보험(舊 BNP파리바카디프손해보험) 계열사 편입
임원	등기: 진옥동, 이윤재, 성재호, 윤재원, 진현덕, 곽수근, 배훈, 이용국, 최재붕, 김조설, 정상혁	
	미등기: 장동기, 왕호민, 이인균, 안준식, 김성주, 방동권, 이태경, 김명희, 고석헌, 김태연	
주요 주주	국민연금공단, BlackRock Fund Advisors, 우리사주조합	
종속 회사	신한은행, 제주은행, 신한카드, 신한투자증권, 신한라이프, 신한캐피탈, 신한자산운용, 신한저축은행, 신한자산신탁, 신한DS, 신한펀드파트너스, 신한리츠운용, 신한 AI, 신한벤처투자, 신한EZ손해보험	

3. 하나금융지주회사

구분	주요 내용	
주소	서울특별시 중구 을지로 66	
연혁	2005. 12. 1	하나금융 티아이 자회사 편입
	2010. 3. 25	하나자산신탁 자회사 편입
	2012. 2. 8	하나저축은행 자회사 편입
	2013. 5. 10	하나생명보험 자회사 편입
	2014. 12. 1	통합 하나카드 출범(舊 외환카드, 하나SK카드 합병)
	2015. 9. 1	통합 하나은행 출범(舊 한국외환은행 합병)
	2015. 12. 29	하나펀드서비스 자회사 편입
	2016. 5. 26	하나대체투자자산운용 자회사 편입(舊 하나자산운용)
	2016. 8. 1	통합 하나증권 출범(舊 하나금융투자, 하나선물 합병)
	2016. 8. 24	핀크 자회사 편입
	2018. 2. 6	하나캐피탈 자회사 편입
	2018. 10. 4	하나벤처스 자회사 편입
	2019. 12. 3	하나에프앤아이 자회사 편입
	2020. 5. 27	하나손해보험(舊 더케이손해보험) 자회사 편입
임원	등기 : 함영주, 김홍진, 양동훈, 허윤, 이정원, 박동문, 이강원, 원숙연, 이준서, 이승열	
	미등기 : 이은형, 박성호, 강성묵, 박근영, 박병준, 성영수, 김주성, 오정태, 이준혁, 김미숙, 이선용, 이인영, 박종무, 황보현우, 강정한, 양재혁, 황효구, 김기홍, 최광일, 김영훈, 정재욱	
주요 주주	국민연금공단, BlackRock Fund Advisors, Capital Group, 우리사주조합	
종속 회사	하나은행, 하나증권, 하나카드, 하나캐피탈, 하나생명보험, 하나손해보험, 하나자산신탁, 하나금융티아이, 하나저축은행, 하나펀드서비스, 하나대체투자자산운용, 핀크, 하나벤처스, 하나에프앤아이	

4. KB금융지주회사

구분	주요 내용	
주소	서울특별시 영등포구 국제금융로8길 26	
연혁	2008. 9. 29	국민은행, KB부동산신탁, KB인베스트먼트(前 KB창업투자), KB신용정보, KB데이타시스템, KB자산운용, KB선물, KB투자증권의 포괄적 주식이전방식을 통해 KB금융지주설립
	2011. 3. 2	KB국민카드 자회사 편입
	2014. 1. 13	통합 KB저축은행 출범(舊 예한솔저축은행 합병)
	2014. 3. 20	KB캐피탈 자회사 편입
	2015. 6. 24	KB손해보험 자회사 편입
	2016. 12. 30	통합 KB증권 출범(舊 KB자산운용, KB선물, KB투자증권, 현대증권 합병)
	2023. 1. 1	통합 KB라이프생명 출범(舊 KB생명보험, 푸르덴셜생명 합병)
	2023. 6. 30	KB신용정보 지주 자회사 제외 및 손자회사 편입(KB국민카드)
임원	등기: 윤종규, 김경호, 권선주, 조화준, 오규택, 여정성, 최재홍, 김성용, 이재근	
	미등기: 양종희, 허인, 이동철, 서영호, 최철수, 한동환, 김세민, 권봉중, 윤여운, 서혜자, 맹진규, 문혜숙, 오병주, 박정림, 김성현, 이현승, 김진영, 정문철, 최재영, 권성기, 조영서, 윤진수, 육창화, 전성표, 하 정, 강순배, 강남채, 하윤, 허유심, 박기은, 김주현, 오순영, 박찬용, 강민혁	
주요 주주	국민연금 공단, JP Morgan Chase Bank, BlackRock Fund Advisors, 우리사주조합	
종속 회사	KB국민은행, KB증권, KB손해보험, KB국민카드, KB라이프생명, KB자산운용, KB캐피탈, KB부동산신탁, KB저축은행, KB인베스트먼트, KB데이타시스템	

5. BNK금융지주회사

구분	주요 내용	
주소	부산광역시 남구 문현금융로 30	
연혁	2011. 3. 15	부산은행, BNK캐피탈(舊BS캐피탈), BNK투자증권(舊 BS투자증권), BNK신용정보(舊 BS신용정보)의 주식의 포괄적 이전방식을 통해 BNK금융지주(舊 BS금융지주) 설립
	2011. 5. 20	BNK시스템(舊 BS정보시스템) 자회사 편입
	2011. 12. 28	BNK저축은행(舊 BS저축은행) 자회사 편입
	2014. 10. 10	경남은행 자회사 편입
	2015. 7. 28	BNK자산운용 자회사 편입
	2019. 11. 15	BNK벤처투자 자회사 편입
임원	등기: 빈대인, 최경수, 박우신, 김수희, 이광주, 김병덕, 정영석 미등기: 하근철, 강종훈, 전병도, 김진한, 최영도, 문경호, 윤석준	
주요 주주	㈜부산롯데호텔 외 특수관계인, 국민연금공단, ㈜협성종합건업 외 특수관계인, 우리사주조합	
종속 회사	부산은행, 경남은행, BNK캐피탈, BNK투자증권, BNK저축은행, BNK자산운용, BNK벤처투자, BNK신용정보, BNK시스템	

6. DGB금융지주회사

구분	주요 내용	
주소	대구광역시 북구 옥산로 111	
연혁	2011. 5. 17	대구은행, DBG유페이(舊 카드넷), DGB신용정보의 주식의 포괄적 이전방식을 통해 DGB금융지주설립
	2012. 1. 10	DGB캐피탈 자회사 편입
	2012. 4. 9	DGB데이터시스템 자회사 편입
	2015. 1. 29	DGB생명보험 자회사 편입
	2016. 10. 6	하이자산운용(舊 엘에스자산운용) 자회사 편입
	2018. 10. 30	하이투자증권 자회사 편입
	2021. 4. 2	하이투자파트너스(舊 수림창업투자) 자회사 편입
	2021. 8. 13	뉴지스탁 자회사 편입
임원	등기 : 김태오, 최용호, 조강래, 이승천, 김효신, 노태식, 조동환, 정재수	
	미등기 : 구은미, 신현진, 김철호, 천병규, 강정훈, 진영수, 이광원	
주요 주주	국민연금공단, ㈜오케이저축은행, 우리사주조합	
종속 회사	대구은행, 하이투자증권, DGB생명보험, DGB캐피탈, 하이자산운용, DGB유페이, DGB데이터시스템, DGB신용정보, 하이투자파트너스, 뉴지스탁	

7. 농협금융지주회사

구분	주요 내용	
주소	서울특별시 중구 새문안로 16	
연혁	2012. 3. 2	농협법 개정에 따라 농협중앙회에서 신용부문 분할되어 설립한 NH농협금융지주하에 NH농협은행, NH농협생명, NH농협손해보험, NH농협캐피탈, NH-Amundi자산운용(舊 NHCA자산운용), NH농협증권, NH농협선물 출범
	2014. 6. 27	NH저축은행(舊 우리금융저축은행) 자회사 편입
	2014. 12. 31	통합 NH투자증권 출범 (우리투자증권, NH농협증권 합병)
	2015. 9. 1	통합 NH선물이 NH농협선물 흡수합병
	2015. 10. 30	NH선물이 NH투자증권의 자회사로 편입
	2018. 7. 2	NH농협리츠운용 설립
	2019. 11. 25	NH벤처투자 설립
임원	등기 : 이석준, 안용승, 이종백, 남병호, 함유근, 서은숙, 하경자, 김익수 미등기 : 김용기, 강신노, 강태영, 길정섭, 강구혁	
주요 주주	농업협동조합중앙회	
종속 회사	NH투자증권(상장회사), NH농협은행, NH농협생명, NH농협손해보험, NH-Amundi자산운용, NH농협캐피탈, NH저축은행, NH농협리츠운용, NH벤처투자	

8. JB금융지주회사

구분	주요 내용	
주소	전북 전주시 덕진구 백제대로 566	
	2013. 7. 1	전북은행의 주식의 포괄적 이전방식을 통해 JB금융지주 설립
	2013. 11. 6	JB우리캐피탈 자회사 편입
	2014. 3. 19	JB자산운용(舊 더커자산운용) 자회사 편입
	2014. 10. 10	광주은행 자회사 편입
	2022. 6. 3	JB인베스트먼트(舊 메가인베스트먼트) 자회사 편입
임원	등기: 김기홍, 유관우, 이상복, 정재식, 김우진, 박종일, 성제환, 이성엽, 김지섭, 송종욱, 권재중 미등기: 송종근, 송현, 김성철, 이승국, 박종춘, 이광호, 최진석	
주요 주주	㈜삼양사 외 특수관계인, 얼라인파트너스자산운용(주), ㈜오케이저축은행외, 국민연금공단, The Capital Group Companies Inc., 우리사주조합	
종속 회사	전북은행, 광주은행, JB우리캐피탈, JB자산운용, JB인베스트먼트	

9. 한국투자금융지주회사

구 분	주요 내용	
주소	서울특별시 영등포구 의사당대로 88	
연 혁	2003. 1. 11	한국투자금융지주(舊 동원금융지주) 설립
	2005. 6. 1	통합 한국투자증권 출범 (동원증권과 합병)
	2005. 8. 5	한국투자파트너스(舊 동원창업투자주식회자) 사명변경
	2014. 9. 1	통합 한국투자저축은행 출범(예성저축은행 합병)
	2015. 12. 28	한국투자캐피탈 자회사 편입
	2016. 1. 15	한국투자프라이빗에쿼티(舊 이큐파트너스) 자회사 편입
	2019. 6. 24	한국투자부동산신탁(舊 한국투자부동산) 자회사 편입
	2022. 2. 1	한국투자액셀러레이터 자회사 편입
임원	등기 : 김남구, 이강행, 오태균, 정영록, 김정기, 조영태, 김태원, 함춘승, 최수미, 김희재, 지영조, 이성규	
	미등기 : 이성원, 문성필, 윤형준, 전민규, 윤희도, 노근환, 정형문, 김용권, 홍형성, 유재권, 김근수, 김대종	
주요 주주	김남구, 국민연금, Orbis Investment Management Limited, 한국투자금융지주(주)	
종속 회사	한국투자증권, 한국투자저축은행, 한국투자캐피탈, 한국투자부동산신탁, 한국투자파트너스, 한국투자프라이빗에쿼티, 한국투자액셀러레이터	

▶ **YouTube**
박교수의 7분법(seven-law)

08 금융지주회사법

초판 인쇄 2024년 3월 1일
초판 발행 2024년 3월 1일

지은이 박승두
펴낸이 이혜숙 **펴낸곳** 신세림출판사
등록일 1991년 12월 24일 제2-1298호

04559 서울특별시 중구 퇴계로49길 14
　　　(충무로5가, 충무로엘크루메트로시티2) 1동 720호
전화 02-2264-1972   팩스 02-2264-1973
E-mail : shinselim72@hanmail.net

정가 28,000원

ISBN 978-89-5800-271-0, 02330